大学受験 スーパーゼミ

全解説

文法・語法・イディオム・会話表現の総仕上げ

実力判定 英文法ファイナル問題集

難関大学編

河合塾講師
瓜生 豊／篠田重晃 編著

問題編

桐原書店

全解説

文法・語法・イディオム・会話表現の総仕上げ

実力判定 英文法ファイナル問題集

難関大学編

河合塾講師
瓜生 豊／篠田重晃 編著

問題編

桐原書店

問題編の構成と使用法

■問題編の構成

●全 10 回のテスト形式

原則として各回 50 題，35～40 分で，緊張感の持続できる分量にしています。

●難易度別配列

Step 表示は各回の難易度を表します。以下のように理解して下さい。

- **Step 1**　絶対に落とせない問題を中心に構成
- **Step 2**　合否が分かれそうな問題を中心に構成
- **Step 3**　差をつけるレベルの難しい問題を含めて構成

●緩やかな範囲別構成

Part 表示は各回の出題範囲を表します。実際の入試問題で「仮定法」と「関係詞」のどちらが出題ポイントかと迷うことはまずありません。また知識をまとめるという観点からも，全出題項目を 3 つに大きく分けるというのは，極めて実践的かつ効果的なやり方と言えます。Part 表示は，以下のように理解して下さい。

- **Part 1**　**動詞とその周辺**
  （時制／態／助動詞／仮定法／不定詞／動名詞／分詞／動詞の語法／動詞を含むイディオム）
- **Part 2**　**形容詞・副詞・名詞とその周辺**
  （形容詞の語法／副詞の語法／比較／形容詞・副詞を含むイディオム／名詞の語法／代名詞の語法／名詞を含むイディオム）
- **Part 3**　**関係詞・接続詞・前置詞とその他の重要項目**
  （関係詞／接続詞／前置詞と群前置詞／主語と動詞の一致／疑問文と語順／否定・省略・強調／共通語補充）

●各回の構成

第 1 回：Step 1 Part 1	第 2 回：Step 1 Part 2	第 3 回：Step 1 Part 3
第 4 回：Step 2 Part 1	第 5 回：Step 2 Part 2	第 6 回：Step 2 Part 3
第 7 回：Step 3 Part 1	第 8 回：Step 3 Part 2	第 9 回：Step 3 Part 3
第 10 回：近年急増中の長文型会話問題で構成しています。		

●解答用紙

巻末に各回の問題に合わせた解答用紙をつけています。このまま切り取って使っても結構ですが，何度か繰り返して使う可能性があるなら，コピーを取っておくのがよいでしょう。

■本書の使用法

●学習の進め方

以下のＡ・Ｂパターンが考えられます。

▶ **A　授業や参考書などで一通り文法・語法を学習した人**

第１回から順番に進めて下さい。このやり方が変化があっておもしろいでしょう。

▶ **B　文法・語法に自信がない人**

Part 表示に合わせて進めて下さい。つまり，

Part 1　第１回→第４回→第７回
➡ **Part 2**　第２回→第５回→第８回
➡ **Part 3**　第３回→第６回→第９回

といった順で学習して下さい。

●問題の解き方

各回の問題に**標準解答時間**を示していますので，これを参考にして進めて下さい。（これは複数の生徒にモニターになってもらい，解答に要した時間を参考にして設定しています）ただし，解答時間が終了したからといって，そこでやめてはいけません。各回の問題を最後までやって，オーバーした場合はメモしておき，後日再度チャレンジしてください。また問題を解く中で，解答に自信のないものはその時点で解答用紙にチェックしておき，正誤のいかんにかかわらず，後で解説をていねいに読んでください。

■問題構成などについて

●文法・語法・イディオムが内容面の３本柱

入試におけるいわゆる「文法問題」は，従来の「文法」，「イディオム」，新傾向の「語法」がそれぞれ３分の１を占めるといった状況にあります。本書は，新傾向の「語法」面に力を入れることによって，バランスのよい構成になっています。

●客観４択・正誤指摘・語句整序問題が形式面の３本柱

入試問題の大半を占める客観４択を中心に，受験生の苦手な正誤指摘問題，語句整序問題を出題形式の３本柱とし，各 Part に特徴的な出題形式をからませるという構成をとりました。

●問題英文・選択肢

問題英文や選択肢については英米のネイティブ・スピーカーと協議の上，一部変更したものもあります。また客観型の選択肢は，テキストの統一上，３択問題・５択問題などを４択問題に変更したものもあります。

もくじ

第1回

Step 1 Part 1［001-050］
標準解答時間35分

1 空所に入れるのに最も適切な語句を，下の①～④から一つずつ選びなさい。

□001 I wonder if you'd mind (　　) me?
① help　② helped　③ to help　④ assisting　(上智大)

□002 I regret (　　) up late last night. I've been sleepy all day today.
① to be staying　② to have stayed
③ to stay　④ staying　(京都産業大)

□003 I will never forget him (　　) off the top of the building.
① jump　② to jump　③ jumped　④ jumping　(龍谷大)

□004 Besides being expensive, the food in the cafeteria tastes (　　).
① too much bad　② too badly
③ badly　④ bad　(上智大)

□005 His father had his plane (　　) at the beginning of this month.
① repair　② be repaired
③ repairing　④ repaired　(関西大)

□006 There are several problems we have to (　　) the prime minister to consider.
① have　② let　③ make　④ get　(南山大)

□007 The trainer (　　) the bear sit on the stool by beating it with a whip.
① led　② got　③ forced　④ made　(駒澤大)

□008 "Do you know what Junko is doing?" "Well, she (　　) a book when I saw her a while ago."
① has been reading　② is reading
③ may be reading　④ was reading　(センター試験)

□009 He (　　) several years ago.
① was died　② died　③ dead　④ has died　(上智大)

□010 Do the dishes when you (　　).
① will finish eating　② have finished to eat
③ finish to eat　④ have finished eating　(関西外語大)

☑011 The robbers ( ) have known where the money was. That's why they found it so quickly.
① should ② can't ③ must ④ shouldn't (西南学院大)

☑012 You ( ) taken the first train, if you wanted to get there in good time.
① had ② have ③ will have ④ should have (南山大)

☑013 Since they knew about it, ( ) it to them.
① we needn't have told ② we didn't have told
③ we needed not to tell ④ we shouldn't tell (千葉工大)

☑014 Such a thing is unlikely to happen, but if it ( ), what could I do?
① would ② can ③ will ④ did (立命館大)

☑015 The exam would not have been so easy if I ( ).
① don't study ② hadn't studied
③ haven't studied ④ wouldn't study (明治大)

☑016 It is high time you ( ) to bed.
① go ② went ③ will go ④ is going (慶應義塾大)

☑017 I wish there ( ) any guns in the world.
① weren't ② wasn't ③ hadn't ④ haven't been (上智大)

☑018 How brave ( ) you to jump off the cliff!
① for ② with ③ in ④ of (横浜市立大)

☑019 You must not get excited about offers that sound ( ) to be true.
① advantageous ② so promising
③ too good ④ very strange (早稲田大)

☑020 A new idiom dictionary was purchased by the library ( ) help the students understand current usage.
① so as to ② such as ③ so long as ④ so it (慶應義塾大)

☑021 This vase may not be useful, but, ( ), it is beautiful.
① for a possibility ② when you look round
③ if you sell it to a stranger ④ to say the least (早稲田大)

☑022 Her boyfriend insisted on ( ) the expensive gift, which made her uncomfortable.
① her to accept ② her accepting
③ her accept ④ she accepts (立命館大)

☐023 I am looking forward ( ) you.
① to see ② see ③ to seeing ④ seeing (駒澤大)

☐024 ( ) under a microscope, a fresh snowflake has a delicate six-pointed shape.
① Seen ② Have seen
③ Seeing ④ Having seen (早稲田大)

2 次の下線部に最も近い意味を持つ語句を下の①～④から一つずつ選びなさい。

☐025 We are afraid the accident will give rise to a political problem.
① bring about ② call for
③ see about ④ give up (防衛大)

☐026 Do you agree with what he came up with?
① gave ② brought ③ allowed ④ proposed (青山学院大)

☐027 Has Stephen got over his financial difficulties yet?
① avoided ② overcome ③ suffered ④ won (立命館大)

☐028 He promised to help me with my English term-paper, but at the last minute he let me down.
① convinced me ② despised me
③ disappointed me ④ relieved me (駒澤大)

☐029 Please see to it that he gets his homework done first.
① preserve ② remember ③ watch out ④ make sure (防衛大)

3 以下の英文の下線部には誤っている箇所がそれぞれ一つずつあります。その番号を指摘しなさい。

☐030 ①Although he ②is in this country ③for only two years, he talks ④like a native speaker. (法政大)

☐031 Now it is ①up to the voters ②in deciding if they are ready ③to embrace the governor's ④optimistic ideals. (慶應義塾大)

☐032 What ①is certain ②is that the rice market is ③increasingly ④exposing to the forces of liberalization. (専修大)

☐033 Two police cars and an ambulance ①were parking ②outside the building ③opposite our ④house. (青山学院大)

☐034 You'll ①have to wait ②a few more ③minutes since Willie ④uses the phone. (獨協大)

☐035 I ①was annoyed ②with him because he ③kept ④to interrupt. (学習院大)

☐036 ①Could you please ②say me the way ③to the bus station? I don't know this town ④at all. (早稲田大)

☐037 I found there were some pages ①missing from the book which I ②had lent from the library ③nearby ④the other day. (流通経大)

☐038 The old couple ①are ②considering ③of living in a cottage ④separated from the neighbors. (早稲田大)

☐039 ①As a good Christian, he never fails ②in going ③to church ④on Sundays. (同志社大)

☐040 I usually spend ①most of ②the weekend ③to read books ④at home. (駿河台大)

4 次の日本文の意味になるように，( )内の語または語句を並べかえて英文を完成しなさい。

☐041 ごみ処理は当局の主な頭痛の種となっている。
Getting (for / garbage / of / headache / become / a / has / major / rid) the authorities. (立命館大)

☐042 目を覚ましてみると家が火事になっていた。 〈1語不要〉
I awoke (find / fire / found / house / on / the / to). (学習院大)

☐043 短気を起こして得をすることはなにもない。
Nothing is (be / by / gained / losing / temper / to / your). (佛教大)

☐044 下宿の女将さんがドアに鍵をかけ忘れないようにと言った。 〈1語(句)不要〉
My landlady told me (keep / unlocked / not / leave / the door / to). (電気通信大)

☐045 確かに彼女はこの経験で大きく変わった。
(been / denying / greatly changed / has / is / no / she / there / that) by this experience. (龍谷大)

☐046 コーヒーを一杯飲んだら，気分が良くなりますよ。
(cup / coffee / make / of / you / better / feel / will / a). (慶應義塾大)

☐047 私は英語の授業中に雑誌を読んでいるところを見つかった。〈1語(句)不要〉
(caught / to read / magazine / in / was / I / English / my / a / reading) class. (名城大)

☐048 少し行ってからやっと財布がないのに気がついた。〈1語不要〉
I (had / missed / some / distance / notice / gone / my / before / wallet / I). (産能大)

5 次の英文の意味が通るように，( )内の語または語句を並べかえなさい。

☐049 Higher levels of unemployment in Europe (it / for / make / difficult / will) Europeans to modernize their industry. (慶應義塾大)

☐050 As the next century approaches, (are attempting / be needed / some companies / to find out / what will) for them to survive. (センター試験)

第2回

Step 1 Part 2 ［051-100］
標準解答時間40分

1 空所に入れるのに最も適切な語句を，下の①～④から一つずつ選びなさい。

☐051 He felt very ( ) the idea of studying abroad.
① excited to ② excited about
③ exciting to ④ exciting about (武庫川女子大)

☐052 Don't be so ( ). My dog won't bite you.
① feared ② fearing ③ frightened ④ frightening (慶應義塾大)

☐053 These suggestions are ( ) to be accepted by the majority of the committee.
① unimaginable ② impossible
③ inconceivable ④ unlikely (立命館大)

☐054 I was so astonished by his confession that I lost my presence of mind. For a moment, I was ( ) to answer him.
① able ② unable ③ eager ④ pleased (中央大)

☐055 He is ( ) running four kilometers in 20 minutes.
① able to ② eager to ③ frank with ④ capable of (防衛大)

☐056 There were quite a ( ) interesting things to see.
① many ② number ③ few ④ much (東海大)

☐057 There is a great ( ) of pollution on the beaches this summer.
① deal ② lot ③ number ④ many (城西大)

☐058 People who are ( ) criticism should avoid a career in politics.
① affected with ② hurt toward
③ sensitive to ④ shamed to (立教大)

☐059 I'm very ( ) to you for your help.
① grateful ② agreeable ③ pleased ④ thanks (明治大)

☐060 "You should have gone in." "Well, I could ( ) have gone in there while they were undressing, could I!"
① impolitely ② impossibly ③ rather ④ scarcely (東京電機大)

☐061 I have ( ) been to Germany.
① ever ② hardly ③ usual ④ never (上智大)

☐062 The spectators got ( ) excited on account of the unexpected result of the game.
① all the more ② more and less
③ as much as ④ as many as (京都外語大)

☐063 A whale is ( ).
① no more a fish than a horse is
② not more a fish than a horse is
③ none a fish more than a horse is
④ no fish more than a horse is (関西外語大)

☐064 If someone tells you that she is like a fish out of water, she feels ( ).
① comfortable ② at home
③ ill at ease ④ lazy (上智大)

☐065 Daddy, do you have ( ) to do this summer?
① much work ② a lot of works
③ many works ④ plenty of works (獨協大)

☐066 They are on good ( ) with the old couple next door.
① terms ② relation ③ time ④ friend (駒澤大)

☐067 The meeting was going to resume in ten minutes, but as Mr. Clark lacked the necessary information, he didn't have ( ) how he was going to proceed.
① the faintest idea ② fine thoughts
③ the good plan ④ little idea (立教大)

☐068 **A**: Will they still hold the class if we're the only two people who show up?
B: Of course they will, but there is always ( ) that they'll let us out early.
① a sense ② a fear
③ an opportunity ④ a chance (慶應義塾大)

☐069 I had a toothache, so I made ( ) with the dentist.
① an arrangement ② a promise
③ a reservation ④ an appointment (桜美林大)

☐070 "Do you know if Bill will give you a birthday present?" "I don't know, but I ( )."
① hope that ② hope to
③ hope it ④ hope so (成蹊大)

☐071 Of the two doctors, one is experienced and ( ).
① another one is not ② another is inexperienced
③ the other is not ④ other lacks experience (福島大)

☐072 He finished his sausage and asked for ( ).
① another ② other
③ other one ④ some other (大谷女子大)

☐073 ( ) Japanese like sushi.
① Most of ② Almost of
③ Most ④ Almost (上智大)

2 次の2つの英文がほぼ同じ意味になるように，( )に適語を入れなさい。

☐074 (a) My father speaks very little English.
(b) My father speaks hardly ( ) English. (福島大)

☐075 (a) His score on the test yesterday was 50, and today he got 100.
(b) His score on the test today was ( ) what he got yesterday. (立教大)

☐076 (a) No matter how wise a man may be, he sometimes makes mistakes.
(b) The ( ) man sometimes makes mistakes. (中央大)

☐077 (a) My oldest daughter is an actress, rather than a singer.
(b) My oldest daughter is not so ( ) a singer as an actress. (津田塾大)

☐078 (a) Jim has a thorough knowledge of Japanese art.
(b) Jim is at ( ) in the field of Japanese art. (西南学院大)

☐079 (a) One cannot describe its beauty.
(b) Its beauty is ( ) ( ). (聖心女子大)

☐080 (a) You sometimes need to check who is in the room.
(b) You need to check who is in the room once in a ( ). (立教大)

3 以下の英文の下線部には誤っている箇所がそれぞれ一つずつあります。その番号を指摘しなさい。

☐081 They ①have been receiving a great ②deal of complaints ③about their new product ④since it was put on the market. (青山学院大)

☐082 My little brother ①gets exciting about going to the seashore, ②so he wakes up ③earlier than ④anyone else in the house. (昭和女子大)

☐083 The house, built ①before two hundred years, has begun to lean ②to one side; it ③badly needs ④repairing. (同志社大)

☐084 As a reader, it is useful ①for you to be familiar ②to some of the common approaches used ③in English writing and to look ④for them as you read.
(九州産業大)

☐085 My grandmother sometimes has ①a cup of coffee and ②a toast with marmalade ③on it ④for breakfast.
(青山学院大)

☐086 ①One of the main ②responsibilities of the successful lawyer is ③to give ④good advices to his or her clients.
(二松学舎大)

☐087 Mrs. Jones ①asked the clerk ②if the shop could deliver to her house the ③furnitures she ④had just bought.
(立教大)

☐088 ①Almost the students ②attended the graduation ceremony, ③which was held ④in the school auditorium yesterday.
(明治大)

☐089 ①A manager ②should at least try ③to help employees ④get along each other.
(横浜市立大)

☐090 When children ①watch TV too much, ②parents are possible to restrict ③the hours that the set is allowed ④to be on.
(同志社大)

4 次の日本文の意味になるように，(　)内の語または語句を並べかえて英文を完成しなさい。

☐091 八方手をつくしたが，なくした書類を捜しだすことはできなかった。
I (possible / find / document / everything / the / had / did / to / I) lost, but with no success.
(立命館大)

☐092 今日でも，日本人の重役の給料はアメリカの重役ほどではない。
Even today the salaries of (executives / as high as / American executives / are not / those / Japanese / paid to).
(東洋大)

☐093 年をとるにつれて，人はだんだん無邪気でなくなる。〈1語不足，カンマを1箇所用いる〉
The (we / innocent / the / grow / we / older) become.
(名城大)

☐094 ロサンゼルスはフィラデルフィアの3倍以上の大きさだ。
Los Angeles is (of / the / Philadelphia / than / size / times / more / three).
(立命館大)

☐095 彼女は性格は母親似だが，見かけは父親に似ている。〈カンマを1箇所用いる〉
Although (is / her character / she resembles / her / her mother's / in / similar / to / appearance) father.
(慶應義塾大)

☐096 人というものは，その交際相手を見ればわかるそうです。〈1語(句)不要〉
It is said that (to / by / company / the / known / keeps / is / a man / he).
(名古屋外語大)

☐097 ボブが明日パーティーに来るかどうか，私にはおよそ見当がつかない。
I (whether / coming / idea / don't / the / Bob / slightest / is / have) to our party tomorrow.
(立命館大)

☐098 働く女性の数は20パーセントも上昇している。〈1語(句)不要〉
(working women / of / has / as much as / the / to / increased / by / number) 20 percent.
(名城大)

☐099 生きているのはあなたのおかげです。〈1語不要〉
I (am / I / it / owe / thank / that / to / you / alive).
(学習院大)

☐100 この物価高では専業主婦は貴重な存在になりつつあり，多くの主婦が家計のために働いている。
With this high cost of living, housewives are a dying breed. Lots of married women are working (the / to / ends / make / outside / meet / home).
(高崎経済大)

第3回

Step 1 Part 3［101-150］
標準解答時間35分

1 空所に入れるのに最も適切な語句を，下の①～④から一つずつ選びなさい。

☐101 Mt. Fuji is 3,776 meters ( ) sea level.
① on ② above ③ over ④ beyond （青山学院大）

☐102 To be a good interpreter, you need to be well-informed ( ) being a fluent speaker.
① also ② beside ③ besides ④ in addition （京都産業大）

☐103 I'm leaving here ( ) about a week.
① at ② by ③ till ④ in （清泉女子大）

☐104 ( ) the strong wind and the heavy rain, there are many leaves stubbornly clinging to the branches.
① Owing to ② In spite of
③ As a result of ④ In consequence of （桜美林大）

☐105 When he retires, he's going to live in the country ( ) his health.
① instead of ② for the sake of
③ by way of ④ in order to （福井工大）

☐106 Education is not to be measured merely in ( ) of years.
① terms ② long ③ days ④ because （東京薬大）

☐107 ( ) the bad weather, the crop failed.
① According to ② By means of
③ Owing to ④ With regard to （中部大）

☐108 The new teacher in ( ) of our class is from Osaka.
① view ② honor ③ position ④ charge （流通科学大）

☐109 Ernest Hemingway, ( ) remembered for his many novels, published his first work at the age of twenty-six.
① is ② who
③ who is ④ that is （西南学院大）

☐110 Some plants can resist herbicides, the chemicals ( ) job is to kill weeds.
① that ② what ③ which ④ whose （明治学院大）

☐111 The team ( ) waiting for finally arrived, but it was too late.
① which was ② whom we had
③ which had been ④ we had been (昭和女子大)

☐112 He told me a story ( ) someone played a clever trick.
① which ② what ③ on what ④ in which (関西外語大)

☐113 One place ( ) I did not look for the map was the cupboard.
① what ② when ③ which ④ where (同志社大)

☐114 An accident directed him towards ( ) was to be the success of his life.
① which ② what ③ where ④ why (関西大)

☐115 The astronauts returned safely from space, ( ) delighted all the staff at the control center.
① it ② that ③ which ④ what (京都産業大)

☐116 Not too many years ago, my favorite Friday night activity was to go to the local movie theater and see ( ) was playing.
① however ② wherever ③ whichever ④ whatever (京都外語大)

☐117 He is a man ( ) they say is one of the greatest scientists in the world.
① whom ② of whom ③ who ④ what (福岡大)

☐118 As ( ) as I know, Jim has never made such a mistake.
① much ② long ③ soon ④ far (福島大)

☐119 It matters very little who discovers a cure for cancer, ( ) it is discovered.
① so much as ② so long as ③ because ④ though (東海大)

☐120 I had made all the necessary preparations to move into my new apartment, ( ) at the last minute, I found out pets were not allowed.
① furthermore ② continuing
③ whether ④ but (西南学院大)

☐121 He looks like the kind of fellow who wouldn't even talk to you ( ) he wanted something from you.
① unless ② that ③ for ④ since (関西外語大)

☐122 Many newspapers printed the President's statement ( ) would support a tax cut.
① which he ② was that he
③ that he ④ what (西南学院大)

☐123 He opened his mouth ( ) to say "No," but he didn't.
① as far ② as if ③ as much ④ what if (センター試験)

☐124 When I first studied abroad, I made many linguistic errors, and ( ).
① my fellow foreign students did either
② so did my fellow foreign students
③ either of my fellow foreign students
④ my fellow foreign students did so (成蹊大)

☐125 I wasn't there, and ( ).
① neither was Mary ② neither did Mary
③ nor did Mary ④ Mary was neither (立命館大)

☐126 I didn't talk to my brother last night, and my mother ( ).
① did neither ② didn't, either
③ didn't, neither ④ neither did (京都産業大)

☐127 Susan has no idea ( ).
① how should this problem be solved
② how this problem should be solved
③ this problem should be solved how
④ of how should this problem be solved (高崎経済大)

☐128 ( ) in five years?
① Do you think how tall will my son be
② Do you think how tall my son will be
③ How tall do you think my son will be
④ How tall do you think will my son be (愛知学院大)

☐129 We rarely see each other, ( )?
① don't we ② do we
③ do we not ④ do not we (玉川大)

☐130 It is thought to have been during the Yayoi period ( ) the Japanese started eating rice.
① because ② since ③ that ④ whether (千葉商大)

☐131 At no other time ( ) advance as at present.
① technology has made so a great
② has technology made so a great
③ technology has made so great an
④ has technology made so great an (立命館大)

2 次の２つの英文がほぼ同じ意味になるように，(　)に適語を入れなさい。

□132 (a) I made friends with her while I was staying in Boston.
(b) I made friends with her (　　) my stay in Boston. (武蔵大)

□133 (a) Why did you come here?
(b) What did you come here (　　)? (津田塾大)

□134 (a) As soon as he left university, he got married.
(b) Scarcely had he left university (　　) he got married. (いわき明星大)

□135 (a) The last time I saw her she was a baby.
(b) I saw her when she was a baby, but I haven't seen her (　　) then. (津田塾大)

□136 (a) Whenever I see the photograph, I remember my happy days in Scotland.
(b) I never see the photograph (　　) thinking of my happy days in Scotland. (学習院大)

3 以下の英文の下線部には誤っている箇所がそれぞれ一つずつあります。その番号を指摘しなさい。

□137 The contract ①provides that the house ②be ③completed ④until the end of May. (流通経大)

□138 People ①cannot live ②on rice alone, ③or can they ④live without rice. (大東文化大)

□139 ①I'm sorry to bother you, ②but ③could you please tell me where ④is the post office? (獨協大)

□140 The development of the new suburbs ①along with the industrial centers ②on the outskirts of town ③are the result of his ④untiring efforts. (関西学院大)

4 次の日本文の意味になるように，(　)内の語または語句を並べかえて英文を完成しなさい。

□141 彼の話していたことは私にはチンプンカンプンだった。
(was / me / been / beyond / what / saying / he'd). (高崎経済大)

□142 いくら速く運転しても30分では会社に着けない。
I can't get to the office (an / in / no / how / half / fast / hour / matter) I drive. (立命館大)

☐143 今夜ここに集まった全員を代表して，今お話しくださいましたジョーンズさんにお礼申し上げます。
On (are / all / here / of / who / of / behalf / us) tonight, I would like to thank Mr. Jones for his talk. (立命館大)

☐144 大地震に備えて食料を貯蔵しておいたらどうですか。
Why (a / case / don't / food / in / store / there's / you) big earthquake? (慶應義塾大)

☐145 誰もが予期していたとおりのことを彼はやった。
He (did / everyone / expected / he / what / would). (東京理科大)

☐146 かなりの州は，喫煙者だからという理由で雇用者が就職希望者を差別してはいけないとする法律を定めています。
(states / job seekers / employers / discriminate / forbid / that / to / against / quite / laws / have passed / a few) just because they are smokers. (慶應義塾大)

☐147 彼女には18年以上も会っていなかったが，駅でばったりでくわして，すぐに彼女だとわかった。
I hadn't seen her for over eighteen years, but I (into / her / the / I / moment / ran / recognized) her at the station. (立命館大)

☐148 ここであなたにお会いできるとは思ってもみませんでした。
(that / you / to see / the last man / are / I / expected) here. (関西外語大)

☐149 母はいつも私に時間を守ることの大切さを言っている。
My mother always tells (be / how / important / is / it / me / punctual / to). (龍谷大)

☐150 この責任の所在はあなたではなく，ご両親のほうです。
It is (who / not / responsible / are / your / parents / you / but) for this matter. (立命館大)

第4回

Step 2 Part 1［151-200］
標準解答時間35分

1 空所に入れるのに最も適切な語句を，下の①～④から一つずつ選びなさい。

☐151 We couldn't ( ) his mother out of her decision.
① speak ② talk ③ tell ④ ask (聖心女子大)

☐152 He didn't want to peel potatoes, but the cook ( ) him to.
① made ② let ③ had ④ told (亜細亜大)

☐153 At an international gathering yesterday, some foreign students ( ) about their experiences in Japan.
① said ② expressed ③ spoke ④ mentioned (同志社大)

☐154 Many people are trying to buy a house before the consumption tax ( ) in April.
① is raised ② is risen
③ will be risen ④ will raise (慶應義塾大)

☐155 The professor requested that the students ( ) their term paper within the week.
① finish writing ② finish being written
③ finished to write ④ finish to write (西南学院大)

☐156 John apologized ( ).
① to her for his childish behavior
② her for his childish behavior
③ her his childish behavior
④ his childish behavior to her (立命館大)

☐157 The two parties might ( ) an agreement by tomorrow.
① arrive ② reach ③ come ④ end (桜美林大)

☐158 "Will you please ( ) me the book I lent you the other day?"
① borrow ② bring ③ hold ④ take (立教大)

☐159 I applied to join the club, but they won't ( ) me.
① accept ② receive ③ allow ④ permit (大阪学院大)

☐160 We ( ) this car for $20 per day.
① borrowed ② lent ③ rented ④ acquired (立命館大)

☑161 The room ( ) a fine view of the mountain.
① sees ② looks ③ appears ④ commands (神田外語大)

☑162 These shoes of yours want ( ).
① mending ② that they should be mended
③ to mend ④ mend (同志社大)

☑163 I want this ( ).
① deliver ② to deliver ③ delivering ④ delivered (清泉女子大)

☑164 As soon as you get to Seattle, ( ) me a line.
① draw ② drop ③ put ④ throw (西南学院大)

☑165 We ( ) the work when the bell rang.
① had finished almost ② had almost finished
③ did finish most ④ have almost finished (東海大)

☑166 They ( ) for ten hours when they spotted a sign that said "Food and Drink."
① should have been driving ② are driving
③ have driven ④ had been driving (昭和女子大)

☑167 These days students don't talk about their teachers, as we ( ) to when we were students.
① accustomed ② ought ③ used ④ were (京都教育大)

☑168 You might as well expect a river to flow backward ( ) him to resign.
① than hope to persuade ② as hope to persuade
③ as to hope persuading ④ as hoping to persuade (同志社大)

☑169 ( ) say anything to him.
① I hadn't rather ② I'd rather not
③ I'd rather not to ④ I rather didn't (玉川大)

☑170 I would have seen you off at the airport ( ) when you were leaving.
① did I know ② had I known
③ knowing as I did ④ as if I knew (同志社大)

☑171 ( ) you decide to take skiing lessons, let me know.
① Should ② Do ③ While ④ Because (同志社大)

☑172 Supposing I ( ) to accept your request, how do you think the other students would feel?
① be ② am ③ were ④ had been (立命館大)

☐173 **A**: He would not take his medicine last night, would he?
B: ( ).
① No, but I wish he would not
② Yes, I wish he did
③ No, but I wish he took
④ No, but I wish he had (法政大)

☐174 If ( ) I could see my home again!
① once ② even ③ still ④ only (関西大)

☐175 We didn't go out last night. We ( ) to the movies but decided to stay home.
① can go ② could go
③ could gone ④ could have gone (玉川大)

☐176 **A**: Barbara! Thank God you made it!
B: Hi, everybody! Sorry to ( ) you waiting.
① keeping ② have kept ③ make ④ have made (立教大)

2 次の下線部に最も近い意味を持つ語句を下の①～④から一つずつ選びなさい。

☐177 It eventually came home to the people that the trip would be long and tiresome.
① resulted in ② came along with
③ happened to ④ became very clear to (西南学院大)

☐178 I'm quite sure that our plans will work out in the end.
① accomplish with difficulty ② continue to work
③ have the intended result ④ find the solution (青山学院大)

☐179 His comments got on my nerves.
① affected me ② made me laugh
③ annoyed me ④ influenced me (青山学院大)

☐180 Steam trains gave way to electric trains soon after the war.
① were replaced by ② surpassed
③ followed ④ overtook (立命館大)

3 次の日本文の意味に合うように，( )に適語を入れなさい。

☐181 彼の忠告を求めてはどうですか。
What do you ( ) to ( ) him for advice? (東京電機大)

☐182 彼はいつもすすんで他人に手を貸す。
He always goes out of his (   ) to help others. (名古屋大)

☐183 親切はときには割りに合わないことがある。
It doesn't always (   ) to be kind. (立命館大)

☐184 カナダに1年も住めるなんて，本当によかったわね。だけど，私たちはあなたがいなくなって寂しくなるわ。
I'm so happy for you that you get to live in Canada for a year, but we're really going to (   ) you. (立命館大)

4 次の2つの英文がほぼ同じ意味になるように，( )に適語を入れなさい。

☐185 (a) When you take all things into consideration, you will find no better solution than this.
(b) This is the best solution, all things (   ). (明治大)

☐186 (a) If it hadn't been for Jenny, we would have lost the match.
(b) (   ) for Jenny, we would have lost the match. (専修大)

☐187 (a) If he had had a little more patience, he could have succeeded.
(b) (   ) a little more patience, he could have succeeded. (武蔵大)

☐188 (a) At this company everyone is supposed to stop working at the age of 65.
(b) This company has a rule that everybody must (   ) at the age of 65. (早稲田大)

☐189 (a) A wiser man would suspect something dishonest about the manager's offer.
(b) He does not (   ) the manager's honesty concerning his offer. (横浜市立大)

☐190 (a) If I had had a little more money I could have bought the bag.
(b) A little more money would have (   ) me to buy the bag. (立教大)

5 次の日本文の意味になるように，( )内の語または語句を並べかえて英文を完成しなさい。

☐191 そんなに多くの人を収容するほどその劇場は広くない。〈1語不要〉
The theatre is (so / not / to / hold / enough / small / large) many people. (福岡大)

☐192 日本は山が多いので，耕作地や居住地は大いに限定される。〈1語(句)不要〉
Japan is (cultivate and live in / only a limited area / people / since / a mountainous country with / to / for). (日本大)

☐193 通り過ぎただけだったので，パリはあまりよく見なかった。 〈1 語不要〉
We didn't see (Paris / were / much / as / of / well / we) only passing through. (成蹊大)

☐194 彼が尋ねて来てくれたので，私は手紙を書く手間が省けた。
His visit (me / of / writing to / the trouble / spared / him). (東海大)

☐195 健康的な食事法ということになると，香草は最も重要な道具となる。
Herbs are (when / tool / important / it / healthy eating / comes / most / the / to). (成蹊大)

☐196 その件についてはまったく何も知らないのだということを彼女に信じてもらうのに，この上なく苦労した。
I (in / had / about it / the greatest difficulty / her / getting / that I knew absolutely / believe / to / nothing). (東洋大)

☐197 若いころもっと健康に気をつけていれば，彼は今ごろ入院なんかしていないだろう。 〈2 語(句)不要〉
If he (had taken / health / himself / in / better care / of / were to take) his younger days, he would not be in hospital now. (東京理科大)

☐198 彼らは，新しい高速道路のために破壊されることになっていた森林を守ろうとした。
They tried to protect the (be / were / destroyed / woods / for / to / that) a new highway. (専修大)

6 次の英文の意味が通るように，( )内の語または語句を並べかえなさい。

☐199 It was the control of fire and (allowed / humans / that / the use of clothing / to settle) in the cold northern areas. (センター試験)

☐200 More (to / paid / should / attention / be) the problems of our aging society. (静岡県立大)

第5回 Step 2 Part 2［201-250］

標準解答時間40分

1 空所に入れるのに最も適切な語句を，下の①～④から一つずつ選びなさい。

□201 (　　) people make up about 98 percent of the whole population.
① Literal　② Literary　③ Literature　④ Literate　(横浜市立大)

□202 The continuing rise of the yen is vexing to some, while it is (　　) to others.
① irritating　② pleasing　③ enjoying　④ economizing　(慶應義塾大)

□203 It's (　　) much more than I paid for it.
① expensive　② high　③ valuable　④ worth　(千葉商大)

□204 I've always understood one should try and be (　　) of others.
① considerable　② considering
③ considered　④ considerate　(立命館大)

□205 The widow said that she had had a wonderful life with her (　　) husband.
① before　② current　③ late　④ passed　(南山大)

□206 He had a (　　) escape when a large stone crashed down.
① far　② little　③ narrow　④ small　(日本大)

□207 What's happened to Chris?　We don't see her (　　).
① recently　② lately　③ these days　④ those days　(関西学院大)

□208 Books that can be enjoyed by young and old (　　) are rather rare.
① either　② each　③ altogether　④ alike　(駒澤大)

□209 After his promotion Mr. Jones worked longer hours and saw (　　) his children.
① any of　② barely　③ infrequently　④ less of　(慶應義塾大)

□210 The old saying "When in Rome do as the Romans do" is never more true (　　) at the dinner table.
① as where　② as when　③ than when　④ than which　(同志社大)

□211 He is as great a scholar (　　).
① as ever lived　② than has ever lived
③ who never lived　④ as has never lived　(工学院大)

☐212 I thought I was good at tennis, but I am not ( ) to you.
① equal ② same ③ near ④ comparative (上智大)

☐213 Sally, ( ) her monotonous school life, made up her mind to go abroad.
① tired ② tired of ③ tires ④ tiring (京都産業大)

☐214 It's ( ) to impossible for a married couple to remain equals under the current Japanese law.
① first ② next ③ almost ④ nearly (西南学院大)

☐215 I took the medicine last night, but I'm afraid it didn't have any ( ).
① cause ② effect ③ work ④ cure (中央大)

☐216 A ( ) is an amount of money that you have to pay to the government so that it can pay for public services.
① fare ② tip ③ deposit ④ tax (明治大)

☐217 He said that he would like to have ( ) stamps.
① both these ② these both ③ both two ④ two these (玉川大)

☐218 Wherever I go, I find that ( ) people love children.
① all of ② almost ③ almost all ④ most of (明治学院大)

☐219 He shouted "No, you fool, the other way !" or words to that ( ).
① effect ② sense ③ manner ④ indication (上智大)

☐220 Our grand business in life is not to see what lies dimly at a distance, but to do what lies clearly at ( ).
① foot ② hand ③ head ④ waist (上智大)

☐221 Helen sprang to her ( ) at the sad news.
① cheek ② mouth ③ feet ④ hand (中央大)

☐222 They paid me frequent ( ) last week.
① questions ② fliers ③ money ④ visits (慶應義塾大)

☐223 The demonstration quickly got ( ) hand.
① out of ② in ③ beyond ④ over (札幌大)

☐224 In the middle of her lecture, she found herself ( ).
① said some terrible things ② became cold in her limbs
③ at a loss for words ④ in the loss of words (東海大)

☐225 My heart leapt ( ) seeing her again.
① filled with anger at ② at the thought of
③ beside myself before ④ instead of (早稲田大)

☐226 Since his explanation was clear-cut and to ( ), there is nothing more to add.
① the center ② the point ③ the mark ④ the core (上智大)

2 次の日本文の意味に合うように，( )に適語を入れなさい。

☐227 大賛成です。
I couldn't agree with you ( ). (立命館大)

☐228 通りの両側に木が植わっています。
There are trees on ( ) side of the street. (名古屋大)

☐229 あの男はうぬぼれ屋で，自分がみんなよりえらいと思っている。
That man is so in love with ( ) that he thinks he's better than everyone else. (西南学院大)

☐230 このごろは夏休みに，散歩でもするように毎年海外へ行く人もいる。
Nowadays ( ) people go abroad during the summer vacation every year as if going for a walk. (玉川大)

☐231 ほとんどすべての大学生がアルバイトをしている。
Almost ( ) student works part-time. (立命館大)

☐232 その仕事を仕上げるにはもう5週間を要する。
( ) five weeks is required to complete the task. (立命館大)

☐233 彼は留学しただけのことはある。
He hasn't studied abroad for ( ). (立命館大)

3 以下の英文の下線部には誤っている箇所がそれぞれ一つずつあります。その番号を指摘しなさい。

☐234 After you've ①set your goals, remember them by ②making a list. Anything ③that is worth ④done should go on this list. (中央大)

☐235 Gillian has come to Scotland to ①do research works ②in archaeology. She intends to write ③a paper on ④the results of her excavations. (青山学院大)

☐236 Would you ①kindly tell me how to get ②another information ③on the requirements ④for application? (早稲田大)

☐237 Collaboration ①with the government, ②although mandatory, has ③many advantages than disadvantages ④for his company. (慶應義塾大)

☐238 Some time ago one of my foreign friends who had worked in Tokyo ①for more than a decade was suddenly transferred to New York City. I saw him a year later and asked him if he had had any problems ②in adjusting to an American environment. He laughed and said that ③compared to Tokyo, the pace in New York was so slow he had to fight to keep from being ④boring. (上智大)

☐239 The children were ①thrilling ②to see the ③fantastic firework display ④held by the river. (専修大)

☐240 Because there are ①less members present tonight ②than there ③were last night, we must wait until the next meeting ④to vote. (長崎大)

4 次の日本文の意味になるように，( )内の語または語句を並べかえて英文を完成しなさい。

☐241 近ごろ，読書が一番刺激的だと感じています。 〈1語不要〉
These days, I feel that (than / as / nothing / stimulating / reading / is / more) books. (東海大)

☐242 技術者は自然を知ろうとするよりは，むしろ利用しようとする。 〈1語不足〉
An engineer seeks (as / it / understand / nature / not / so / to / to / use). (中央大)

☐243 どんなお仕事をしていますか？
What (in / work / you / of / are / line)? (慶應義塾大)

☐244 彼の言うことから判断すると彼女は有罪であり得ないということになる。
It (he / cannot / says / follows from / that / she / what) be guilty. (獨協大)

☐245 私はあの子のそばについています。私の目の届かないところへは行かせません。 〈1語不要〉
I'll stay with her myself. I won't (eye / her / let / my / of / out / sight). (学習院大)

5 次の英文の意味が通るように，( )内の語または語句を並べかえなさい。

☐246 Your vocabulary at age 45 is three times as great as when you graduated from college. At 60, your brain (it / information / as / possesses / did / four times / almost / as much) at age 21. (芝浦工大)

☐247 He is (respect / me / to / of / senior / in) service. (慶應義塾大)

☐248 There (better than / I / is / like / nothing / would) a visit to the zoo. (日本大)

☐249 The mob gathered round (flies / the / so / car / many / like). (立教大)

☐250 I must admit that my son (a / much / not / scholar / of / is). (立教大)

第6回

Step 2 Part 3［251-300］

標準解答時間40分

1 空所に入れるのに最も適切な語句を，下の①～④から一つずつ選びなさい。

☐251 (　　) we need for our trip is a few sunny days.
① Which　② Why　③ All　④ That　(名城大)

☐252 Those buildings, a beautiful (　　) is near our school, are designed by a famous architect.
① thing　② example
③ example of them　④ example of which　(同志社大)

☐253 John thought Tom was stupid, (　　) he was not.
① who　② whom　③ which　④ what　(摂南大)

☐254 She brought in large quantities of food, the sight of which destroyed (　　) little appetite I had left.
① of which　② that which　③ what　④ which　(明治学院大)

☐255 The man was a foreigner, (　　) we judged from the way he spoke.
① as　② because　③ since　④ so that　(京都産業大)

☐256 Nations always have good reasons for being what they are, and the best of all is (　　) they cannot be otherwise.
① if　② that　③ why　④ what　(同志社大)

☐257 Our purpose is to help the people in the disaster area, (　　) go there just out of curiosity.
① and in order not to　② and not to
③ but to　④ not so as to　(明治学院大)

☐258 Did you put the book (　　)?
① where I told you to　② where I told to you
③ which I told you to　④ in which I told you　(立命館大)

☐259 Let's go swimming (　　).
① in Lake Biwa　② to Lake Biwa
③ Lake Biwa　④ down Lake Biwa　(同志社大)

☐260 "Which movie would you like to go to?" "Well, (　) the movies that are showing now, *London Holiday* is the only one in English."
① all from　② all of
③ from all　④ of all　(センター試験)

☐261 In 1955 my father died (　) his aged mother still alive in a nursing home.
① of　② with
③ on account of　④ besides　(近畿大)

☐262 Please send me some information with regard (　) insurance policies available from your company.
① of　② as　③ for　④ to　(昭和女子大)

☐263 In the (　) of the changed circumstances, the meeting had better be postponed.
① center　② end　③ presence　④ light　(関東学院大)

☐264 The patient is in a state which can only be described (　) very serious.
① by　② with　③ as　④ like　(上智大)

☐265 Those who hunt pandas in China face the death penalty if (　).
① being caught　② caught
③ having caught　④ they caught　(慶應義塾大)

☐266 "He should come and see you." "(　) he doesn't come?"
① What if　② How if　③ What come　④ Why　(成蹊大)

☐267 My mother is, if (　), an ordinary woman.
① something　② nothing　③ any　④ anything　(聖学院大)

☐268 I seldom, if (　), use a computer to do clerical work.
① never　② rarely　③ ever　④ any　(立命館大)

☐269 Some in the group were young but others (　).
① had　② weren't　③ hadn't　④ were　(駿河台大)

☐270 Let's have a look at (　).
① how the weather will be like
② what the weather will be like
③ how is the weather going to be
④ what will the weather be like　(立命館大)

2 次の２つの英文がほぼ同じ意味になるように，(　)に適語を入れなさい。

☐271 (a) I know the reason why Tom was angry with them.
(b) I know the reason (　　) which Tom was angry with them. (中京大)

☐272 (a) (　　) you go, you'll find no place like home.
(b) No (　　) where you go, you'll find no place like home. (静岡県立大)

☐273 (a) Mary didn't go to the concert, but went to the movie.
(b) (　　) (　　) going to the concert, Mary went to the movie. (神戸女子大)

☐274 (a) This school owes its present prosperity in no small measure to Mr. Kimura's efforts.
(b) Mr. Kimura has done much to make this school (　　) (　　) (　　) now.
(北海学園大)

3 次の英文の空所に入れるのに不適切な語句を下の①〜④から一つずつ選びなさい。

☐275 They accepted (　　) money people gave them.
① what ② whatever
③ what little ④ what few (関西学院大)

☐276 You can't speak to Mr. Inagaki now (　　) a fault in our telephone exchange system.
① because of ② due to
③ on account of ④ subject to (産能大)

☐277 He worked hard (　　) the summer.
① after ② at ③ during ④ in (早稲田大)

☐278 She doesn't like (　　) he speaks.
① the way how ② the way that
③ the way ④ the way in which (福岡大)

4 以下の英文の下線部には誤っている箇所がそれぞれ一つずつあります。その番号を指摘しなさい。

☐279 The trouble ①with commuting ②to work ③by a car is that you may ④get stuck in a traffic jam. (桃山学院大)

280 The World Trade Organisation reported that ①1994's nine percent growth ②in worldwide export volume ③was the best ④on 20 years. (大阪経大)

281 Students ①from all over the world took part ②in the ceremony ③in the school auditorium ④in Thursday afternoon. (高崎経済大)

282 She did not say anything ①as to ②which she was going to pay ③in cash or ④by check. (東海大)

283 One night I told Bill, ①whom I have ②since become friends, that I ③had not been to my hometown for ④a long time. (慶應義塾大)

284 ①What if one of your customers ②are drinking something very hot and ③all of a sudden the cup ④slips from the customer's hand? (慶應義塾大)

285 Not every man and woman ①attending that meeting ②are conscious ③of the situations ④which have been caused by the crime. (長崎大)

5 次の各組の英文の( )に共通して入る適切な語を書きなさい。

286 (a) The clock is five minutes ( ).
(b) The baby is ( ) asleep. (聖心女子大)

287 (a) The problem is ( ) to be solved.
(b) It hasn't worked well as ( ). (国学院大)

288 (a) You will be ( ) if you hide in that cave.
(b) Please don't forget to lock the ( ) when you leave the office. (立教大)

289 (a) This book is at ( ) interesting and instructive.
(b) He doesn't wake easily ( ) he falls asleep. (聖心女子大)

290 (a) The manager plans to ( ) him for being lazy.
(b) The ( ) destroyed most of the house.
(c) There was ( ) in her eyes. (実践女子大)

6 次の日本文の意味になるように, ( )内の語または語句を並べかえて英文を完成しなさい。

291 私の弟はジャケットを着ている少年の隣に座っています。〈1語不要〉
My brother is sitting (boy / in / jacket / next / the / the / to / wears).
(慶應義塾大)

☐292 彼の歩き方には，以前アメリカ映画で見た落ち着きのない若者たちを彼女に思い出させるものがあった。
Something about (youths / he / her / the restless / the way / of / reminded / walked) that she had seen in an American film. (成城大)

☐293 われわれには，この程度の水圧に耐えられる潜水艦を造る技術はある。
〈1語(句)不要〉
We have the technology (build / with / that / a submarine / to / for / which) can bear this degree of water pressure. (福岡大)

☐294 これは彼があの星を観測するのに使った望遠鏡です。〈1語不要〉
This is (with / he / that / telescope / observed / the / star / used).
(名古屋外語大)

☐295 今，大衆が非常に興味を抱いているニュースは，これをおいて他にない。
〈1語不要〉
There is (which / but / news / than / interests / no / this) the public now.
(福岡大)

☐296 エネルギーの価格のように急上昇した価格はほかになかった。
No prices (were / the / pumped up / energy prices / way / were). (武蔵工大)

☐297 全然興味がないと言ったらうそになるでしょうね。〈1語不要〉
I would be lying if I (at / I / interested / not / said / told / was / you) all.
(慶應義塾大)

☐298 彼がなぜ来なかったのか想像もつきません。〈1語不要〉
Why he did not come (I / than / could / was / not / more) imagine.
(千葉工大)

7 次の英文の意味が通るように，( )内の語または語句を並べかえなさい。

☐299 It was (he started / until / to study Spanish / not / he was / that / fifty).
(小樽商大)

☐300 (you / forced / to / Paul / think / do / what) leave school? (東海大)

第7回

Step 3 Part 1［301-350］
標準解答時間40分

1 空所に入れるのに最も適切な語句を，下の①～④から一つずつ選びなさい。

☐301 He is forced to depend on government help, because his income is inadequate to (　　) his basic needs.
① respond　② maintain　③ meet　④ keep　(上智大)

☐302 The patients were all much wiser than the doctor who (　　) them.
① treated　② served　③ operated　④ assisted　(京都外語大)

☐303 This hat does (　　) that brown dress.
① become　② fit　③ agree with　④ match　(青山学院大)

☐304 I'd (　　) it if you would turn out the lights.
① appreciate　② thank　③ oblige　④ satisfy　(立命館大)

☐305 If someone had not mentioned her name, I hardly think I would have (　　) her.
① guessed　② realized
③ recognized　④ regarded　(立教大)

☐306 Jane (　　) the boy as the one who had saved her life.
① identified　② classified　③ idealized　④ illustrated　(獨協大)

☐307 He (　　) me by two games to one.
① won　② played　③ gained　④ beat　(明治大)

☐308 I (　　) her some money and have to pay her back soon.
① borrow　② debt　③ lent　④ owe　(東京家政大)

☐309 The volunteer group provides (　　).
① food and medicine with war victims
② war victims by food and medicine
③ with food and medicine to war victims
④ war victims with food and medicine　(南山大)

☐310 They (　　) the fire on the tenants.
① criticized　② complained
③ blamed　④ accused　(福岡大)

☐311 I was like a traveler who, no matter where he goes, never doubts that some day ( ) to his place of birth.
① he had returned ② he has been returning
③ he has returned ④ he will return (明治学院大)

☐312 He reminded me of what I should ( ) have forgotten.
① anyhow ② ever ③ in that case ④ otherwise (早稲田大)

☐313 I ( ) you came on Sunday than on Monday.
① am glad that ② don't know if
③ wonder that ④ would rather (立命館大)

☐314 Dreaming may let us know if something is wrong, ( ) us of hidden dangers.
① that warn ② being warned
③ warned ④ warning (明治学院大)

☐315 Please keep me ( ) any developments in the situation.
① inform ② informed ③ informed of ④ informing (立命館大)

2 次の下線部に最も近い意味を持つ語句を下の①～④から一つずつ選びなさい。

☐316 The child broke in while his parents were discussing finances.
① interrupted ② caused trouble
③ caused damage ④ began shouting (立命館大)

☐317 The troops couldn't put down the rebellion with ease.
① suppress ② provoke ③ fight ④ yield to (立命館大)

☐318 I can't answer for his dishonesty.
① be responsible for ② explain
③ believe ④ put up with (立命館大)

☐319 He made off with my books.
① disregarded ② disposed of ③ destroyed ④ ran away with (駒澤大)

☐320 Where shall I dispose of this waste paper?
① see about ② get rid of ③ put into ④ take on (専修大)

☐321 Do you go in for Western movies?
① dislike ② like
③ rarely go to ④ pay attention to (青山学院大)

3 以下の英文の下線部には誤っている箇所がそれぞれ一つずつあります。その番号を指摘しなさい。

☐322 I ①came down with ②the flu, and the doctor suggested ③to take a few days off ④to rest at home. (早稲田大)

☐323 ①Any modern novelist ②would be thrilled to have ③his stories ④comparing with Dickens. (上智大)

☐324 He came back from ①a day's work ②all wet and ③told that it ④was raining outside. (早稲田大)

☐325 The girls ①who had entered the contest ②were given prizes ③donating by the department store ④which has always supported our charity. (慶應義塾大)

☐326 ①I had spent ②a lot of money ③on clothes this year, but I ④still don't seem to have anything to wear. (早稲田大)

☐327 The dinner ①that Mary cooked for him tasted so ②badly that John found it difficult to make ③himself ④look pleased. (南山大)

☐328 ①Had the jet plane ②landed on the runway a moment ③later, it ④had collided with the airport limousine. (関西学院大)

☐329 Old people, ①generally speaking, are inflexible in their thinking. They are obstinate, ②unable to see that there are many ways of looking at things. They think in patterns they ③had used ④most of their lives, so their thinking becomes set. (上智大)

☐330 Even when ①living with a good friend of ②yours, there are ③so many difficulties to ④deal. (昭和女子大)

4 次の英文の空所に入れるのに不適切な語句を下の①〜④から一つずつ選びなさい。

☐331 There are very few people who are (　　) live without a job.
① enough rich to　② so rich that they can
③ so rich as to be able to　④ rich enough to (龍谷大)

☐332 She's having (　　).
① a good time　② a nice car　③ lunch　④ a swim (福岡大)

☐333 She (　　) that she has been badly treated.
① feels　② knows　③ speaks　④ writes (早稲田大)

☐334 I ( ) playing tennis early in the morning.
① am ② dislike ③ enjoyed ④ hope (早稲田大)

☐335 It was ( ) that he give up sugar and smoking.
① suggested ② required
③ believed ④ recommended (福岡大)

☐336 When I saw her last time I thought she ( ) tired.
① appeared ② looked ③ seemed ④ showed (早稲田大)

☐337 I haven't seen him ( ).
① for a long time ② in over ten years
③ last week ④ today (早稲田大)

☐338 We ( ) the work done before the assigned time.
① got ② had ③ made ④ wanted (実践女子大)

☐339 I ( ) my son into giving up the bad habit.
① forced ② persuaded ③ talked ④ told (実践女子大)

☐340 I ( ) Sandy and her family to come.
① wanted ② hoped ③ expected ④ asked (関西学院大)

5 次の日本文の意味になるように,( )内の語または語句を並べかえて英文を完成しなさい。

☐341 ケイトはその少女を救おうとして命を落とした。
Kate's (life / girl / to / her / the / her / save / cost / attempt). (立命館大)

☐342 突然,稲妻がピカッと光り,それに照らし出された彼の姿は幽霊のようであった。
〈1語(句)不要〉
There was a sudden flash of lightning, (like / him / a ghost / appeared / made / which / look). (福岡大)

☐343 彼は飛行機の墜落では死を免れたが,結局は砂漠で死んだ。 〈1語不要〉
(the / survived / desert / he / only / last / crash / die / to / in / the). (名城大)

☐344 穀物を栽培するために熱帯雨林が切り開かれ,その結果として豪雨が土を流すので土壌がなくなっている。
Rain forests have been cleared away in order to plant crops, (as / in / loss / heavy rain / resulting / soil / washed) the soil away. (立命館大)

☐345 ほとんど毎晩のように，環境破壊のニュース番組に続いて贅沢(ぜいたく)品を宣伝する調子のよいCMを見ます。
Almost every evening we see news items (by / cheery / commercials / destruction / environmental / followed / for / on) luxury goods. (立命館大)

☐346 都会にいて，彼女はいつも何やかや騒音に悩まされていた。
In the city, she was always (one / being / by / disturbed / noises / of / sort / or) another. (早稲田大)

6 次の英文の意味が通るように，( )内の語または語句を並べかえなさい。

☐347 The bones are believed to have belonged (dinosaurs / five / than / measuring / meters / to / more) in length. (立教大)

☐348 The government should (away / civil rights / do / restricting / regulations / with). (日本大)

☐349 He has a spacious study to (all / books / he / in / the / wants / with / work). (早稲田大)

☐350 We will have to (a / considerable / money / of / raise / realize / sum / to) your plan. (早稲田大)

第8回

Step 3 Part 2［351-400］
標準解答時間40分

1 空所に入れるのに最も適切な語句を，下の①～④から一つずつ選びなさい。

☐351 You (　　) to hear that the world population has doubled in this century, but it is true.
① can be astonished　② can be astonishing
③ may be astonished　④ may be astonishing　（慶應義塾大）

☐352 Five people died in the explosion and more than one thousand were injured. One person is still (　　).
① going　② tracking　③ missing　④ jogging　（明治大）

☐353 A person who buys a gun for protection is five times as (　　) to kill a friend or relative as to kill an intruder.
① alike　② like　③ likely　④ aptly　（同志社大）

☐354 The Mona Lisa is a (　　) work of art, so it is displayed behind a thick pane of glass in the museum.
① valueless　② worthless　③ priceless　④ penniless　（獨協大）

☐355 When a person makes a point of avoiding people, he (　　) to balance his opinions and principles against theirs, with the result that his outlook becomes restricted.
① is impossible　② is unable
③ is imperative　④ is incapable　（上智大）

☐356 In the race, Lucy and Susie finished in third and forth place (　　).
① respectably　② respectively　③ responsibly　④ resourcefully　（獨協大）

☐357 John used to write me every other week, but I (　　) hear from him any more.
① ever hardly　② hardly ever
③ hardly never　④ never hardly　（慶應義塾大）

☐358 I have (　　) clothes than the ones I'm wearing.
① nothing more　② no other　③ the other　④ any other　（早稲田大）

☐359 The roles of husband and wife are now more mixed. Husbands are becoming more (　　) in housework, cooking and child-care.
① committed　② left　③ dedicated　④ involved　（立教大）

☐360 She'd quite recovered. She was in perfectly good ( ) again.
① moods ② airs ③ spirits ④ cheers (獨協大)

☐361 A ( ) in a vehicle such as a bus, boat, or plane is a person who is traveling in it, but who is not driving it or working on it.
① passenger ② conductor
③ stranger ④ driver (明治大)

☐362 The laboratories of the older school are as good ( ) the new school.
① or better than ② or better than that of
③ as or better than ④ as or better than those of (京都産業大)

☐363 He is nobody here in town but I guess he is ( ) in his own village. He is on the school board there.
① nowhere ② anybody
③ everybody ④ somebody (京都外語大)

☐364 Now our children have grown up and they all have families of ( ).
① oneself ② their ones
③ their own ④ themselves (慶應義塾大)

☐365 ( ) book I read last week was very good.
① Neither ② Scarcely
③ None of the ④ Both of the (慶應義塾大)

☐366 "Listen to me." "O.K. I'm all ( )."
① smiles ② eyes ③ ears ④ mouth (西南学院大)

☐367 In spite of obvious differences, men and women have many things ( ).
① as usual ② the same
③ in common ④ together with (南山大)

☐368 Whenever I see this doll, there comes into my ( ) the memory of something I saw in France.
① detail ② favor ③ secret ④ mind (京都外語大)

☐369 He won't admit this to me, but I know it's on ( ).
① working condition ② the telephone
③ his mind ④ both sides of the opinion (早稲田大)

☐370 Bear ( ) that gas stations are scarce in the more remote areas.
① on mind ② on your mind
③ in mind ④ in the mind (南山大)

2 次の下線部に最も近い意味を持つ語句を下の①～④から一つずつ選びなさい。

☐371 I don't think he got that information at first hand.
① as the most important fact ② confidentially
③ directly ④ in the beginning (立命館大)

☐372 Wearing the wrong kind of clothes for the party made me feel out of place.
① feel uneasy ② feel unlucky
③ feel unhappy ④ feel disappointed (青山学院大)

☐373 The Prime Minister's remarks were off the record, but the newspaper printed them anyway.
① not official ② not correct
③ not publishing ④ not remembered (大谷女子大)

☐374 The news of his death came out of the blue.
① unexpectedly ② speedily
③ slowly ④ obviously (駒澤大)

☐375 Don't take him so seriously. He's just pulling your leg.
① ignoring you ② speaking ill of you
③ teasing you ④ mad at you (大東文化大)

☐376 Haruko is as good as her word, so don't worry.
① is a very good speaker ② is good at word-processing
③ keeps her promise ④ makes funny jokes (愛知学院大)

3 次の英文の空所に入れるのに不適切な語句を下の①～④から一つずつ選びなさい。

☐377 I haven't got ( ) money.
① any ② any more ③ some ④ very much (早稲田大)

☐378 They caught ( ).
① an elephant alive ② a live elephant
③ an alive elephant ④ a living elephant (福岡大)

☐379 ( ) lose his temper in difficult situations.
① He is apt to ② He tends to
③ It is probable that he will ④ It is probable for him to (福岡大)

☐380 ( ) have I seen so many ants.
① Rarely ② Never ③ Seldom ④ Often (関西学院大)

☐381 I have ( ) visited Hokkaido.
① ever ② never ③ rarely ④ twice (早稲田大)

☐382 We were able to see ( ) more people than we had expected to.
① much ② a lot ③ many ④ far (関西学院大)

☐383 ( ) people drink it without milk.
① Lots of ② Many ③ Most ④ Some of (早稲田大)

☐384 ( ) capable of looking after the baby.
① Either of the children is ② Each of us is
③ Any child is not ④ No child is (福岡大)

4 以下の英文の下線部には誤っている箇所がそれぞれ一つずつあります。その番号を指摘しなさい。

☐385 In Japan ①during and after the ②Second World War, food ③was little, and ④many people were very hungry. (獨協大)

☐386 We study the story of humanity's past because it is our own history. It began with our remote ancestors, and ①has continued through ②successful generations to our own times. It ③is being written by ourselves today, and will be continued by ④our descendants in the future. (上智大)

☐387 In ①most every human society, certain individuals ②establish themselves in power. Sometimes they manage this by ③natural qualities of leadership, sometimes by force and guile. Sometimes they conquer ④another nation. (guile：策略) (上智大)

☐388 British governments are perfectly capable ①in improving ②drinking water quality, and perhaps they ③should voluntarily have ④done so before now. (中央大)

☐389 Say "despot" and everyone thinks instantly of a ①tyrannical ruler, a dictator. ②Yet in its original Greek form, *despotes*, it ③meant ④no less than the head of a household or the master of slaves. (上智大)

☐390 ①As is true of cities throughout the world, ②the more farther out from any urban center, generally ③the lower the rents will be. However, the transportation is so overcrowded and expensive that one has to balance these two factors in deciding ④where to settle. (上智大)

5 次の日本文の意味になるように，(　)内の語または語句を並べかえて英文を完成しなさい。

☐391 優柔不断が，彼のただ一つの欠点だ。
Irresolution (is / otherwise / perfect / his / in / a defect / character).
(慶應義塾大)

☐392 その会議に出ても仕方あるまい。〈1語不要〉
It is (attending / hardly / need / the meeting / while / worth). (中央大)

☐393 アメリカは，日本よりも，テレビのチャンネルの選択肢がたくさんある。
〈1語(句)不要〉
There are (TV channels / options / to / more / from / a lot / choose) in the U.S. than in Japan. (福岡大)

☐394 健康を保つには，タバコの数を減らしビールの量を減らさなければなりませんよ。
You ought to smoke (and drink / good health / cigarettes / less / in / beer / keep / yourself / fewer / in order to). (武庫川女子大)

☐395 この国の面積はイギリスの約1.5倍である。
The land area of this country is (a / about / and / as / as / big / half / one / that / times) of Great Britain. (東北学院大)

☐396 他の精神機能よりも多くの研究がなされているにもかかわらず，記憶の仕組みについては比較的わずかのことしかわかっていない。
Though more research has been devoted to the study of memory than to any other mental function, comparatively (how / mind / the / little / about / remembers / known / is) things. (立命館大)

6 次の英文の意味が通るように，(　)内の語または語句を並べかえなさい。

☐397 It is (much / not / that / say / to / too) the tragedies of the British Royal Family are condensed in the Tower of London. (日本大)

☐398 I've heard more (his / than / of / name / enough / by) now. (立教大)

☐399 (else / more / anything / than / except) oxygen, water is necessary for human beings. (桜美林大)

☐400 It seems that recently the old man has felt less (to / than / other / inclined / see / ever) people. (立教大)

第9回

Step 3 Part 3［401-450］

標準解答時間40分

1 空所に入れるのに最も適切な語句を，下の①～④から一つずつ選びなさい。

☐401 (　　) he might have achieved, if his health had improved, it is impossible to say.
① Although　② Because　③ That　④ What　(明治学院大)

☐402 (　　) many of us who just sat and watched what happened, Jane volunteered to help the victims of the accident.
① Although　② Despite　③ Opposite　④ Unlike　(慶應義塾大)

☐403 I found none of the shoes completely (　　) my taste.
① with　② for　③ to　④ by　(関西学院大)

☐404 It seems probable, (　　) cannot be proven, that lying—and getting away with it—will lead to more lying.
① as one　② even if we　③ though it　④ when things　(明治学院大)

☐405 With the situation being (　　), we can't make any move.
① so it is　② as it is　③ that it is　④ which it is　(清泉女子大)

☐406 My brain is as good as it ever was, and will probably remain so for a very long time yet, but my energy is not and cannot be (　　) it was, and it will gradually decline.
① that　② when　③ why　④ what　(同志社大)

☐407 Soon we came to a hill at the foot (　　) stood a deserted factory.
① in which　② of which　③ which　④ whose　(慶應義塾大)

☐408 **A**: I bought that new model.
B: Did you? Weren't you saying you didn't like the color? (　　) you bought it?
① For what purpose　② I wonder if
③ How come　④ Why　(京都教育大)

☐409 His opinion is completely different from mine. (　　)
① I could agree with him.
② I could have agreed with him.
③ Could I possibly disagree with him?
④ How could I possibly agree with him?　(立教大)

☐410 Intimacy is no excuse for rough manners, though the majority of us seem to think ( ).
① it does ② it is ③ they are ④ they do (明治学院大)

☐411 This conclusion is based on a misunderstanding ( ) makes people good.
① about what ② all that
③ that which ④ to whom (明治学院大)

☐412 ( ), he wondered, that after having known him for so many years he still could not understand Peter's recent behaviour?
① How come it ② How could it
③ How was it ④ How would it (立教大)

2 次の２つの英文がほぼ同じ意味になるように，( )に適語を入れなさい。

☐413 (a) A careful reading of his book will show you the workings of his mind.
(b) You can see ( ) his mind works if you read his book carefully. (明治大)

☐414 (a) Were it not for the 250 guards on patrol to protect the elephants in the park, none of them would survive for long.
(b) The elephants in the park survive ( ) to the 250 guards on patrol to protect them. (早稲田大)

☐415 (a) As time went on, my memories of my hometown became less vivid.
(b) ( ) the passing of time, it was more and more difficult to remember my hometown. (明治大)

☐416 (a) Though he denied the rumor frequently, nobody believed him.
(b) ( ) his frequent ( ) of the rumor, nobody believed him. (専修大)

3 次の日本文の意味に合うように，( )に適語を入れなさい。

☐417 とてもうれしかったことには，私はスピーチコンテストで優勝した。
( ) my great joy, I won first prize at the speech contest. (鹿児島大)

☐418 夫の帰りを寝ずに待っていたが，いつの間にか寝入ってしまった。
I waited up for my husband to come home, but I fell asleep ( ) I knew it. (立命館大)

☐419 私の父のことをよくもまあそんなふうに言えたものだ。
How dare you say things ( ) that about my father! (立命館大)

☐420 この本の真価がわかる学生は，たとえいたとしても，きわめて少ない。
There are very few, if ( ), students who can appreciate the true value of this book. (名古屋大)

4 次の英文の空所に入れるのに不適切な語句を下の①〜④から一つずつ選びなさい。

☐421 I've got plenty of cash ( ) I've just been to the bank.
① because ② on account of the fact that
③ since ④ why (早稲田大)

☐422 ( ) are you going to speak?
① How ② When ③ Where ④ Whom (早稲田大)

☐423 We stayed there ( ) Christmas.
① to ② until ③ before ④ up to (関西学院大)

☐424 This is the house which he ( ).
① wants to live ② is willing to sell
③ rents from Mrs. Williams ④ rents to the students (福岡大)

☐425 She favors equal pay, ( ).
① which idea I'm quite opposed to
② which I'm quite opposed to
③ to that I'm quite opposed
④ to which idea I'm quite opposed (福岡大)

☐426 The suspect didn't drive his car on the day, ( ).
① as is clear from the record ② what is clear from the record
③ which is important ④ which fact is important (福岡大)

5 以下の英文の下線部には誤っている箇所がそれぞれ一つずつあります。その番号を指摘しなさい。

☐427 The period during ①when people first ②learned to melt iron is ③known as ④the Iron Age. (大阪経大)

☐428 It is a ①six-hour drive ②to my grandparents' house, behind which is a river I ③used to ④swim. (早稲田大)

☐429 ①Once that you learn how to ②ride a bike, you never ③forget it. And it is convenient ④for shopping. (早稲田大)

☐430 Computers ①are used ②primarily to ③calculate answers and ④processing data. (専修大)

☐431 ①Why is it that ②bullying among children ③have become ④such a severe problem in Japan? (明治大)

☐432 The belief ①which the heavenly bodies control our fates probably originated back in prehistoric times, ②when men noticed that certain bright stars—they ③would not have paid attention to ④the dim ones—appeared at certain positions in the sky at different times of the year. (上智大)

☐433 The cat, ①motionless, watched the mouse ②come out of the hole, and then, suddenly, ③he heard the neighbor's dog breathing heavily ④right behind of him. (獨協大)

☐434 Joan, ①though she ②doesn't really need to, ③has been dieting ④since three weeks. (獨協大)

☐435 ①How ②do you think ③of the idea ④that students should study hard? (京都教育大)

☐436 ①How many ②is one hundred French francs in Japanese yen? ③I'm going to Paris ④the week after next. (早稲田大)

6 次の各組の英文の( )に共通して入る適切な語を書きなさい。

☐437 (a) I should have answered your letter sooner, but it completely slipped my ( ).
(b) I asked her if she'd ( ) watching my bag while I washed my hands.
(c) Hard work is the best thing to take one's ( ) off his sorrow. (早稲田大)

☐438 (a) She still has a ( ) of the flu.
(b) Your objections do not ( ) the point at issue.
(c) I try to keep in ( ) with current events by reading the newspapers. (西南学院大)

☐439 (a) He is not ( ) of a tennis player.
(b) ( ) of what he said was meaningless.
(c) This is ( ) better than the other. (実践女子大)

☐440 (a) Be patient and wait your ( ).
(b) Paris was the most wonderful city at the ( ) of the century.

(c) We tried all sorts of ways of finding out where she lived but failed at every ( ).

(d) Never ( ) your back on a challenge. (早稲田大)

7 次の日本文の意味になるように，( )内の語または語句を並べかえて英文を完成しなさい。

☐441 今お使いでないカメラを，どれでもよろしいですから，使わせてください。
Would you (you are / use / camera / me / whichever / let / not using) now? (関西外語大)

☐442 彼はそれで得をしたかもしれないが，今後を見ないとわからない。〈1 語不要〉
He may have gained by it, but (leaves / remains / be / it / to / seen). (学習院大)

☐443 昼も夜も雨が降り続け，その間に船はばらばらに砕けた。
It rained all night and all day, (broke / pieces / the / into / time / during / ship / which). (関西外語大)

☐444 彼らは燃えそうなものは何でも集めた。
(would / everything / thought / collected / they / burn / they). (東洋大)

8 次の英文の意味が通るように，( )内の語または語句を並べかえなさい。

☐445 He was (rivals / of / well / to / his / according / ahead) the early results in the country's first post-war elections. (立教大)

☐446 The President will spend the rest of the week in the hospital (to / tests / undergoing / where / he / prior / is) his planned heart surgery. (立教大)

☐447 This must affect the judgement of the man (duty / for / is / it / to / whose) pass sentence. 〈1 語不要〉 (日本大)

☐448 I realized there were certain things I had not yet experienced in life, one of which was (to live / like / what / be / would / like / it) a king. (日本大)

☐449 At (have / in / time / women / history / no) played such a significant role in the world as today. (小樽商大)

☐450 Fortunately we had a map, (got / have / without / would / which / we) lost. (中央大)

第10回

会話表現［451-500］
標準解答時間45分

次の会話文の意味が通るように，下の①～⑦から一つずつ選んで，451 ～ 453 に入れなさい。

A：Hello?

B：Hello. This is Maria. 451

A：I am sorry, he's out at the moment. 452

B：No, that's okay. When he comes home, can you tell him that I'll call back later?

A：Sure. 453

B：Maria Rodrigues.

A：I'll give him the message.

B：Thanks, good bye.

A：You're welcome. Bye.

① Can I have your name again, please?
② Will he call you later?
③ Shall I have him call you back?
④ Could you teach me your name again?
⑤ Tell me where Ted is, won't you please?
⑥ When would you like to return the call?
⑦ Can I speak to Ted?

（立命館大）

次の会話文の意味が通るように，下の①～③から一つずつ選んで，454 ～ 456 に入れなさい。

Doctor：Good morning. Now what seems to be the matter?

Patient：Well, doctor. I've got this awful stomachache. 454 And I think I've got a slight temperature, as well.

Doctor：I see. And have you got pains anywhere else?

Patient：Well, I had a headache before I went to bed last night, and I didn't sleep well.

Doctor：When did you arrive in Singapore?

Patient：Only the day before yesterday. And yesterday lunchtime I had rather a big lunch—and I'm not used to Chinese cooking.

Doctor：I see. Well, I don't think you're seriously ill. 455 Is this the first time you've been to Southeast Asia?

Patient：Yes.

Doctor：Well, I'll give you a prescription for some medicine, and [456] I'll come and see you again tomorrow.

Patient：Thank you, doctor.

（注：jet lag 時差ぼけ）

①I suggest you take it easy and stay in bed for a couple of days.
②I think it's a combination of jet lag and the new food.
③I think it must be something I ate.　　（中央大）

☐ **C** **次の会話文の意味が通るように，[457]～[461]にそれぞれ下の①～④から一つずつ選んで入れなさい。**

John：Got a minute?

Bill：Sure. [457]

John：Well, I've been thinking about investing in a new stereo and I was wondering if you could give me [458] things like where to go and what to buy.

Bill：I'd like to help you but I don't know that much about it. Why don't you ask Fred? [459]

John：Thanks. You know his number?

Bill：[460] but I imagine it's [461]

John：Thanks. I'll look it up.

[457] ①Do you have anything special in mind?
②What's on your mind?
③If you don't mind.
④If you have a mind to.

[458] ①some advice in　②an information on
③a suggestion over　④a few hints on

[459] ①He's into stereos.　②He needs a stereo.
③His father gave him a stereo,　④I borrowed his stereo.

[460] ①It's out of my hands,　②Only by hand,
③Not off hand,　④You have it at hand,

[461] ①in the phone book.　②on the directory.
③an unlisted number.　④someplace at home.　（上智大）

次の会話文の意味が通るように，[462]～[463]にそれぞれ下の①～④から一つずつ選んで入れなさい。

Student : Here's the rough draft of my chemistry report. I think it's definitely getting better.

Professor : Hum. It has improved in objectivity, but wouldn't you agree that some parts need more work?

Student : Yeah. I guess some parts need to be changed.

Professor : For instance, let's look at your introduction. You've chosen an interesting topic, but your explanation is still too general. [462] I think you need to focus your explanation more in order to give the reader a more exact idea of what you're talking about.

Student : [463]

Professor : Exactly.

[462]
① I'm afraid you are too generous to others.
② I'm completely certain what your main objection is.
③ I'm confident that you have almost expressed your subjective opinion.
④ I'm not really sure that I understand what you're getting at.

[463]
① Are you suggesting that I have to explain more personally?
② Do I need to include fewer exceptions?
③ Do you mean I should be more specific?
④ Is it necessary to discuss more about general opinions? （関西学院大）

E

次の会話文の意味が通るように，下の①～⑩から一つずつ選んで，[464]～[468]に入れなさい。

(*Mr. Sato telephones Mr. Jones for an appointment.*)

Mr. Jones : Hello.

Mr. Sato : Hello, Mr. Jones. This is Ken Sato. How are you?

Mr. Jones : [464]. And you?

Mr. Sato : Great. Things couldn't be better.

Mr. Jones : Glad to hear it. [465]?

Mr. Sato : I'll be going to America next month for a business trip. I'd like your advice on a couple of things.

Mr. Jones : Really! That's great! When are you going?

Mr. Sato : The week after next. Would it be possible to have lunch this week?

Mr. Jones : OK. [466].
Mr. Sato : How about Thursday?
Mr. Jones : Suits me fine. What time?
Mr. Sato : I have an appointment at eleven, but it shouldn't take too long. How about one?
Mr. Jones : [467]. Where shall we meet?
Mr. Sato : How about the grill at the Hotel Dynasty?
Mr. Jones : Fine. [468].

① How can I help you　② It can't be helped
③ Oh, not too bad　④ See you then
⑤ That's it　⑥ That's the day
⑦ What do you say to that　⑧ You did it
⑨ You got it　⑩ You name the day

(早稲田大)

☐ **F** 次の会話文の意味が通るように，[469] ～ [473] にそれぞれ下の①～④から一つずつ選んで入れなさい。

John : Ann, [469] introduce Peter. He's in my economics class.
Peter : Nice to meet you.
Ann : Nice to meet you. I've heard a lot about your economics class from John. [470] do you like it?
Peter : Well, as you probably know, it's pretty hard, but the professor is a really good teacher. How about you—[471]
Ann : Well, actually, I'm a teacher. But I teach in a high school.
Peter : That must be a tough job.
Ann : Well, yes, but it's interesting, and [472] long holidays.
Peter : I guess so. Can I get you a drink?
Ann : Thank you.
Peter : What would you like?
Ann : [473] a glass of red wine.
Peter : Sure.

[469]　① I　② I can　③ I'd like to　④ I wish you
[470]　① What　② How　③ Which　④ What part

471 ① What work are you? ② What's your work do? ③ What do you do? ④ What job do you work?

472 ① there is ② I make ③ you get ④ it makes

473 ① I'll have ② Please take me ③ Could you give ④ I hope （立教大）

G 次の会話文の意味が通るように，下の①〜⑥から一つずつ選んで，474 〜 477 に入れなさい。

A：I saw an interesting show the other night.

B：You did? What did you see?

A：Well, I went to a little amateur theater and saw a variety show.

B：A variety show? 474

A：It was, though. There was a paper-doll cutter who was really good. He could make just about anything out of paper.

B：475

A：Oh, the usual variety acts. Singers, dancers, and the like. 476

B：Magic is a lot of fun, isn't it? I used to do a few tricks when I was younger. I even put on a show at high school once.

A：Well, then, you'd have enjoyed this variety show. I hear they're having a special magic show next Saturday. If you're not doing anything, how about going to see it?

B：477 What time does it start?

A：Seven. Let's meet at my place.

B：All right. I'll be over about six.

A：Fine. See you, then.

① Oh, yes. I read about that, too.
② That doesn't sound so interesting.
③ There was also a magician who was pretty good.
④ When did you go?
⑤ What other kinds of acts did they have?
⑥ That sounds great. （関西大）

☐ **H** 次の会話文の意味が通るように，下の①～⑧から一つずつ選んで，[478]～[482]に入れなさい。

(*John* (J) *is a high school senior and wants to go to college, so he goes to see his high school counselor* (C) *for advice about his college education*.)

C：Hello, John. [478]

J：Not yet. And the deadlines are getting close. [479]

C：What are your primary considerations in choosing a college?

J：Well, of course, cost. I can't afford a private college unless I get some type of tuition scholarship.

C：With your good academic record that's something you should ask for when you apply. [480]

J：My father was saying that I should go the first two years to the local community college. I can transfer most of my credits to the state university. [481]

C：That's certainly something to consider. Many students are doing that to save money these days. But I don't recommend that for you.

J：Why not?

C：[482] If that doesn't work out, you can always apply to a local community college.

① I think you have a good chance of getting one.
② That way I only have to pay expensive tuition the last two years.
③ It's too late to apply to college now.
④ You need to work harder to get good grades if you want to go to college.
⑤ First, you should apply to the colleges you want to go to and see what happens.
⑥ Have you decided what college you are going to apply to?
⑦ Many private colleges want the application forms in by the end of this month.
⑧ My brother is also going to college.　　(明治大)

☐ **I** 次の会話文の意味が通るように，下の①～⑩から一つずつ選んで，[483]～[490]に入れなさい。

Yumi：Hi! Welcome back, Lena.

Lena：Hi, Yumi! [483]

Yumi：Oh, it's nothing. [484]

Lena：The flight itself was good enough, but we had a little fright before it.

Yumi：Oh? 485

Lena：Yes, and they went through all the luggage before letting us check in. 486

Yumi：And were you one of them?

Lena：487 But we had to wait for more than an hour until the takeoff.

Yumi：488

Lena：Huh? What do you mean?

Yumi：Well, when I got here, they were announcing that your arrival would be delayed for about two hours. 489

Lena：Oh, didn't they say anything about the reason?

Yumi：No. 490

① Fortunately no.
② Oh, is that right?
③ How was your flight?
④ Oh, that explains it.
⑤ And I was wondering why.
⑥ You had a bomb scare or something?
⑦ It's nice of you to come and meet me.
⑧ Did you have a good time with your family?
⑨ They even did body-searches on many of the passengers.
⑩ Probably they didn't want to scare the people at the airport. （早稲田大）

☐ **J** 次の会話文の意味が通るように，下の①～⑩から一つずつ選んで，491 ～ 500 に入れなさい。

(*A child is lying in bed, and his father is standing at the foot of the bed*.)

Child：Dad, I want a story.

Father：All right, but if I tell you a story, will you go to sleep?

Child：491

Father：OK. Now listen: Three wise men of ...

Child：I've heard that story before. 492

Father：Well, how about this one then? I had a little nut tree ...

Child：I know that one, too.

Father：493 Besides, it's nine-thirty now. Don't you know that little boys like you ought to be asleep by nine o'clock?

Child：494

Father：Because it's good for them. [495]

Child　：Why does it?

Father：[496]

Child　：That's the one I want!

Father：Oh, this is getting out of hand.

Child　：What is?

Father：[497] So be quiet. OK, I think I can think of just one more story. [498] If you say anything—if you say ONE WORD—I won't finish the story. [499] ... Answer me!

Child　：How can I answer you if I'm not allowed to speak?

Father：What? [500] Just listen now. The story is called "A Stubborn Kid"!

① Do you understand?
② I want a story I don't know.
③ Just listen.
④ Not till it's finished.
⑤ Oh, that's a long story.
⑥ Oh, well never mind.
⑦ Sleep makes little boys grow.
⑧ Why should they?
⑨ You are.
⑩ But I can't think of any you don't know.

（慶應義塾大）

第1回 解答用紙

Step 1 Part 1［001-050］
標準解答時間35分

□001		□002		□003		□004	
□005		□006		□007		□008	
□009		□010		□011		□012	
□013		□014		□015		□016	
□017		□018		□019		□020	
□021		□022		□023		□024	
□025		□026		□027		□028	
□029		□030		□031		□032	
□033		□034		□035		□036	
□037		□038		□039		□040	
□041							
□042							
□043							
□044							
□045							
□046							
□047							
□048							
□049							
□050							

キリトリ線

所要時間	分	得点	／100

2点×50問

第2回 解答用紙

Step 1 Part 2［051-100］

標準解答時間40分

□051		□052		□053		□054	
□055		□056		□057		□058	
□059		□060		□061		□062	
□063		□064		□065		□066	
□067		□068		□069		□070	
□071		□072		□073			
□074				□075			
□076				□077			
□078				□079			
□080							
□081		□082		□083		□084	
□085		□086		□087		□088	
□089		□090					
□091							
□092							
□093							
□094							
□095							
□096							
□097							
□098							
□099							
□100							

所要時間	分	得点	／100

2点×50問

キリトリ線

第3回 解答用紙

Step 1 Part 3［101-150］
標準解答時間35分

□101		□102		□103		□104	
□105		□106		□107		□108	
□109		□110		□111		□112	
□113		□114		□115		□116	
□117		□118		□119		□120	
□121		□122		□123		□124	
□125		□126		□127		□128	
□129		□130		□131			
□132				□133			
□134				□135			
□136				□137		□138	
□139		□140					

□141	
□142	
□143	
□144	
□145	
□146	
□147	
□148	
□149	
□150	

所要時間	分	得点	／100

2点×50問

キリトリ線

第4回 解答用紙

Step 2 Part 1［151-200］

標準解答時間35分

□151		□152		□153		□154	
□155		□156		□157		□158	
□159		□160		□161		□162	
□163		□164		□165		□166	
□167		□168		□169		□170	
□171		□172		□173		□174	
□175		□176		□177		□178	
□179		□180		□181			
□182				□183			
□184				□185			
□186				□187			
□188				□189			
□190							
□191							
□192							
□193							
□194							
□195							
□196							
□197							
□198							
□199							
□200							

所要時間	分	得点	／100

2点×50問

キリトリ線

第5回 解答用紙

Step 2 Part 2［201-250］
標準解答時間40分

□201		□202		□203		□204	
□205		□206		□207		□208	
□209		□210		□211		□212	
□213		□214		□215		□216	
□217		□218		□219		□220	
□221		□222		□223		□224	
□225		□226		□227			
□228				□229			
□230				□231			
□232				□233			
□234		□235		□236		□237	
□238		□239		□240			
□241							
□242							
□243							
□244							
□245							
□246							
□247							
□248							
□249							
□250							

所要時間	分	得点	／100

2点×50問

キリトリ線

第6回 解答用紙

Step 2 Part 3［251-300］

標準解答時間40分

□251		□252		□253		□254	
□255		□256		□257		□258	
□259		□260		□261		□262	
□263		□264		□265		□266	
□267		□268		□269		□270	
□271				□272			
□273				□274			
□275		□276		□277		□278	
□279		□280		□281		□282	
□283		□284		□285			
□286				□287			
□288				□289			
□290							
□291							
□292							
□293							
□294							
□295							
□296							
□297							
□298							
□299							
□300							

所要時間	分	得点	／100

2点×50問

キリトリ線

第7回 解答用紙

Step 3 Part 1［301-350］
標準解答時間40分

□301		□302		□303		□304	
□305		□306		□307		□308	
□309		□310		□311		□312	
□313		□314		□315		□316	
□317		□318		□319		□320	
□321		□322		□323		□324	
□325		□326		□327		□328	
□329		□330		□331		□332	
□333		□334		□335		□336	
□337		□338		□339		□340	

□341	
□342	
□343	
□344	
□345	
□346	
□347	
□348	
□349	
□350	

所要時間	分	得点	／100

2点×50問

キリトリ線

第 8 回 解答用紙

Step 3 Part 2 ［351-400］

標準解答時間40分

□351		□352		□353		□354	
□355		□356		□357		□358	
□359		□360		□361		□362	
□363		□364		□365		□366	
□367		□368		□369		□370	
□371		□372		□373		□374	
□375		□376		□377		□378	
□379		□380		□381		□382	
□383		□384		□385		□386	
□387		□388		□389		□390	

□391	
□392	
□393	
□394	
□395	
□396	
□397	
□398	
□399	
□400	

所要時間	分	得点	／100

2 点×50 問

キリトリ線

第9回 解答用紙

Step 3 Part 3 ［401-450］

標準解答時間40分

□401		□402		□403		□404	
□405		□406		□407		□408	
□409		□410		□411		□412	
□413				□414			
□415				□416			
□417				□418			
□419				□420			
□421		□422		□423		□424	
□425		□426		□427		□428	
□429		□430		□431		□432	
□433		□434		□435		□436	
□437				□438			
□439				□440			
□441							
□442							
□443							
□444							
□445							
□446							
□447							
□448							
□449							
□450							

キリトリ線

所要時間	分	得点	／100

2 点×50 問

第10回 解答用紙

会話表現［451-500］
標準解答時間45分

□451		□452		□453		□454	
□455		□456		□457		□458	
□459		□460		□461		□462	
□463		□464		□465		□466	
□467		□468		□469		□470	
□471		□472		□473		□474	
□475		□476		□477		□478	
□479		□480		□481		□482	
□483		□484		□485		□486	
□487		□488		□489		□490	
□491		□492		□493		□494	
□495		□496		□497		□498	
□499		□500					

キリトリ線

所要時間	分	得点	／100

2 点×50 問

●英文校閲　Suzanne Schmitt Hayasaki
Karl Matsumoto

●大学受験スーパーゼミ
全解説　実力判定　英文法ファイナル問題集　難関大学編　〈問題編〉

1998年 9 月30日　初版第 1 刷発行
2021年 9 月10日　初版第49刷発行

編著者　瓜生　豊・篠田　重晃
発行者　門間　正哉
印刷・製本　図書印刷株式会社

発行所　株式会社 桐原書店
〒160-0023 東京都新宿区西新宿4-15-3 住友不動産西新宿ビル3号館
TEL　03-5302-7010（販売）
www.kirihara.co.jp

▶装丁／(株) アレックス

ISBN978-4-342-77020-3
Printed in Japan

大学受験 スーパーゼミ

全解説 実力判定 英文法ファイナル問題集 難関大学編

桐原書店

全解説

文法・語法・イディオム・会話表現の総仕上げ

実力判定 英文法ファイナル問題集

難関大学編

河合塾講師
瓜生 豊／篠田重晃 編著

桐原書店

はじめに

英文法・語法の学習は，たとえば「仮定法」や「関係詞」といった文法項目に沿って体系的になされるのが最も有効であることは言うまでもありません。私たちのこれまでの著書や，生徒諸君が学校で使用している文法・語法の学習参考書や問題集の大半が，文法項目別になっているのは，まったく異なる言語体系を学ぶ立場からすれば，極めて当然のことなのです。

しかし，大学受験という観点からすれば，ことはそう単純なものではありません。入試問題には，それぞれの文法項目名が付されているわけではないからです。これはまた「今は仮定法の項目をテキストでやっているから，正答が出るけれど，模試になると自信が持てない」といった生徒諸君の不安の声として現れてきます。私たちの著書で学習した諸君からも「次に何をやればよいか」「直前期にやる問題集でいいものはないか」という問いをたびたび受けてきました。

本書「英文法ファイナル問題集（標準編／難関大学編)」は，そういった学生諸君の声に応えたいというのが最大の執筆の動機です。これまでも「総仕上げ問題集」のようなものがなかったわけではありません。しかし，その内容たるや，問題の羅列と薄っぺらな解答集だけで，「○か×か」の確認をするのが精一杯といったものが大半です。これでは，自信をなくすか，せいぜいよく言っても気休めになるだけです。

本書は，現在大学生になっている諸君や受験勉強に励んでいる諸君の声を，テキストの形式や問題量などに最大限反映させ，問題を解く緊張感と楽しさを持続する中で，入試時点で生徒諸君の力を最良の状態にするために，考えられる限りの工夫を施しています。その点からすれば，本書は私たちと生徒諸君との合作と言えるかもしれません。また，その出来映えには，いささか自負するところもあります。これまでにさまざまな授業・参考書などで学習してきた諸君が，広範に，自らの学習の仕上げとして本書を利用し，大いなる成果をあげ，春に朗報を手にされることを切に願っています。

本書を構想し，「標準編」と「難関大学編」の2冊にまとめ上げるまでに2年の歳月が流れました。その間私たちにさまざまな示唆を与えてくれた生徒諸君に，そして子育てのかたわら，本書の刊行に最後まで付き合ってくれたMs. Suzanne Schmitt Hayasakiに，この場を借りて謝辞を申し述べたいと思います。

1998年　盛夏

編著者

解答・解説編の構成と使用法

「解答・解説編」は単に解答の正誤を確認するだけでなく，各問の解説を読むことによって，考え方や知識が整理され，ワンランク上の学力を身につけることができるようになっています。十分に活用してください。

●解答一覧表

各回の最初のページには，解答用紙に合わせた［解答］を載せています。まずは，これで自分の答案を採点してください。また，このページの上には，各回の問題に対する「コメント」を付けています。参考にしてください。

●問題の解説

解説は次の順に示しています。①解答，②問題のポイント，③問題英文（解答部分は太字。ただし，イディオムの同意語句選択問題はイディオムのほうを太字で載せています），④問題英文の和訳，⑤解説
なお，問題番号の下にはその問題の「文法テーマ」を記しています。
また，解説中の英語表記部分では，［　］は言いかえができることを，(　)は省略ができることを原則として表しています。

●CHECK

文字どおり，最後の段階で自分の知識をCHECKすべき欄です。入試で問われる項目のエッセンスともいえる内容が含まれていますので，必ず押さえてください。

●弱点発見シート

p. 145〜147に全問題を「文法テーマ」ごとに振り分けた「弱点発見シート」を掲載しています。間違えた問題をマークすることで，苦手な「文法テーマ」が浮き上がってくることがあるかもしれません。その場合は，今まで使ってきた参考書や問題集の該当項目を再度やり直して，「穴」を埋めておいてください。

●索引

巻末には「索引」がありますから，活用してください。該当箇所がすぐわかるように，問題番号を対応させるようにしています。

もくじ

CHECK 一覧

第1回 解答

Step 1　Part 1　［001-050］

第1回の問題はいずれも最頻出項目だけに，どれも「落とせない」レベルの問題である。逆に言えば，**CHECK**欄を含めて今回の内容を押さえておけば，入試における基礎点が固まるとも言えるのである。今後の学習を進めるにあたっても，今回の内容は完璧にしておきたい。

□001	④	□002	④	□003	④	□004	④
□005	④	□006	④	□007	④	□008	④
□009	②	□010	④	□011	③	□012	④
□013	①	□014	④	□015	②	□016	②
□017	①	□018	④	□019	③	□020	①
□021	④	□022	②	□023	③	□024	①
□025	①	□026	④	□027	②	□028	③
□029	④	□030	②	□031	②	□032	④
□033	①	□034	④	□035	④	□036	②
□037	②	□038	③	□039	②	□040	③

□041	Getting rid of garbage has become a major headache for the authorities.
□042	I awoke to find the house on fire. 〈found 不要〉
□043	Nothing is to be gained by losing your temper.
□044	My landlady told me not to leave the door unlocked. 〈keep 不要〉
□045	There is no denying that she has been greatly changed by this experience.
□046	A cup of coffee will make you feel better.
□047	I was caught reading a magazine in my English class. 〈to read 不要〉
□048	I had gone some distance before I missed my wallet. 〈notice 不要〉
□049	Higher levels of unemployment in Europe will make it difficult for Europeans to modernize their industry.
□050	As the next century approaches, some companies are attempting to find out what will be needed for them to survive.

第1回 解答・解説

Step 1 Part 1［001-050］

001　④　〈mind doing－動名詞が目的語〉

動詞の語法

I wonder if you'd mind **assisting** me?
(私を助けていただけませんか)

➔ **mind** は不定詞ではなく動名詞を目的語にする動詞。**mind doing** で「…するのを気にする／いやがる」の意味を表す。通例，否定文，疑問文で用いる。

➔ **I wonder if［whether］-節**は本来「…かしらと思う」の意味だが，本問のように丁寧な依頼を表す場合に用いられることがある。つまり,I wonder if you'd mind assisting me?「私を助けていただけませんか←あなたが私を助けるのを嫌がるだろうかと私は思う」は Would you mind assisting me?と同じ意味を表す。

➔ 不定詞を目的語にせず動名詞を目的語にとる動詞は，出題頻度も高く確実に正答しなければならない。以下のものをマスターしておこう。

CHECK 1　不定詞を目的語とせず動名詞を目的語にとる動詞

- □ **mind doing**「…するのを気にする」
- □ **miss doing**「…しそこなう」
- □ **enjoy doing**「…するのを楽しむ」
- □ **give up doing**「…するのをあきらめる」
- □ **admit doing**「…するのを認める」
- □ **avoid doing**「…するのを避ける」
- □ **finish doing**「…するのを終える」
- □ **escape doing**「…するのをのがれる」
- □ **practice doing**「…する練習をする」
- □ **put off doing**「…するのを延期する」
- □ **postpone doing**「…するのを延期する」
- □ **stop doing**「…するのをやめる」
- □ **consider doing**「…するのを考慮する」
- □ **deny doing**「…するのを否定する」

002　④　〈regret doing－regret to do との相違〉

動詞の語法

I regret **staying** up late last night. I've been sleepy all day today.
(昨夜，夜ふかしをしたのを後悔しています。私は今日一日中眠たかったです)

➔ **regret** は不定詞も動名詞も目的語にとるが，それぞれ意味が異なる点に注意。**regret to do** は「残念ながら…する」の意味を表し，**regret doing** は「(過去に) …したことを残念に思う」の意味を表す。本問は文意から④ staying を選ぶ。

➔ 目的語が不定詞と動名詞では意味が異なる動詞は頻出。以下のものを押さえておく。

CHECK 2　目的語が不定詞と動名詞では意味が異なる動詞

- □ { **remember to do**「…することを覚えておく」
  remember doing「…したことを覚えている」
- □ { **forget to do**「…することを忘れる」
  forget doing「…したことを忘れる」

- □ regret to do「残念ながら…する」
  regret doing「…したことを残念に思う」
- □ mean to do「…するつもりである」
  mean doing「…することを意味する」
- □ need to do「…する必要がある」
  need [want] doing「…される必要がある」
- □ go on to do「さらに続けて…する」
  go on doing「…し続ける」
- □ try to do「…しようとする」
  try doing「試しに…してみる」
- □ stop to do「…するために立ち止まる」
  ＊この場合の stop は「立ち止まる」の意の自動詞。
  stop doing「…することをやめる」

003 ④ 〈forget の用法－forget doing／動名詞の意味上の主語〉

動詞の語法 動名詞

I will never forget him **jumping** off the top of the building.
(彼がその建物の屋上から飛びおりたことを私は決して忘れないでしょう)

➔ **forget** も目的語が不定詞と動名詞では意味が異なる動詞だが，本問は **forget doing**「…したことを忘れる」の動名詞に意味上の主語が入った **forget A('s) doing**「A が…したことを忘れる」がポイント。

➔ 動名詞の意味上の主語は，代名詞の場合は所有格または目的格，名詞の場合も所有格またはそのままの形で表す。本英文の場合 him jumping の他に，his jumping と表現することもできる。

004 ④ 〈補語をとる taste の用法－taste＋形容詞〉

動詞の語法

Besides being expensive, the food in the cafeteria tastes **bad**.
(その食堂の食べ物は値段が高いうえに味もまずい)

➔ **taste** には **「taste＋形容詞」** の形で「…な味がする」の意味を表す用法があるが，後に副詞はこない。したがって② too badly，③ badly は不可。① too much bad か④ bad で迷うところだが，正答として④ bad を選ぶ。① がだめなのは，much は通例，形容詞の原級を修飾できないからである。つまり，much bad という表現が不適切。なお，**much には「too＋形容詞［副詞］」を強調する用法があるから**，much too bad とすれば正しい形となる。

005 ④ 〈have A done「A を…してもらう」〉

動詞の語法

His father had his plane **repaired** at the beginning of this month.
(今月の初めに彼の父は自分の飛行機を修理してもらった)

➔ **have［get］A done** は「㋐A を…してもらう／させる（使役），㋑A を…される（受身・被害），㋒（自分が）A を…してしまう（完了）」の 3 つの意味があり，have の目的語である A と done が受動関係になっている。本問の have A done は㋐の用法。

➔ **have** と **get** の用法は have［get］A done 以外にも **have A do＝get A to do**「A に…してもらう／させる」も頻出なのでここで押さえる。have A do / get A to do は目的語の A と次に来る補語が能動関係になっている場合に用いる。have の場合は原形不定詞，get の場合は to-不定詞を用いることに注意。

006 ④

動詞の語法

〈**get A to do**「A に…してもらう／させる」〉

There are several problems we have to **get** the prime minister to consider.

(総理大臣に考えてもらわなければならない問題がいくつかあります)

➔問題 005 で触れた **get A to do**「A に…してもらう／させる」が本問のポイント。補語に to-不定詞の to consider が用いられている点に着眼する。

➔① have, ② let, ③ make は補語に to-不定詞ではなくて原形不定詞をとる動詞。**have A do**「A に…してもらう／させる」, **let A do**「(本人の望みどおりに) A に…させてやる」, **make A do**「(強制的に) A に…させる」の形で用いる。なお, let A do と make A do の意味の違いを問う問題は頻出。

007 ④

動詞の語法

〈**make A do**「(強制的に) **A** に…させる」〉

The trainer **made** the bear sit on the stool by beating it with a whip.

(調教師はムチで打つことで, 熊をスツールの上に座らせた)

➔**make A do**「(強制的に) A に…させる」が本問のポイント。問題 006 参照。補語に原形不定詞の sit が用いられている点に着眼する。

➔問題 006 で触れたように, 使役動詞 (make, have, let) の目的格補語となる不定詞は原形不定詞になるが, 感覚動詞 (see, hear, feel, watch, look at, listen to など) も目的格補語となる不定詞は原形不定詞になることも, ここで確認しておこう。

➔① led, ② got, ③ forced は「V+O+to do」の形をとる動詞なのでここでは用いられない。**lead A to do** は「A に…するように仕向ける」, **force A to do** は「A に…することを強制する」の意味を表すこともここで押さえておく。

➔「V+O+to do」の形をとる動詞として以下のものは最低限覚えておこう。

CHECK 3 **入試で狙われる「V+O+to do」のパターンをとる動詞**

- □ **allow A to do**「A が…するのを許す」
- □ **permit A to do**「A が…するのを許す」
- □ **force A to do**「A に…することを強制する」
- □ **compel A to do**「A に…することを強制する」
- □ **enable A to do**「A が…するのを可能にする」
- □ **cause A to do**「A が…する原因となる」
- □ **encourage A to do**「A が…するように励ます」
- □ **advise A to do**「A に…するように忠告する」
- □ **expect A to do**「A が…すると予期する／思っている」
- □ **invite A to do**「A に…するように勧める」
- □ **remind A to do**「A に…することを気づかせる」
- □ **persuade A to do**「A を説得して…させる」

008 ④

時制

〈過去のある時点での動作の進行ー過去進行形〉

"Do you know what Junko is doing?" "Well, she **was reading** a book when I saw her a while ago."

(「純子が何をしているか知っていますか」「ええ, 少し前に彼女を見たとき, 彼女は読書をしていました」)

➔**動作がある時点で進行していることを表す場合, 進行形を用いるが, 過去のある時点で, 動作が進行していることを表す場合は, 過去進行形 (was [were] doing)**

を用いる。本問は when-節の時制が過去時制であることに注目する。

009 ② 〈... ago は必ず過去時制〉

時制

He **died** several years ago.

(彼は数年前に亡くなった)

➔ **... ago**「(今から) …前」は過去を表す副詞なので必ず過去時制とともに用いることに注意。なお，④ has died の**現在完了は，明確に過去を表す表現と併用できない**ので不可。

➔ **yesterday**，**last year**，**last week**，**just now**「今しがた／たった今」，**when I was ten years old**「私が 10 歳のとき」なども明確に過去を表す表現。

010 ④ 〈時の副詞節ー未来完了は用いず現在完了／finish doing〉

時制

動詞の語法

Do the dishes when you **have finished eating**.

(食事が終わったら食器を洗っておきなさい)

➔ **時・条件を表す副詞節では，未来のことでも現在時制を用いる**。それと同様に，**時・条件の副詞節では，未来完了ではなく現在完了を用いる**ことになる。どちらの場合も未来を表す will は節内で用いないことに注意。その観点から① will finish eating は未来を表す will を用いているので不可。また，問題 001 の **CHECK 1** で触れたように finish は不定詞ではなく動名詞を目的語にとる動詞だから，② have finished to eat，③ finish to eat も不可。したがって，正答として④ have finished eating を選ぶ。なお，選択肢にはないが，will have finished eating もよくないことをしっかり押さえておこう。

011 ③ 〈must have done「…したに違いない」〉

助動詞

The robbers **must** have known where the money was. That's why they found it so quickly.

(強盗はお金がどこにあるのか知っていたに違いない。だから，彼らはお金をとてもすばやく見つけたのだ)

➔ **must have done**「…したに違いない」は，現在の視点から，過去の事柄に対する断定的推量を表す表現として押さえる。

➔「助動詞＋have done」の形は助動詞の用法で一番問われ，正答率もきわめて高い。以下にまとめておくので正確にマスターしておこう。

CHECK 4 「助動詞＋have done」の意味

(1) **must have done**「…したに違いない」
(2) **can't [cannot] have done**「…したはずがない」
(3) **may [might] have done**「…したかもしれない」
(4) **needn't [need not] have done**「…する必要はなかったのに(実際はした)」
(5) { **should have done** ㋐「…すべきだったのに(実際はしなかった)」
 ought to have done ㋑「当然…した[している]はずだ」
(6) { **should not have done**「…すべきでなかったのに(実際はした)」
 ought not to have done

012 ④ 〈should have done「…すべきだったのに」〉

助動詞

You **should have** taken the first train, if you wanted to get there in good time.

(時間どおりにそこへ着きたかったなら，あなたは始発列車に乗るべきだったのに)

➔ **should have done** には「㋐…すべきだったのに(実際はしなかった)，㋑当然…した[している]はずだ」の意味がある。本問は㋐の用法。

➔ なお，本問の条件節は過去の十分あり得ることを想定しているだけであり，仮定法でないことに注意しよう。

013 ①
助動詞

〈needn't have done「…する必要はなかったのに」〉

Since they knew about it, **we needn't have told** it to them.

(彼らはそのことを知っていたのだから，私たちは彼らにそのことを知らせる必要はなかったのに)

➔ **needn't [need not] have done** は「…する必要はなかったのに (実際はした)」の意味を表す。

➔ ③ we needed not to tell にしないこと。動詞の need で表現するなら we didn't need to tell となる。なお，didn't need to do「…する必要がなかった」は needn't have done と違って，その行為を実際にしなかったのか，結果的にしたのかは意味に含まれてはおらず，通常文脈によって決まってくることに注意。

014 ④
仮定法
助動詞

〈仮定法の基本形／代動詞〉

Such a thing is unlikely to happen, but if it **did**, what could I do?

(そのようなことは起こりそうにもないが，もし起これば，私は何をすることができるだろうか)

➔ **仮定法過去の基本形は，現在の事実と反対の仮定や実現の可能性の低い仮定を行い，それに基づく推量を表す**。その形は，以下のとおりで，本問は happened を受ける代動詞の④ did を選ぶ。

CHECK 5 **仮定法過去の基本形**

If＋S＋動詞の過去形 ..., S'＋would / could / might / should＋動詞の原形 〜.
(従節: If＋S＋動詞の過去形 ... ／ 主節: S'＋would / could / might / should＋動詞の原形 〜.)

「もしSが…するなら，S'は〜するだろう(に)」

＊従節中の be動詞は原則として were を用いる。(今では，単数扱いの主語の場合 was も使われる)

＊主節中の助動詞に should を用いるのは，原則として1人称の主語 (I, we) の場合のみ。

015 ②
仮定法

〈仮定法過去完了の基本〉

The exam would not have been so easy if I **hadn't studied**.

(試験は，私が勉強していなかったなら，それほど容易なものではなかっただろう)

➔ **仮定法過去完了の基本形は，過去の事実と反対の仮定を行い，それに基づく推量を表す**。その形は，以下のとおりで，本問は② hadn't studied を選んで従節の形を作る。

CHECK 6 **仮定法過去完了の基本形**

If＋S＋動詞の過去完了形(had done)...,
(従節)

S'＋would / could / might / should＋have done 〜.
(主節)

「もしSが…したなら，S′は～しただろう(に)」
＊主節中の助動詞にshouldを用いるのは，原則として1人称の主語 (I, we) の場合のみ。

016 ② 〈**It is time＋仮定法過去**〉
仮定法
It is high time you **went** to bed.
(もう寝る時間ですよ)
➔「**It is time＋S＋動詞の過去形(仮定法過去)...**」の形で，「Sは…してもよい時期[時間]だ」の意味を表す。本問のように，**It is high time ...**であれば，「当然…してもよい時期[時間]だ」，**It is about time ...**であれば，「そろそろ…してもよい時期[時間]だ」の意味を表す。定式化した仮定法表現として押さえておこう。

017 ① 〈**S wish＋S′＋動詞の過去形 ...**〉
仮定法
I wish there **weren't** any guns in the world.
(私は世の中に銃がひとつもなければよいのにと思う)
➔**S wish** は，後に仮定法の従節の動詞形を用いた節をとる表現。本問は，現在の事実の反対を想定しているので仮定法過去の形① weren't を選ぶ。なお，② wasn't は不可。主語の any guns が複数であることに注意。
➔S wish から始まる仮定法は，基本的に以下の2つの形がある。

CHECK 7 **S wish＋仮定法**
(1) **S wish＋S′＋動詞の過去形(仮定法過去)...**
「SはS′が…すればよいのにと思う」(現在の事実と反対の事柄の願望)
(2) **S wish＋S′＋動詞の過去完了形(仮定法過去完了)...**
「SはS′が…すればよかったのにと思う」(過去の事実と反対の事柄の願望)

018 ④ 〈**It is ... of A to do**〉
不定詞
How brave **of** you to jump off the cliff!
(その崖から飛びおりるなんて，あなたはなんと勇敢なんだろう)
➔**不定詞の意味上の主語は一般に for A を不定詞の前におくことによって表すが，It is ... to do** の形式主語構文で，「人」を不定詞の意味上の主語として使い，人の性質・性格を表す語が補語に来る場合，**It is ... of A to do** の形になる。本問はIt is [was] very brave of you to jump off the cliff. の感嘆文How brave it is [was] of you to jump off the cliff. の it is [was] が省略された形となっている。

019 ③ 〈**too ... to do**〉
不定詞
You must not get excited about offers that sound **too good** to be true.
(あまりにもよすぎて本当のように思えない申し出に，わくわくしてはいけません)
➔**too ... to do**「とても…なので～できない／～するには…すぎる」の表現に気づけば容易に正答を選べるはず。この表現は不定詞の意味上の主語が入った **too ... for A to do**「とても…なのでAは～できない／Aが～するには…すぎる」の形で出題されることも多い。

020 ① 〈**so as to do／in order to do**〉
不定詞
A new idiom dictionary was purchased by the library **so as to** help the students understand current usage.

(その図書館は，学生が最新の用法を理解するのに役立たせるために，新しいイディオムの辞書を購入した)

➔ **so as to do／in order to do**「…するために」は，副詞用法の不定詞で「目的」を表すことを明示する表現。

➔ 否定の「目的」を表す **so as not to do／in order not to do**「…しないように」の形で出題されることもあるので注意。

021 ④ 〈**to say the least**「ひかえ目に言っても」〉

不定詞

This vase may not be useful, but, **to say the least**, it is beautiful.

(この花びんは役に立たないかもしれないが，ひかえ目に言っても，美しい)

➔ **to say the least (of it)**「ひかえ目に言っても」は独立不定詞と呼ばれる慣用表現。このまま覚えておこう。

➔ 英文読解においても独立不定詞はよく出てくる。以下のものは必ずマスターしておきたい。

CHECK 8 独立不定詞

- □ **to tell (you) the truth**「本当のことを言うと」
- □ **to be frank with you**「率直に言えば」
- □ **to be sure**「確かに，なるほど」
- □ **to begin [start] with**「まず第一に」
- □ **needless to say**「言うまでもなく」
- □ **strange to say**「奇妙な話だが」
- □ **to make matters worse**「さらに悪いことには」
- □ **so to speak [say]**「いわば」
- □ **to do A justice**「A を公平に評すると」
- □ **to say the least (of it)**「ひかえ目に言っても」
- □ **not to say A**「A とは言わないまでも」
- □ **to say nothing of A＝not to speak of A＝not to mention A**「A は言うまでもなく」

022 ② 〈**動名詞の意味上の主語－insist on A('s) doing**〉

動名詞

動詞の語法

Her boyfriend insisted on **her accepting** the expensive gift, which made her uncomfortable.

(彼女のボーイフレンドは彼女に高価なプレゼントを受け取るようにと言い張った，そのことで彼女は気分を悪くした)

➔ **insist** は **insist on doing** の形で「…することを主張する」の意味を表すが，本問は動名詞の意味上の主語が入った **insist on A('s) doing**「A が…するのを主張する」の形となっている。なお，動名詞の意味上の主語の作り方は問題 003 で触れたが，代名詞の場合は所有格または目的格，名詞の場合も所有格またはそのままの形で表すのであった。

➔ **insist on A('s) doing** は **insist that A (should) do** と書きかえられることも重要。連立完成問題などでよく出題される。

023 ③ 〈**look forward to doing**「…するのを楽しみに待つ」〉

動名詞

I am looking forward **to seeing** you.

(私はあなたに会うのを楽しみにしています)

➔ **look forward to A / doing** で「A を／…することを楽しみに待つ」の意味を表す。この to は，不定詞を作る to ではないので，① to see を選ばないように注意。③ to seeing を正答として選ぶ。

➔ to の後に動名詞がくる表現は頻出。必ずマスターしておく。

CHECK 9 to の後に動名詞がくる表現

- □ **look forward to A / doing**「A を／…することを楽しみに待つ」
- □ **be used [accustomed] to A / doing**「A に／…することに慣れている」
- □ **object to A / doing**「A に／…することに反対する」
- □ **when it comes to A / doing**「話が，A に／…することになると」
- □ **What do you say to A / doing**「A はいかがですか／…しませんか」
- □ **with a view to A / doing**「A の／…する目的で」

024 ①　分詞

〈受動態の分詞構文ー過去分詞で始まる場合〉

Seen under a microscope, a fresh snowflake has a delicate six-pointed shape.

(顕微鏡下でみると，新しい雪片は 6 つの角がとがった優美な形をしている)

➔ **受動態(be done)の分詞構文は being done の形に，また受動態の完了分詞構文は having been done の形になるが，being や having been は省略されることも多い**。本問では，主語が a fresh snowflake で see は「…を見る」という他動詞だから，前半は When a fresh snowflake is seen under a microscope という受動態の形が前提となる。それを分詞構文にすると Being seen under ... となるが，選択肢に Being seen はないので being が省略された① Seen を正答として選ぶ。

025 ①　動詞を含むイディオム

〈give rise to A=bring about A〉

We are afraid the accident will **give rise to** a political problem.
We are afraid the accident will **bring about** a political problem.

(私たちはその事故が政治的な問題を引き起こすのではないかと心配している)

➔ **give rise to A=bring about A**「A を引き起こす」で押さえる。

➔ 同意表現として **give birth to A／result in A／lead to A／cause A** があるが，どの表現も「(結果として) A になる」といった因果関係を表す。

➔ ② **call for A**「A を要求する」(**=require A**) や ③ **see about A**「A を手配する／取り計らう」も重要。

026 ④　動詞を含むイディオム

〈come up with A=propose A〉

Do you agree with what he **came up with**?

(あなたは彼が提案したことに同意しますか)

➔ **come up with A**「A を提案する／思いつく」は **propose A** や **think of A** との言いかえで出題されることが多い。

➔ **come up with A** は「A に追いつく」(**=catch up with A**) で問われることもあるので注意。

027 ②　動詞を含むイディオム

〈get over A=overcome A〉

Has Stephen **got over** his financial difficulties yet?

(スティーヴンはもう財政的な困難を乗り切りましたか)

➔ **get over A=overcome A**「A を克服する」で押さえる。

028 ③ **〈let A down=disappoint A〉**

動詞を含むイディオム

He promised to help me with my English term-paper, but at the last minute he **let me down**.

(彼は学期末の英語のレポートを手伝ってくれると約束したが，どたん場になって，彼は私を失望させた)

➔ **let down A／let A down=disappoint A**「A を失望させる」で押さえる。

029 ④ **〈see to it that-節=make sure that-節〉**

動詞を含むイディオム

Please **see to it** that he gets his homework done first.

Please **make sure** that he gets his homework done first.

(彼がまず宿題をやってしまうように注意してください)

➔ **see (to it) that-節=make sure that-節**「…するように注意する／取り計らう」で押さえる。

030 ② (→has been) **〈現在までの継続−現在完了形〉**

時制

Although he **has been** in this country for only two years, he talks like a native speaker.

(彼はこの国にほんの 2 年間しかいないけれども，ネイティブスピーカーのように話す)

➔ **現在を基点としてそれまでの完了・結果，経験，(状態の)継続を表すには，現在完了(have done)を用いる。**本問は「2 年間その国にずっといる」という(状態の)継続を表しているのだから② is はおかしい。has been とすれば正しい英文となる。

031 ② (→to decide) **〈It is up to A to do〉**

不定詞

群前置詞

Now it is up to the voters **to decide** if they are ready to embrace the governor's optimistic ideals.

(さて，知事の楽観的な理想を受け入れる覚悟があるのかどうかを決めるのは投票者の責任である)

➔ **up to A**「A の責任で」を用いた **It is up to A to do** は「…するのは A の責任である」の意味を表す定式化された表現。It は形式主語なので② in deciding はおかしい。真主語となる to-不定詞の形に直す必要がある。

032 ④ (→(being) exposed) **〈A is exposed to B←expose A to B〉**

態

What is certain is that the rice market is increasingly **exposed** to the forces of liberalization.

(確かなことは，コメの市場がますます自由化の圧力にさらされていることだ)

➔ **expose A to B**「A を B にさらす」の受動態は **A is exposed to B**「A は B にさらされる」になる。したがって④ exposing を過去分詞の exposed にしなければならない。なお，文意から A is being exposed to B の進行形の受動態に直してもよい。

033 ① (→were parked) **〈A is parked←park A〉**

態

Two police cars and an ambulance **were parked** outside the building opposite our house.

(わが家の向かい側にある建物の外に 2 台の警察の車と救急車が駐車されていた)

➔ **park** は「…を駐車させる」の意の他動詞なので「車」などが主語の場合，be parked の受動態にする必要がある。したがって，① were parking はおかしい。were parked にすれば正しい英文となる。

034 ④ (→is using) 〈現在進行形ー現在形との相違〉

時制

You'll have to wait a few more minutes since Willie **is using** the phone.
(ウィリーが電話を使っているので，あなたはもう2〜3分待たなければならない)

➔ 問題008で述べたように，**動作がある時点で進行していることを表す場合，進行形(be doing)を用いる**のであった。本問は文意から「今の時点で電話を使う動作が進行している」わけだから，④ uses はおかしい。現在進行形の is using としなければならない。

➔ 進行形にできる動詞は一般に動作動詞と呼ばれるが，動作動詞が現在時制で用いられると，通例，現在の習慣・事実を表すことに注意。

Willie *uses* the phone every day.
(ウィリーは毎日その電話を使う)

035 ④ (→interrupting) 〈現在分詞が補語ーkeep doing〉

分詞

I was annoyed with him because he kept **interrupting**.
(私が彼にイライラしたのは彼がずっと邪魔し続けたからだ)

➔ **keep** は補語に現在分詞をとり **keep doing** の形で「…し続ける」の意味を表す。本問は④ to interrupt を interrupting にすれば正しい英文となる。

036 ② (→tell me the way または show me the way) 〈tell の用法ーsay との相違など〉

動詞の語法

Could you please **tell me the way** to the bus station? I don't know this town at all.
(バス停に行く道を教えてくれませんか。私はこの町のことはまったくわかりません)

➔ **tell** は二重目的語をとる用法があり，**tell A B** で「A に B を言う／知らせる」の意味を表す。一方，通例 **say** も他動詞として用いられるが，say A B の形はなく，**say A** で「A を言う」の意味を表す。目的語に「人」はとらないことに注意。本問は，say A B の形がないことから③ say me the way がおかしい。tell を用いて，tell me the way とすれば正しくなる。

➔ **tell** の代わりに **show** を用いても正しい英文となるが，teach me the way とは言わないことに注意。**teach** も **teach A B** で「A に B を教える」の意味を表すが，teach は「(知識・技能・学問などを) 教えこむ」のであって「道を教える」といった場合には用いない。

➔ **tell**，**say**，**speak**，**talk** の用法は紛らわしいが頻出なので，以下に整理しておく。しっかりマスターしよう。

CHECK 10 tell / say / speak / talk の用法

□ **tell**ー基本的には他動詞。**tell A B／tell A to do／tell A that-節 [wh-節]** で使える点が大きな特徴。

□ **say**ー基本的には他動詞。目的語に「人」をとらないことに注意。また，「人」を主語にした **S say that-節**の形もあるが，「新聞／手紙／天気予報」などを主語にして，**S say that-節**の形で，「S には…だと書いてある／S によれば…」の意味を表す用法はよく狙われる。

□ **speak**ー基本的には自動詞で「話す／演説をする」の意味を表す。他動詞用法の場合は，通例，「言語／言葉／意見」を目的語にする。

□ **talk**－基本的には自動詞で「話す／しゃべる」の意味を表す。speak と言いかえができる場合も多い。また他動詞用法の **talk A into B / doing**「A に話して，B をしてもらう／…してもらう」，**talk A out of B / doing**「A に話して，B をやめさせる／…するのをやめさせる」はともに頻出なのでしっかり押さえておく。

037 ② (→had borrowed) 〈**borrow A と lend A の意味の相違**〉

動詞の語法

I found there were some pages missing from the book which I **had borrowed** from the library nearby the other day.

(近くの図書館から先日私が借りた本から数ページがなくなっているのに私は気がついた)

➔ **borrow A** は「A を(無料で)借りる」の意味を表す。一方，**lend A** は borrow A の反意表現で「A を貸す」の意味を表す。本問は「図書館から本を借りる」わけだから，② had lent はおかしい。had borrowed にすれば正しい英文となる。

➔ **rent A**「A を(有料で)借りる[貸す]」もここで押さえる。A には「家・土地・車」などがくる。

038 ③ (→living) 〈**consider doing－動名詞が目的語**〉

動詞の語法

The old couple are considering **living** in a cottage separated from the neighbors.

(その老夫婦は近所の人々から離れた山小家で暮らすことを考えています)

➔ 問題 001 の **CHECK 1** で触れたように **consider** は動名詞を目的語にとり，**consider doing** の形で「…することをよく考える」の意味を表す。したがって，③ of living がおかしい。of をとれば正しい英文となる。

039 ② (→to go) 〈**never fail to do**「必ず…する」〉

動詞の語法

As a good Christian, he never fails **to go** to church on Sundays.

(彼は立派なクリスチャンなので，日曜日には必ず教会へ行く)

➔ **fail** は不定詞を目的語にとり，**fail to do** の形で「…するのを怠る／しない」の意味を表す。動名詞を目的語にとらないことに注意。本問は② in going を to go にすれば正しくなる。なお，本問のように **never fail to do**「必ず…する」の形で用いられることもある。成句表現として押さえておこう。

➔ fail のように動名詞ではなく不定詞を目的語にする動詞は以下のものを必ず覚えておく。

CHECK 11 ● **動名詞を目的語とせず不定詞を目的語にとる動詞**

＊基本的には未来志向の動詞が多い。

□ **afford to do**「…する余裕がある」

□ **attempt to do**「…しようと試みる」

□ **decide to do**「…することに決める」

□ **fail to do**「…することを怠る／しない」

□ **hope to do**「…することを望む」

□ **intend to do**「…するつもりである」

□ **manage to do**「どうにか…する」

□ **offer to do**「…することを申し出る」

□ **pretend to do**「…するふりをする」
□ **refuse to do**「…するのを断る」
□ **promise to do**「…する約束をする」
□ **wish to do**「…することを願う」

040 ③ (→reading) 〈**spend** の用法－**spend A doing**〉

動詞の語法

I usually spend most of the weekend **reading** books at home.
(私は普通，週末の大半を家で読書をして過ごしている)

➔ **spend** は「時間」を目的語にとって **spend A (in) doing** の形で「…するのに A (時間)を使う」の意味を表す。spend には spend A to do の形はない。したがって③ to read を reading にすれば正しい英文となる。

041 〈**get rid of A**「A を取り除く」〉

動詞を含むイディオム

Getting **rid of garbage has become a major headache for** the authorities.
(ごみ処理は当局の主な頭痛の種となっている)

➔ 全体の文構文が S has become C となることを見抜き，主語を **get rid of A**「A を取り除く」の動名詞表現で Getting rid of garbage とまとめ，補語を和文から a major headache for the authorities とすればよい。

042 〈結果を表す不定詞－**awake to find …**〉

不定詞

I awoke **to find the house on fire**. 〈found 不要〉
(目を覚ましてみると家が火事になっていた)

➔ 結果を表す副詞用法の不定詞は，固定化した表現で用いられることが多いが，本問はその代表的な表現である **awake [wake (up)] to find [see] …**「目が覚めると…だと知る」を知っているかがポイント。なお，I awoke to find … とまとめるから found は使う余地がない。

➔ **on fire**「燃えて」は重要表現。

CHECK 12 結果を表す不定詞を用いた表現

□ **awake [wake (up)] to find …**「目が覚めると…だと知る」
□ **grow up to be …**「成長して…になる」
□ **live to do**「…するまで生きる (←生きて…する)」
□ **only to do**「(～したが，)結局…だった」(逆接的結果を表す)

043 〈**be+to-不定詞**－「可能」〉

不定詞

Nothing is **to be gained by losing your temper**.
(短気を起こして得をすることはなにもない)

➔「**be+to-不定詞**」で**可能**を表す用法がある。この場合，**be to be done** の受動形の不定詞を伴うことが多い。本問も Nothing が主語だから，be 動詞の後には，to be gained の受動形の不定詞が続かなければならない。

➔ **lose one's temper**「腹を立てる」は重要イディオム。

044 〈**tell A not to do**／**leave A done**〉

分詞
動詞の語法

My landlady told me **not to leave the door unlocked**. 〈keep 不要〉
(下宿の女将さんがドアに鍵をかけ忘れないようにと言った)

➔問題 036 の **CHECK 10** で触れた **tell A to do** を想定した，S told A not to do が本問の英文構造になることをまず見抜くこと。次に，to do のところで keep を用いるか leave を用いるか決めなければならない。keep，leave とも目的格補語に過去分詞をとる動詞だが，**keep A done** は「A が…される状態に(意図的に)しておく」であり，**leave A done** は「A が…されるままに(放置)しておく」の意味である。したがって，本問の文意から，keep を捨て，to leave the door unlocked とまとめる。

045 〈**There is no doing「…できない」／have been done**〉

動名詞

態

There is no denying that she has been greatly changed by this experience.

(確かに彼女はこの経験で大きく変わった)

➔動名詞を用いた成句表現の **There is no doing**「…できない」の形を作るのが本問のポイント。denying の後に続く that-節内は**完了形の受動態 have been done** でまとめること。

➔**There is no doing** は **It is impossible to do／No one can do／We cannot do** の書きかえで問われることも多い。

046 〈**make A do**〉

不定詞

動詞の語法

A cup of coffee will make you feel better.

(コーヒーを一杯飲んだら，気分が良くなりますよ)

➔本問は問題 007 でテーマ化した **make A do**「A に…させる」の形を述部で用いるのがポイント。make A do は主語が無生物の場合にも用いられるので，本問の主語は A cup of coffee とまとめる。

047 〈**catch A doing の受動態**〉

動詞の語法

態

I was caught reading a magazine in my English class. 〈to read 不要〉

(私は英語の授業中に雑誌を読んでいるところを見つかった)

➔本問は **catch A doing**「A が…しているのを目撃する」の受動態 A is caught doing を作れるかがポイント。catch A to do の形はないから to read は不要となる。

048 〈**miss A「A がないのに気づく」**〉

動詞の語法

I **had gone some distance before I missed my wallet**. 〈notice 不要〉

(少し行ってからやっと財布がないのに気がついた)

➔**miss** はさまざまな意味を持つ他動詞だが，**miss A** は「**A がないのに気づく**」の意味を表す場合がある。本問は「財布がないのに気がついた」をI missed my wallet とまとめられるかがポイントとなる。

➔**miss A** の意味は頻出。以下の 4 つの意味はしっかり覚えておこう。

CHECK 13 注意すべき miss A の意味

(1) **miss A「A に乗り遅れる」↔ catch A「A に間に合う」**

I *missed* the train. (私はその列車に乗り遅れた)

(2) **miss A「A を免れる」**

We narrowly *missed* the accident. (われわれは辛うじて事故を免れた)

(3) **miss A「A がないのに気づく」**
Where did you *miss* your umbrella?　(どこで傘がないのに気づいたの)
(4) **miss A「A がいなくて寂しく思う／A がなくて困る」**
We will *miss* you badly. (君がいないとどんなに寂しいことだろう)

049　　**〈S+V+it+C+to do〉**

動詞の語法
不定詞

Higher levels of unemployment in Europe **will make it difficult for** Europeans to modernize their industry.
(ヨーロッパにおける失業率の水準が高ければ，ヨーロッパの産業を近代化するのは難しくなるだろう)

➔「S+V+O+C」の第5文型で，不定詞を目的語とする場合，必ず形式目的語の it を用いて，不定詞を後置し，**「S+V+it+C+to do」**の形にする。make はこの形をとる代表的な動詞。本問は不定詞の意味上の主語を明示する for A を用いて，make it difficult for A to do「A が…するのを困難にする」を作れるかがポイントになる。

050　　**〈attempt to do「…しようと試みる」〉**

動詞の語法

As the next century approaches, **some companies are attempting to find out what will be needed** for them to survive.
(次の世紀が近づくにつれて，自分たちが生き残るために必要なものが何か見つけ出そうとしている会社もある)

➔問題 039 の **CHECK 11** で触れたように **attempt** は動名詞でなく不定詞を目的語にとる動詞で，**attempt to do** の形で「…しようと試みる」の意味を表す。本問は are attempting の目的語として to find out what ... をたてられるかがポイントとなる。

第2回 解答

Step 1　Part 2　[051-100]

Part 2 の範囲は，受験生が比較的苦手とするところである。とは言え，第 **2** 回の内容からすれば，かなりの正答率が欲しい。分詞形容詞／数量形容詞／不可算名詞などでつまずいた人は，致命傷になりかねないので，知識を正確にすること。

□051	②	□052	③	□053	④	□054	②
□055	④	□056	③	□057	①	□058	③
□059	①	□060	④	□061	④	□062	①
□063	①	□064	③	□065	①	□066	①
□067	①	□068	④	□069	④	□070	④
□071	③	□072	①	□073	③		

□074	any	□075	twice
□076	wisest	□077	much
□078	home	□079	beyond description
□080	while		

□081	②	□082	①	□083	①	□084	②
□085	②	□086	④	□087	③	□088	①
□089	④	□090	②				

□091	I did everything possible to find the document I had lost, but with no success.
□092	Even today the salaries of Japanese executives are not as high as those paid to American executives.
□093	The older we grow, the less innocent we become. 〈less 不足〉
□094	Los Angeles is more than three times the size of Philadelphia.
□095	Although her character is similar to her mother's, in appearance she resembles her father.
□096	It is said that a man is known by the company he keeps. 〈to 不要〉
□097	I don't have the slightest idea whether Bob is coming to our party tomorrow.
□098	The number of working women has increased by as much as 20 percent. 〈to 不要〉
□099	I owe it to you that I am alive. 〈thank 不要〉
□100	With this high cost of living, housewives are a dying breed. Lots of married women are working outside the home to make ends meet.

第2回 解答・解説

Step 1 Part 2［051-100］

051 ②　〈分詞形容詞 excited と exciting の相違〉

形容詞の語法

He felt very **excited about** the idea of studying abroad.
(外国に留学することを考えると，彼はとてもうきうきする気持ちだった)

➔ 現在分詞や過去分詞は名詞を修飾するなどの形容詞としての役割を果たすが，中には完全に形容詞化したものがある。それを分詞形容詞と呼ぶ。

➔ 分詞形容詞の中には **excite**「(人)を興奮させる」のように目的語に「人」をとり，人の感情に影響を与える他動詞の過去分詞から派生したものがある。そのような分詞形容詞は「(人が)…させられて」という受動的な意味を表す。例えば，**excited**「わくわくして」の元々の意味は「(人が)興奮させられて」の意味だと考えればよい。**このような過去分詞から派生した分詞形容詞が主格補語で用いられる場合，主語は原則として「人」になる**ことに注意。

➔ 一方，人の感情に影響を与える他動詞の現在分詞から派生した分詞形容詞もある。そのような分詞形容詞は目的語を補った他動詞の意味とほぼ同じ意味を表す。例えば，**exciting**「刺激的な」の本来の意味は「人をわくわくさせる(ような)」であると考えればよい。He is exciting. なら，「彼は人をわくわくさせるような人だ」という意味になる。

➔ ここまで述べれば，本問の場合は excited を用いるのが正しいとわかるだろう。① excited to と② excited about で迷うところだが，excited は **be excited about [at / with] A** で「(人が) A について興奮している」の意味を表す用法があるが，be excited to A の形はない。したがって，正答として② excited about を選ぶ。

CHECK 14　感情表現の他動詞の過去分詞から派生した分詞形容詞

□ **amazed**「驚嘆して←驚嘆させられて」
□ **annoyed**「いらいらして←いらいらさせられて」
□ **astonished**「びっくりして←びっくりさせられて」
□ **bored**「退屈して←退屈させられて」
□ **confused**「混乱して←混乱させられて」
□ **disappointed**「失望して←失望させられて」
□ **excited**「わくわくして←興奮させられて」
□ **interested**「興味があって←興味を引き起こされて」
□ **irritated**「いらいらして←いらいらさせられて」
□ **moved**「感動して←感動させられて」
□ **pleased**「喜んで／気に入って←喜ばせられて」
□ **satisfied**「満足して←満足させられて」
□ **shocked**「ぎょっとして←ぎょっとさせられて」
□ **surprised**「驚いて←驚かされて」
□ **thrilled**「ぞくぞくして←ぞくぞくさせられて」
□ **tired**「疲れて←疲れさせられて」

＊これらの過去分詞から派生した分詞形容詞が主格補語で用いられる場合，原則として主語は「人」になる。

CHECK 15 感情表現の他動詞の現在分詞から派生した分詞形容詞

- □ **amazing**「驚嘆すべき←人を驚嘆させる」
- □ **annoying**「うるさい←人をいらいらさせる」
- □ **astonishing**「おどろくばかりの←人をびっくりさせる」
- □ **boring**「退屈な←人を退屈にさせる」
- □ **confusing**「わけのわからない←人を混乱させる」
- □ **disappointing**「期待はずれの←人を失望させる」
- □ **exciting**「刺激的な←人をわくわくさせる」
- □ **interesting**「おもしろい←人に興味を引き起こす」
- □ **irritating**「いらだたしい←人をいらいらさせる」
- □ **moving**「感動的な←人を感動させる」
- □ **pleasing**「楽しい←人を喜ばせる」
- □ **satisfying**「満足のいく←人を満足させる」
- □ **shocking**「衝撃的な←人をぎょっとさせる」
- □ **surprising**「驚くべき←人を驚かせる」
- □ **thrilling**「ぞくぞくするような←人をぞくぞくさせる」
- □ **tiring**「きつい←人を疲れさせる」

052 ③ 〈過去分詞から派生した分詞形容詞 **frightened**〉

形容詞の語法

Don't be so **frightened**. My dog won't bite you.

(そんなに怖がらなくていいよ。私の犬はかまないから)

➔ 分詞形容詞の③ **frightened** を正答として選ぶ。考え方は問題051で扱ったexcited と同じ。**frightened**「おびえて←(人が)怖がらされて」は他動詞 **frighten**「…を怖がらせる」から派生した分詞形容詞で **afraid** とほぼ同意であり，excited と同様に，主格補語で用いる場合，主語は原則として「人」になることに注意。

➔ ① feared はよくない。fear「…を恐れる」の受動態 be feared は「恐れられている」の意味になる。したがって，Don't be so feared. は「(あなたは)そんなに恐れられるな」といった意味になり，本問の文意に合わない。

053 ④ 〈**be unlikely to do**「…しそうにもない」〉

形容詞の語法

These suggestions are **unlikely** to be accepted by the majority of the committee.

(そのような提案は委員会の大多数によって承認されそうにもない)

➔「be＋形容詞＋to do」の形をとるのは② impossible，④ unlikely だが，正答として④ unlikely を選ぶ。unlikely は **be unlikely to do** で「…しそうにもない」の意味を表す。反意表現の **be likely to do**「…しそうである」もここで押さえる。

➔ ② impossible は「A は…することができない」を表す場合，A is impossible to do と表現できない。形式主語を用いて **It is impossible for A to do** と表現する。したがって，正答の英文とは文意が違うが，impossible を用いて，It is impossible for these suggestions to be accepted by ... と表現するならば正しい英文となる。

➔「A は…することができない」の意味を表す場合は A is impossible to do は使えないが，impossible の意味を to-不定詞で限定する場合，つまり「A は…するには不可能だ」の意味を表す場合には，A is impossible to do を使うことができる。ただし，この場合は，主語の A が to-不定詞の意味上の目的語になっていることに注意。以下はその例。

This problem is impossible to solve.=*It* is impossible to solve *this problem*.（この問題を解くことはできない。←この問題を解くのは不可能だ）

054 ②

〈**be unable to do**「…することができない」〉

形容詞の語法

I was so astonished by his confession that I lost my presence of mind. For a moment, I was **unable** to answer him.

（私は彼の告白にとても驚いたので平常心を失ってしまった。しばらくの間，私は彼に答えることができなかった）

➔ **unable** は **be unable to do** の形で「…することができない」の意味を表す。通例，「人」を主語にとることに注意。

➔ ① の **be able to do**「…することができる」，③ の **be eager to do**「…したがっている」，④ の **be pleased to do**「…してうれしい」は重要な成句表現だが，文意に合わない。

➔ 選択肢にはないが，問題 053 で用法を述べた impossible も空所で用いることはできないことに注意。「できる／できない」の表現はよく出題されるので以下にまとめておく。

CHECK 16 「できる／できない」を表す形容詞

able [unable], capable [incapable], possible [impossible] の用法は紛らわしいので以下の例で押さえておく。

He *is* (*un*)*able to do* the work.

=He *is* (*in*)*capable of doing* the work.

=*It is* (*im*)*possible for* him *to do* the work.

055 ④

〈**be capable of doing**「…することができる」〉

形容詞の語法

He is **capable of** running four kilometers in 20 minutes.

（彼は 20 分で 4 キロ走ることができる）

➔ 問題 054 の **CHECK 16** で触れた **be capable of doing**「…することができる」が本問のポイント。なお，(in)capable の後に不定詞を伴なうことはなく，必ず of doing をとることに注意。be (in)capable to do の形で正誤問題に出題されることも多い。

056 ③

〈**quite a few＋複数名詞**「かなりの…」〉

形容詞の語法

There were quite a **few** interesting things to see.

（見ておもしろいものがかなりあった）

➔ **quite a few** は「**quite a few＋複数名詞**」の形で「かなり多数の…／相当数の…」の意味を表す。可算名詞の複数形の前に置き many に近い意味となる。同意表現の「**not a few＋複数名詞**」もここで押さえておく。また，「**only a few＋複数名詞**」が「ほんの少しの…」の意味になることにも注意。

➔ **many**，**much**，**few**，**little** の用法やそれらの語を用いた表現は基本なので以下にまとめておく。

CHECK 17 many, much, few, little の用法と意味

用法＼意味	①「数えられる名詞」につけて「数」を表す。②必ず名詞の複数形につく。	①「数えられない名詞」につけて「量」「程度」を表す。②名詞の単数形につく。
たくさんの	many	much
ほとんど…ない（否定的）	few	little
少しの（肯定的）	a few	a little
少なからぬ	not a few／quite a few	not a little／quite a little

057 ①

〈**a great deal of＋不可算名詞「たくさんの…／多量の…」**〉

形容詞の語法

There is a great **deal** of pollution on the beaches this summer.
（それらの浜辺は今年の夏は，かなり汚れています）

➔**「a great［good］deal of＋不可算名詞」**で「たくさんの…／多量の…」の意味を表す。

➔ほぼ同意表現の**「a large amount of＋不可算名詞」**「かなりの量[額]の…」もここで押さえる。

➔②lot，③number，④many は正答となり得ないが，それぞれの語を用いた**「a lot of［lots of］＋複数名詞［不可算名詞］」**「たくさんの…」，**「a large［great / good］number of＋複数名詞」**「たくさんの…」，**「a good［great］many＋複数名詞」**「かなり多数の…」，**「many a＋可算名詞の単数形」**「たくさんの…」も頻出なのでここで覚えておこう。

058 ③

〈**be sensitive to A「A に敏感である／A を気にする」**〉

形容詞の語法

People who are **sensitive to** criticism should avoid a career in politics.
（批判を気にする人は政治の職につくことを避けるべきだ）

➔**sensitive** は「敏感な／気にして」の意味を表し，**be sensitive to A** の形で「A に敏感である／A を気にする」の意味を形成する。選択肢にはないがつづりと意味が紛らわしい **sensible**「分別のある」もここで押さえる。

➔①affected with，②hurt toward はそれぞれ affected by，hurt by であれば可となる。つまり，A affect B「A は B に影響する」，A hurt B「A は B の感情を害する」の受動態 B is affected by A，B is hurt by A の形であれば正しい形となる。

059 ①

〈**be grateful to A for B「B のことで A に感謝する」**〉

形容詞の語法

I'm very **grateful** to you for your help.
（助けていただいてあなたに大変感謝しています）

➔**grateful** は **be grateful to A for B** の形で「B のことで A に感謝する」（＝**thank A for B**）の意味を表す。同意表現の **be obliged［thankful］to A for B** も頻出なのでここで押さえておこう。

060 ④ 〈**scarcely の用法―「まさか…できない」**〉

副詞の語法

"You should have gone in." "Well, I could **scarcely** have gone in there while they were undressing, could I!"

(「あなたは中に入っていくべきだったのに」「でも，服を脱いでいるときに，私がまさかそこに入るなんてとてもできなかったでしょう」)

➔ 基本的に **scarcely** は程度を表す準否定語で「ほとんど…ない」の意味を表すが，大げさ・婉曲・皮肉などの気持ちをこめて not の代用語として用いられ，**「まさか…しない／とても…しない」**の意味を表すこともある。本問の scarcely はこの用法。

➔ 同意表現の **hardly**「ほとんど…ない」もここで押さえる。また頻度を表す準否定語の **rarely** [**seldom**]「めったに…ない」も一緒に押さえておこう。

➔ なお，文尾の could I! は否定文における付加疑問文。

061 ④ 〈**現在完了で用いられる never の意味**〉

副詞の語法

I have **never** been to Germany.

(私はこれまで一度もドイツに行ったことがない)

➔ **never** が現在完了で用いられると，「これまでに一度も…ない」の意味を表す。

➔ ① ever は不可。ever「これまでに／今までに」は通例，肯定文では用いないことに注意。② hardly もよくない。問題 060 で触れたように hardly [scarcely] は程度を表す準否定語だった。rarely [seldom] であれば可となる。

062 ① 〈**all the＋比較級＋on account of A**〉

比較

The spectators got **all the more** excited on account of the unexpected result of the game.

(観客は試合の予想外の結果のためにますます興奮した)

➔ **「(all) the＋比較級＋because S＋V ... [for＋名詞]」**で「…なのでそれだけ～」の意味を表すが，「all the＋比較級」は，because-節や「for＋名詞」の代わりに，on account of A，because of A などの前置詞句，if-節や when-節，分詞構文など，さまざまな形に対応して用いられる。本問は **on account of A**「A の理由で」が用いられている形。以下は when-節が用いられている例。

When I am told not to come, I become *all the more eager* to go.

(来るなと言われると，ますます私は行きたくなる)

063 ① 〈**A is no more B than C is D**〉

比較

A whale is **no more a fish than a horse is**.

(鯨が魚でないのは馬が魚でないのと同じである)

➔ **A is no more B than C is D**（動詞は be 動詞と限らないが，便宜的に is で表記しておく）は「C が D でないのと同様に A は B でない／A が B でないのは C が D でないのと同様である」の意味を表す。

➔ 同意表現の **A is not B any more than C is D** も頻出。本問をこの表現を用いて書きかえると，A whale is not a fish any more than a horse is (a fish). となる。

➔ **A is no less B than C is D**「C が D であるように A は B である／A が B なのは C が D なのと同じだ」もここで押さえておこう。

064 ③ 〈**feel ill at ease「不安な気持ちがする」**〉

形容詞を含む

If someone tells you that she is like a fish out of water, she feels **ill at**

イディオム

ease.
(彼女はまるで水からでた魚のようだと誰かが言ったとしたら，彼女は不安な気持ちだということです)

➔ **like a fish out of water** は成句表現で「まるで水からでた魚のような」(日本語では「まるで陸に上がったカッパのような」) の意味を表す。つまり，that 以下は比喩表現であり，「彼女は不安で落ち着かない」という内容を表している。したがって，② の **feel ill at ease**「(人前で)不安な気持ちになる」を選ぶ。

➔ 反意表現の **feel at ease**「くつろぐ」もここで押さえる。また，② at home には「気軽に／くつろいで」の意味があり，**feel at home／make oneself at home** で feel at ease の同意表現となる。

065 ①
名詞の語法

〈much＋不可算名詞－much work〉

Daddy, do you have **much work** to do this summer?
(お父さん，今年の夏はするべき仕事がたくさんありますか)

➔ **work** が **「仕事」** の意味を表す場合は不可算名詞(数えられない名詞)なので，不定冠詞の a はつかないし，複数形もない。① much work 以外はすべて複数形になっているので① を正答として選ぶ。なお，「much＋不可算名詞」「たくさんの…」は問題 056 の **CHECK 17** 参照。

➔ work が **「作品」** の意味を表す場合は可算名詞であることも押さえておきたい。

➔ 以下に注意すべき不可算名詞をまとめておく。

CHECK 18 入試で狙われる不可算名詞

日本人には数えられると思われる名詞でも，英語では不可算名詞になっているものが狙われる。まとめてすべて記憶しておくこと。

□ **advice**「忠告」	□ **poetry**「詩」
□ **baggage**「手荷物」	(**poem** は可算名詞)
□ **luggage**「手荷物」	□ **scenery**「風景」
□ **furniture**「家具」	(**scene** は可算名詞)
□ **homework**「宿題」	□ **damage**「損害」
□ **housework**「家事」	□ **harm**「害」
□ **information**「情報」	□ **progress**「進歩」
□ **machinery**「機械」	□ **fun**「楽しみ」
(**machine** は可算名詞)	□ **traffic**「交通(量)」
□ **news**「知らせ」	□ **weather**「天候」

＊advice から scenery までは **a piece of A**「1 個の A」，**two pieces of A**「2 個の A」などの形で数を表すことができる。

066 ①
名詞の語法

〈be on good terms with A「A とは仲の良い間柄です」〉

They are on good **terms** with the old couple next door.
(彼らは隣りの老夫婦と仲の良い間柄です)

➔ term の複数形 **terms** には **「間柄／交際関係」** の意味があり，**be on ... terms with A** で「A とは…の間柄である」の意味を形成する。成句表現として押さえておく。

➔ **good** 以外にも **friendly**，**bad**，**speaking**，**visiting** などが用いられることに注意。以下は visiting を用いた例。

I am on *visiting* terms with Tom.
(私はトムとはお互いに行き来するような間柄です)

067 ①
〈注意すべき idea の意味－don't have the faintest idea〉

名詞の語法

The meeting was going to resume in ten minutes, but as Mr. Clark lacked the necessary information, he didn't have **the faintest idea** how he was going to proceed.

(会議は10分後に再開される予定だったが，クラーク氏は必要な情報を欠いていたので，どのように進行していくのがよいのかまったく見当がつかなかった)

➔ **idea** には **「理解／見当」** の意味があって **have no idea=don't have any idea** で「わからない」の意味を表すが，それと同意表現の **don't have the faintest [slightest / least / remotest] idea**「まったくわからない」が本問のポイント。have no idea より意味的には強い表現。なお，have no idea，don't have the faintest idea は後に of [about] A を伴って「A がわからない」の意味を，また，本問のように wh-節や that-節を直接伴って「…がわからない」といった意味を表す。

068 ④
〈注意すべき chance の意味－chance that 節〉

名詞の語法

A: Will they still hold the class if we're the only two people who show up?

B: Of course they will, but there is always **a chance** that they'll let us out early.

(**A**「出席するのが僕たち2人だけだとしても，授業は相変わらず行なわれるのかい」
B「当然そうだよ，でも早い時間に僕らを外に出してくれる可能性は常にあるよ」)

➔ **chance** には **「見込み／可能性」（=possibility）** の意味があり，同格の that-節をとり **There is a chance that S+V ...** で「…する見込みがある」の意味を表す。また，同格の of をとる **There is a chance of doing** の形もあることも押さえておく。

➔ 反意表現の**There is no chance that S+V .../There is no chance of doing**「…する見込みがない」もここで押さえる。

➔ ③ an opportunity「好機／機会」は後に of doing や to do はとるが，同格の that-節はとらないので不可。また，意味的にもおかしい。

069 ④
〈紛らわしい **reservation, promise** と **appointment**〉

名詞の語法

I had a toothache, so I made **an appointment** with the dentist.

(歯が痛かったので，私は歯医者に予約をした)

➔ **appointment** は「**（医者・美容院などの）予約／（面会の）約束**」の意味で，**make an appointment with A** で「A の予約をする／A と会う約束をする」の意味を表す。

➔ ① **an arrangement** は **「打ち合わせ／取り決め」** の意味なので文意に合わない。② **a promise** も不可。promise は **「(…するという)約束」** なので，通例，後には不定詞や同格の that-節をとることに注意。③ **a reservation** は **「(列車・ホテル・劇場の座席などの)予約」** であり，**make a reservation for A** で「A の予約をする」の意味を表すので，本問では用いることはできない。

070 ④
〈代名詞の so の用法－that-節の代用〉

代名詞の語法

"Do you know if Bill will give you a birthday present?" "I don't know, but I **hope so**."

(「ビルが君に誕生日のプレゼントをくれるかどうか知っているかい」「わからないけ

ど，そうしてもらいたいわ」)

➔ **so** は特定の動詞 **hope**，**think**，**believe**，**expect**，**guess**，**suppose**，**be afraid** などの後に置き，**that-節の代用**をすることがある。本問は **I hope so.** の形。本問の so は Bill will give me a birthday present を受ける。つまり I hope so. は I hope that Bill will give me a birthday present. と考える。

➔ ① の I hope that. や ③ I hope it. の形は存在しない。この形は正誤問題でも出題されるので注意しよう。

➔ **否定を含む that-節の代用は not** を用いる。that-節の代用表現の so と not の使い方は以下にまとめておく。

CHECK 19　that-節の代用表現としての so と not の使い方

(1) think，believe，expect，guess，suppose は次の 2 通りの表現が可能。
　　I *don't* suppose *so*.=I suppose *not*. (そうでないと思う)

(2) hope と be afraid には，直接 not を続ける形しかない。つまり I don't hope so や I'm not afraid so とすることができない。
　　I hope *not*. (そうでないことを望む)
　　I'm afraid *not*. (残念ながらそうでないと思う)

071 ③ 　〈**one** と相関的に用いる **the other**〉

代名詞の語法

Of the two doctors, one is experienced and **the other is not**.
(2 人の医者のうち，ひとりは経験を積んでいるが，もうひとりは積んでいない)

➔ **対象が「2 つ／2 人」の場合に，一方を one で，もう一方を the other で表す。**other は代名詞で「他の物［事／人]」の意味を表す。本問は「残っているもうひとりの医者」を表すので，定冠詞の the で other を限定する必要がある。したがって，③ the other is not を選ぶ。

➔ ① の another one や② の another は不可。**another** は「**an+other**」と考えればよい。other に不定冠詞の an がついているわけだから，本問で another (one) を選ぶと，「不特定の別の医者」になり，最初の医者以外に複数の医者が存在することになり文意に合わない。④ の other もよくない。other はこのように単独で用いることはない。

➔ 以下に，相関的に用いる one や the other などの不定代名詞をまとめておく，しっかりマスターしておこう。

CHECK 20　相関的に用いる不定代名詞の 4 つの基本パターン

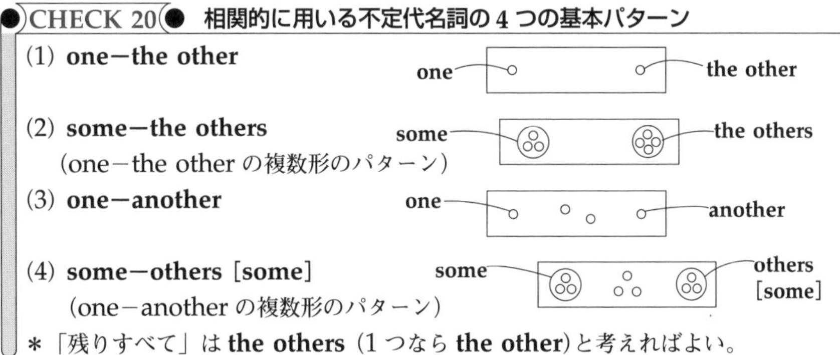

(1) one−the other
one
the other
(2) some−the others
(one−the other の複数形のパターン)
some
the others
(3) one−another
one
another
(4) some−others [some]
(one−another の複数形のパターン)
some
others
[some]

＊「残りすべて」は **the others** (1 つなら **the other**) と考えればよい。

072 ① 　〈**another** の用法〉

代名詞の語法

He finished his sausage and asked for **another**.

(彼は自分のソーセージを食べ終えて，また別のソーセージを頼んだ)

➔「最初に食べたソーセージ」以外の「不特定の別のソーセージ」を表す① **another** を正答として選ぶ。

➔③ other one は another oneとすれば可となる。④ some other も some others とすれば「別のソーセージを何本か頼んだ」の意味となり，可能となる。

073 ③ 〈「**most＋名詞**」の用法〉

代名詞の語法

Most Japanese like sushi.

(たいていの日本人は寿司が好きだ)

➔**「most＋名詞」**は「(限定されない) 大半の…／たいていの…」の意味を表す。most の後は複数名詞が来る場合もあるし，most success「たいていの成功」のように不可算名詞が来る場合もあるので注意。

➔①の **most of A** は「(限定された特定の) A の大半／ほとんど」の意味を表すが，**A には必ず定冠詞や所有格などで限定された名詞や目的格の代名詞が来る**ことに注意。したがって，most of Japanese という表現は不可。②の almost of A という形は存在しないので不可。④の almost も不可。almost は副詞なので，通常，名詞を修飾することはできない。

➔most や almost を用いた表現は紛らわしいので以下にまとめておく。

CHECK 21 most，most of などの紛らわしい表現

以下のように整理して覚えておく。

(1) **most＋名詞＝almost all＋名詞**「(限定されない)大半の…」

(2) **most of the＋名詞＝almost all (of) the＋名詞**

「(限定された特定の)…の大半」

074 any 〈**hardly any＋名詞「ほとんど…ない」**〉

副詞の語法

(a) My father speaks very little English.

(b) My father speaks hardly **any** English.

(a) (b) (私の父は英語をほとんど話しません)

➔問題 060 で述べた hardly［scarcely］は**「hardly［scarcely］any＋名詞」**の形で「ほとんど…ない」の意味を表す用法がある。意味的には「little［few］＋名詞」よりも強く，「no＋名詞」よりも弱い。なお，(a)の「very little＋名詞」は「little＋名詞」を very で強調した表現。

➔同意表現の**「almost no＋名詞」**もここで押さえておこう。

075 twice 〈**twice＋名詞表現「…の 2 倍」**〉

比較

(a) His score on the test yesterday was 50, and today he got 100.

(b) His score on the test today was **twice** what he got yesterday.

(a) (昨日のテストにおける彼の点数は 50 点だったが，今日は 100 点だった)，(b) (今日のテストの彼の点数は，昨日取った点数の 2 倍だった)

➔倍数表現は，一般に**「... times as＋原級＋as A」**「A の…倍～」で表すが，... times の後に名詞表現を置き，**「... times＋名詞表現」**の形で「～の…倍」の意味を表すことがある。「～の 2 倍」であれば**「twice＋名詞表現」**となる。本問は，(b)の what he got yesterday という関係代名詞節の名詞表現の前に twice を置けば(a)の英文と同意となる。

➔(b)の英文では「50 点と 100 点」という具体的な数字がなく，厳密に言えば，(a)

と同意とは言えないが，入試問題としてはこの程度のことはよくある。

076 wisest 〈**the wisest man**「最も賢明な人でさえ」〉

比較

(a) No matter how wise a man may be, he sometimes makes mistakes.

(b) The **wisest** man sometimes makes mistakes.

(a)(たとえどんなに賢明であろうと，人は過ちを犯すことがある)，(b)(どんなに賢明な人であっても過ちを犯すことがある)

➔ **最上級表現には，even「…さえも」の意味が含まれることがある。**本問は空所にwiseの最上級を入れればよい。つまり，本問の the wisest man は even the wisest man と同意となる。

077 much 〈**B rather than A＝not so much A as B**〉

比較

(a) My oldest daughter is an actress, rather than a singer.

(b) My oldest daughter is not so **much** a singer as an actress.

(a)(b)(私の長女は歌手というよりむしろ女優です)

➔ 出題頻度が極めて高い **not so much A as B＝B rather than A**「A というよりむしろ B」が本問のポイント。成句表現として押さえる。

078 home 〈**be at home in [with] A**「A に精通している」〉

名詞を含むイディオム

(a) Jim has a thorough knowledge of Japanese art.

(b) Jim is at **home** in the field of Japanese art.

(a)(ジムは日本の芸術に対する完璧な知識がある)，(b)(ジムは日本の芸術分野に精通している)

➔ **be at home in [with] A** は「A に精通している」の意味を表す成句表現として押さえる。

➔ **at home** は「精通して」以外に「㋐くつろいで，㋑祖国で，㋒在宅して」の意味があることも押さえておこう。

079 beyond description 〈**beyond description**「言葉では言い表せない(ほど)」〉

名詞を含むイディオム

(a) One cannot describe its beauty.

(b) Its beauty is **beyond description**.

(a)(その美しさを言い表すことはできない)，(b)(その美しさは言葉では言い表すことはできないほどだ)

➔ **beyond description** は「言葉では言い表せない(ほど)」の意味を表す。成句表現として押さえる。なお，(a)で describe を使っているので **beyond description** がベストだが，同意イディオムの **beyond words** や **beyond expression** も可。

➔ **beyond recognition**「見分けがつかないほど」，**beyond A's power [ability]**「A の力の及ばない」もここで押さえておこう。

080 while 〈**once in a while**「ときどき」〉

名詞を含むイディオム

(a) You sometimes need to check who is in the room.

(b) You need to check who is in the room once in a **while**.

(a)(b)(あなたはときどき部屋に誰がいるのか調べる必要がある)

➔ **once in a while＝sometimes**「ときどき」で押さえる。「ときどき」の意味を表す表現は次のように整理しておこう。

CHECK 22 「ときどき」の意味を表す成句表現

□ **once in a while**	□ **on occasion**
□ **(every) now and again [then]**	□ **at times**
□ **from time to time**	

081 ② (→number) 〈**a great deal of A と a great number of A**〉

形容詞の語法 They have been receiving a great **number** of complaints about their new product since it was put on the market.

(彼らは，新製品が市場に出されて以来，それに対する多くの不満の声を受けてきた)

➔問題 057 で述べたように **a great [good] deal of A** の A には複数名詞ではなくて不可算名詞がくるのであった。したがって，本問の complaints の前に置くことはできない。dealの代わりにnumberを用いて,a great number of complaints とすれば正しい英文となる。なお，**a great number of A** も問題 057 参照。

082 ① (→gets excited) 〈**get excited「興奮する」**〉

形容詞の語法 My little brother **gets excited** about going to the seashore, so he wakes up earlier than anyone else in the house.

(私の弟は海岸へ出かけることに興奮します。だから，家族の誰よりも早く目を覚まします)

➔① gets exciting だと「人をわくわくさせるような刺激的な人になる」といった意味になり，文意と合わなくなる。gets excited「興奮する」にすれば正しい英文となる。なお，**exciting** と **excited** の違いは問題 051 参照。

083 ① (→two hundred years ago) 〈**ago の用法－before との相違**〉

副詞の語法 The house, built **two hundred years ago**, has begun to lean to one side ; it badly needs repairing.

(その家は 200 年前に建てられたが，片側に傾き始めています。修理が極めて必要です)

➔**ago** は過去時制で用い，時間を表す語句を前に伴って **... ago** の形で「今から…前に」の意味を表すが，**before** は過去完了時制で用い，時間を表す語句を前に伴って **... before** の形で「過去のある時点から…前に」の意味を表す。本問は「今から 200 年前に建てられた」という文意になるはずだから，① before two hundred years を two hundred years ago とすれば正しい英文となる。

084 ② (→with) 〈**be familiar with A「A をよく知っている」**〉

形容詞を含むイディオム As a reader, it is useful for you to be familiar **with** some of the common approaches used in English writing and to look for them as you read.

(英語の文章の中で用いられる一般的な内容理解の手がかりとなる表現をいくつか熟知して，英文を読むときそれを捜すのは読者にとって役に立つ)

➔成句表現の **be familiar with A**「A をよく知っている」と **be familiar to A**「A によく知られている」の意味の違いを知っているかが本問のポイント。文意から，② to を with にすれば正しい英文となる。

085 ② (→a piece [slice] of toast または toast) 〈**a piece [slice] of toast「1 枚のトースト」**〉

名詞の語法 My grandmother sometimes has a cup of coffee and **a piece of toast** with

marmalade on it for breakfast.
(私の祖母は朝食に，コーヒー1杯とマーマレードのついたトースト1枚を食べることがときどきあります)

➔ **toast** は **bread**「パン」や **sugar**「砂糖」などと同じく，物質名詞であり不可算名詞である。問題065で述べたように不可算名詞は不定冠詞の a はつかないし複数形もなかった。したがって，②a toast がおかしい。不可算名詞の toast を具体的に数える場合は **a piece [slice] of A** の形を用いるので，a piece [slice] of toast とするか，a をとって toast とすれば正しい英文となる。

➔ 物質名詞は a piece [slice] of toast のように，数量の単位や形状を表す語句を用いて具体的に数える。以下にその代表例を挙げておくのでマスターしておこう。

CHECK 23 物質名詞の数え方

□ **a sheet of paper**「1枚の紙」	□ **a glass of water**「水1杯」
□ **a lump of sugar**「角砂糖1個」	□ **a piece of cake**「ケーキ1個」
□ **a loaf of bread**「パン1塊」	□ **a bottle of beer**「ビール1本」
□ **a slice of bread**「パン1枚」	□ **a piece of toast**「トースト1枚」

＊複数形は two *sheets* of paper のように単位を表す名詞が複数形になる。

086 ④ (→good advice) 〈**advice は不可算名詞**〉

名詞の語法

One of the main responsibilities of the successful lawyer is to give **good advice** to his or her clients.
(成功を収めている弁護士の主要な責任の一つは，依頼人へ良い忠告をすることだ)

➔ 問題065の **CHECK 18** で触れたように **advice** は不可算名詞だった。したがって，④good advices を good advice とすれば正しい英文となる。

087 ③ (→furniture) 〈**furniture は不可算名詞**〉

名詞の語法

Mrs. Jones asked the clerk if the shop could deliver to her house the **furniture** she had just bought.
(ジョーンズさんは，購入したばかりの家具をお店の側で自宅に配達してくれるかどうかを店員に尋ねた)

➔ 問題065の **CHECK 18** で触れたように **furniture** は不可算名詞だった。したがって，③furnitures を furniture にすれば正しい英文となる。

088 ① (→Most of または Almost all (of)) 〈**most of the＋名詞＝almost all (of) the＋名詞**〉

代名詞の語法

Most of the students attended the graduation ceremony, which was held in the school auditorium yesterday.
(学生たちの大半は，昨日学校の講堂で行なわれた卒業式に出席した)

➔ 問題073で述べたように① Almost は副詞なので名詞の the students を修飾できない。① Almost を，Most of または Almost all (of)に直せば正しい英文となる。「**most of the＋名詞**」「**almost all (of) the＋名詞**」は同じく問題073の **CHECK 21** 参照。

089 ④ (→get along with) 〈**副詞句ではなく代名詞の each other**〉

代名詞の語法

A manager should at least try to help employees **get along with** each other.
(支配人であれば少なくとも従業員がお互いにうまくやっていくのを助けようと努める

べきだ)

➔ **each other**「お互い」**は代名詞であって副詞句でない**ことに注意。**get along with A** で「A とうまくやっていく」の意味だから，「おたがいにうまくやっていく」は get along each other ではなくて get along with each other となる。したがって，④ get along を get along with とすれば正しい英文となる。

090 ② (→parents are able または it is possible for parents) 〈**able と possible の相違**〉

形容詞の語法

When children watch TV too much, **parents are able** to restrict the hours that the set is allowed to be on.

(子どもがテレビを見過ぎるとき，親はテレビを見てもよい時間を制限することができます)

➔ 問題 053 で，impossible を用いて「A は…することができない」を表す場合，A is impossible to do と表現できないと述べたが，impossible と同じく possible も「A は…することが可能だ」を表す場合，A is possible to do と表現することはできない。possible も impossible と同じく形式主語を用いて **It is possible for A to do** の形をとる。したがって，② parents are possible はおかしい。文法的修正を加えるならば，問題 054 で触れた **be able to do**「…することができる」を用いて parents are able とするか it is possible for parents にする必要がある。

➔ ただし，上記の修正は文意を考慮するとやや不自然な点も残る。文意を含めて修正するなら，have to do／need to do を用いて，parents have [need]とすればよい。

091 〈**everything＋形容詞の語順**〉

代名詞の語法
形容詞の語法

I **did everything possible to find the document I had** lost, but with no success.

(八方手をつくしたが，なくした書類を捜しだすことはできなかった)

➔「八方手をつくした」を I did possible everything としないこと。**不定代名詞の everything／something／anything／nothing を修飾する形容詞は後置される**ことに注意。したがって，I did everything possible とまとめる。その後に目的を表す to-不定詞の to find を置けば容易に英文が完成できるだろう。

➔ 本問の **possible は**，everything *possible*「できる限りのこと」，all help *possible* ＝all *possible* help「できる限りのあらゆる助力」，at the highest speed *possible*＝at the highest *possible* speed「あらん限りのスピードで」などのように，**every, all, 最上級などがついた(代)名詞を強調して「できる限りの」の意味を表す**。なお，possible の位置は，名詞の場合は名詞の直前，直後のどちらに置いてもよい。ただ直後に置くほうが意味的には強くなる。

➔ なお，本問の英文はこなれた日本語が与えられているが，文構造どおりに訳出すると「私はなくした書類を捜しだすためにできる限りのことをしたが，成功しなかった」となる。このように整序英作文では英文の文構造と与えられた日本語が一致していない場合が多いので注意しよう。

092 〈**those の用法／not as＋原級＋as ...**〉

代名詞の語法
比較

Even today the salaries of **Japanese executives are not as high as those paid to American executives.**

(今日でも，日本人の重役の給料はアメリカの重役ほどではない)

➔ **those は名詞の反復を避ける代名詞で「the＋複数名詞」を表す**。本問は英文構造が **A is not as [so]＋原級＋as B**「A は B ほど…でない」になることを見抜き，B の箇所に the salaries を表す those を用いるのがポイント。

➔ **「the＋単数名詞（不可算名詞および可算名詞の単数形）」の反復を避ける代名詞は that である**ことをここで押さえる。

093 比較

〈the＋比較級 ..., the＋比較級 ～〉

The **older we grow, the less innocent we** become. 〈less 不足〉
（年をとるにつれて，人はだんだん無邪気でなくなる）

➔ **「the＋比較級 ..., the＋比較級 ～」**は「…すればするほど，ますます～」の意味を表すが，本問は主節にあたる「the＋比較級～」で，形容詞の前に置き「より…ない」といった否定の意味を形成する副詞の **less** を不足語として用いるのがポイント。we become innocent を想定し，形容詞 innocent を the less innocent にして文頭に置けば英文は完成する。

094 比較

〈... times as＋原級＋as A＝... times the＋名詞＋of A〉

Los Angeles is **more than three times the size of Philadelphia**.
（ロサンゼルスはフィラデルフィアの 3 倍以上の大きさだ）

➔ 問題 075 で述べた倍数表現の**「... times as＋原級＋as A」**「A の…倍～」は**「... times the＋名詞＋of A」**と表現することができる。なお，この形で用いる名詞は通例，長さ(**length**)，大きさ(**size**)，重さ(**weight**)，高さ(**height**)，数(**number**)などに限られる。本問は size を使って，more than three times the size of Philadelphia とまとめればよい。

➔ 本問を「... times as＋原級＋as A」で書き直すと，Los Angeles is *more than three times as large as* Philadelphia. となる。

095 形容詞を含むイディオム

〈be similar to A「A に似ている」〉

Although **her character is similar to her mother's, in appearance she resembles her** father.
（彼女は性格は母親似だが，見かけは父親に似ている）

➔ although-節を **be similar to A**「A に似ている」の成句表現を用いてまとめれば容易に英文を完成できるだろう。

➔ **in appearance**「外見は／外観は」も成句表現として押さえる。

096 形容詞を含むイディオム 名詞の語法

〈be known by A「A でわかる」／company の意味〉

It is said that **a man is known by the company he keeps**. 〈to 不要〉
（人というものは，その交際相手を見ればわかるそうです）

➔ 本問は成句表現である **be known to A**「A に知られている」と **be known by A**「A でわかる」の違いを知っていることが前提。文意から，be known by A を用いることは明らかなので to は不要となる。A の箇所は the company he keeps とまとめればよい。company は多義語だが，本問の **company** は**「仲間」**の意味を表す。なお，**A man is known by the company he keeps.**「付き合う仲間を見ればその人の人柄がわかる」はひとつのことわざとしてそのまま覚えるのがよい。

➔ **company** は「仲間」以外にも**「会社／同席」**の意味があることも押さえておく。成句表現の **in A's company**「A と一緒にいて」の形で出題されることも多い。

097 〈don't have the slightest idea「まったくわからない」〉
名詞の語法
I **don't have the slightest idea whether Bob is coming** to our party tomorrow.
(ボブが明日パーティーに来るかどうか，私にはおよそ見当がつかない)
➔問題067で述べた **don't have the slightest idea whether-節**「…かどうかまったくわからない」を用いるのが本問のポイント。

098 〈the number of A／as much as A〉
名詞の語法
比較
The number of working women has increased by as much as 20 percent. 〈to 不要〉
(働く女性の数は20パーセントも上昇している)
➔**the number of A**（複数名詞）は「Aの数」の意味を表す。**a number of A**（複数名詞）「たくさんのA」が複数扱いなのに対して，the number of Aは単数扱いであることに注意。本問はまず，主語をThe number of working womenとまとめて述部のhas increasedを続ける。次に，**as much as A**(不可算名詞)「Aも（たくさん）」の表現を用いてby as much as 20 percentとまとめる。to as much as 20 percentとするか迷うところだが，toは不可。程度の差を表す前置詞としては**by**「…の差で」を用いる。
➔**The number of A has increased**「Aの数が増えた」は定式化された表現として押さえておこう。整序英作文でよく狙われる。

099 〈owe it to B＋that-節「…はBのおかげである」〉
動詞の語法
代名詞の語法
I **owe it to you that I am alive**. 〈thank 不要〉
(生きているのはあなたのおかげです)
➔oweには**owe A to B**「Aに関してBのおかげをこうむる」の意味を表す用法があるが，本問はoweの目的語であるAに形式目的語のitが用いられ真目的語がthat-節になった**owe it to B＋that-節**「…はBのおかげである」を用いるのがポイント。

100 〈make ends meet「収支を合わせる」〉
名詞を含むイディオム
With this high cost of living, housewives are a dying breed. Lots of married women are working **outside the home to make ends meet**.
(この物価高では専業主婦は貴重な存在になりつつあり，多くの主婦が家計のために働いている)
➔成句表現の **make (both) ends meet**「収支を合わせる／収入内で生活する」を，「目的」を表す副詞用法の不定詞の形にして用いるのが本問のポイント。

第3回 解答

Step 1　Part 3　[101-150]

Part 3 は関係詞や接続詞などを中心に，文構造や文意の把握が正答のポイントとなることが多く，その意味では英語の実力が問われる範囲と言える。これまでの3回の中で，第3回の得点が一番低い諸君は，解説を熟読し，誤答の問題を中心に再度チャレンジすること。

□101	②	□102	③	□103	④	□104	②
□105	②	□106	①	□107	③	□108	④
□109	③	□110	④	□111	④	□112	④
□113	④	□114	②	□115	③	□116	④
□117	③	□118	④	□119	②	□120	④
□121	①	□122	③	□123	②	□124	②
□125	①	□126	②	□127	②	□128	③
□129	②	□130	③	□131	④		
□132	during			□133	for		
□134	when または before			□135	since		
□136	without			□137	④	□138	③
□139	④	□140	③				

□141	What he'd been saying was beyond me.
□142	I can't get to the office in half an hour no matter how fast I drive.
□143	On behalf of all of us who are here tonight, I would like to thank Mr. Jones for his talk.
□144	Why don't you store food in case there's a big earthquake ?
□145	He did what everyone expected he would.
□146	Quite a few states have passed laws that forbid employers to discriminate against job seekers just because they are smokers.
□147	I hadn't seen her for over eighteen years, but I recognized her the moment I ran into her at the station.
□148	You are the last man that I expected to see here.
□149	My mother always tells me how important it is to be punctual.
□150	It is not you but your parents who are responsible for this matter.

第3回 解答・解説

Step 1 Part 3［101-150］

101 ② 〈**A above sea level**「海抜 A」〉
前置詞
Mt. Fuji is 3,776 meters **above** sea level.
(富士山は海抜 3776 メートルである)
➔「海抜 A」は，**A above sea level** で表す。本来，前置詞 **above** は，より高い位置にあることを示す前置詞で，その反意語は **below**。したがって，「海面下 A」であれば，**A below sea level** と表現する。

102 ③ 〈**besides A / doing**「A に加えて／…するだけでなく」〉
前置詞
To be a good interpreter, you need to be well-informed **besides** being a fluent speaker.
(すぐれた通訳になるためには，流暢に話せるだけでなく広い見聞を持っている必要もある)
➔ **besides A / doing** で「A に加えて／…するだけでなく」の意味を表す。同意表現として，**in addition to A / doing** の群前置詞を押さえておくこと。④ in addition は，in addition to であれば正答になる。
➔ ② **beside A**「A のそばに」は，形は似ているがまったく異なる前置詞。

103 ④ 〈経過を表す **in**〉
前置詞
I'm leaving here **in** about a week.
(私はおよそ 1 週間でここを発ちます)
➔ **今からの経過を表す前置詞 in A**「今から A で／A 経つと」を入れる。「A 以内に」であれば **within A** を用いることも確認しておこう。

104 ② 〈**in spite of A**「A にもかかわらず」〉
群前置詞
In spite of the strong wind and the heavy rain, there are many leaves stubbornly clinging to the branches.
(強い風と激しい雨にもかかわらず，しっかりと枝にくっついている葉がたくさんある)
➔ 文意から② In spite of を選ぶ。譲歩を表す(群)前置詞は多く，**despite A／in spite of A／for all A／with all A**「A にもかかわらず」はいずれも頻出。正確に覚えておこう。
➔ ① の **owing to A**「A の理由で」，③ ④ の **as a result of A／in consequence of A**「A の結果として」も，頻出の表現。

105 ② 〈**for the sake of A**「A のために（利益・目的）」〉
群前置詞
When he retires, he's going to live in the country **for the sake of** his health.
(彼は，退職すると，健康のために田舎で暮らすつもりだ)
➔ 文意から② の **for the sake of A**「A のために（利益・目的）」を選ぶ。
➔ ① の **instead of A / doing**「A の代わりに／…しないで」，③ の **by way of A**「㋐A を経由して，㋑A のつもりで」も押さえておこう。④ in order to は，**in order to do**「…する目的で」の用法はあるが，直後に名詞を伴うことはできない。

問題020参照。

106 ① 〈**in terms of A**「Aの点から／Aによって」〉

群前置詞

Education is not to be measured merely in **terms** of years.

(教育は，その期間の長さによってだけでは，評価できない)

➔群前置詞の **in terms of A**「Aの点から／Aによって」を完成させる。他の選択肢を入れても表現として成立しない。

107 ③ 〈**owing to A**「Aの理由で」〉

群前置詞

Owing to the bad weather, the crop failed.

(悪天候のため，収穫高が不足した)

➔文意から，問題104で触れた③の **owing to A**「Aの理由で」を選ぶ。理由を表す群前置詞は多く，**owing to A／because of A／on account of A／due to A** はいずれも頻出。

➔①の **according to A**「㋐Aによれば，㋑Aに従って」，②の **by means of A**「Aを用いて」，④の **with [in] regard to A**「Aに関して」も押さえておこう。

108 ④ 〈**in charge of A**「Aを引き受けて／Aに責任を持って」〉

群前置詞

The new teacher in **charge** of our class is from Osaka.

(私たちのクラスの新しい担任の先生は大阪出身です)

➔文意から，④chargeを入れて群前置詞の **in charge of A**「Aを引き受けて／Aに責任を持って」を完成させる。

➔①を入れた **in view of A**「㋐Aを考慮して，㋑Aの見えるところに」，②を入れた **in honor of A**「Aに敬意を表して／Aを祝して」も押さえておこう。

109 ③ 〈**主格関係代名詞 who／非制限用法**〉

関係詞

Ernest Hemingway, **who is** remembered for his many novels, published his first work at the age of twenty-six.

(数多くの小説で人々の記憶に残っているアーネスト・ヘミングウェイは，最初の作品を26歳のときに発刊した)

➔空所の後のrememberedは本来「…を記憶する」という他動詞で，本英文はその後に目的語がないので，受動態の表現にする必要がある。よって②whoは不可。また①isでは述語動詞になってしまい，後にpublishedという述語動詞が再び登場することから，これもまた不可である。

➔焦点は③who isか④that isかということになる。**that は**先行詞が「人」でも「人以外」でも使える便利な関係代名詞だが，**非制限用法**（関係詞の前にカンマがあり，先行詞を付加的に説明する用法）**の場合と前置詞が直前にある場合には使うことができない**。本問では，非制限用法となっているため④that isは不可である。

➔なお，本問のように**先行詞が固有名詞や世の中に1つしかないもの（the moonなど）の場合，原則として関係詞節は非制限用法にする**ことを押さえておこう。自明のものは「制限」する必要はないからである。ただし，日本語では「私が昨日会った山田君」といった表現をするので，上記の名詞が先行詞の場合，本文の訳出のように「制限」的に訳してもよい場合が多い。

110 ④ 〈**所有格関係代名詞 whose**〉

関係詞

Some plants can resist herbicides, the chemicals **whose** job is to kill

weeds.
(除草剤，つまり雑草を駆除することがその役割である化学薬品が効かない植物もある)
➔先行詞を the chemicals とする関係詞節の前提となる英文を考えると，*Their* job is to kill weeds. である。よって空所には，所有格関係代名詞 **whose** が入る。なお，**whose は先行詞が「人」でも「人以外」でも使える**ことを確認しておこう。
➔本問の文構造は，herbicides と the chemicals 以下が同格になっている。つまり herbicides という難しい単語の意味内容を，the chemicals 以下で具体的に説明しているのである。

111 ④ 〈目的格関係代名詞の省略／前置詞の後置〉
関係詞

The team **we had been** waiting for finally arrived, but it was too late.
(私たちがずっと待っていたチームはようやく到着したが，遅すぎた)
➔空所に入れて英文が成立するのは④ we had been だけである。① which was，③ which had been は主格の関係代名詞として which を用いているが，そうであれば waiting for の後に for の目的語となる名詞が必要なはず。それがないので不可。② whom we had は，先行詞が「人以外」なので whom がおかしいし，had waiting といった動詞の形も存在しない。
➔④ we had been を入れた形での関係代名詞節の前提となる英文は，We had been waiting **for** *it*. である。この it を which / that にして，(*which* / *that*) we had been waiting **for** として関係代名詞節を作り，その目的格関係代名詞 which / that を省略したものが本問の英文の形である。なお，目的格関係代名詞が前置詞の目的語になっている場合，本問の形以外に「前置詞＋目的格関係代名詞」をセットにして，節の頭に持ってくることもできる。ただし，**その場合「前置詞＋that」の形はない**こと(問題 109 参照)，**および前置詞だけを残して目的格関係代名詞を省略することはできない**ことを押さえておこう。この形を使えば，本問の英文は次のようになる。

The team **for** *which* we had been waiting finally arrived, but it was too late.

112 ④ 〈前置詞＋目的格関係代名詞／in which〉
関係詞

He told me a story **in which** someone played a clever trick.
(彼は私に，ある人が巧みないたずらをした話を語った)
➔先行詞を a story とする関係代名詞節の前提となる英文を考えると，Someone played a clever trick in *it*. である。ここから，問題 111 で述べた考え方によって，正答は④ in which の **「前置詞＋目的格関係代名詞」** の形になる。なお，「前置詞＋目的格関係代名詞」の形には，「前置詞＋which」または「前置詞＋whom」しかない。

113 ④ 〈関係副詞の考え方／関係副詞 where〉
関係詞

One place **where** I did not look for the map was the cupboard.
(私がその地図を捜さなかった 1 つの場所は食器戸棚でした)
➔先行詞を one place とする関係詞節の前提となる英文を考えると，I did not look for the map in *it*. である。よって，空所には in which があればそれが正答になるが，in which は選択肢にない。ここでは場所を先行詞として「前置詞＋which」の内容を 1 語で表現する関係副詞④ where が入る。**関係副詞は「前置詞＋which」の構造を内在している場合にのみ用いられる。その「前置詞＋which」の構造を前**

提にして初めて，場所を表す語が先行詞なら where，時を表す語が先行詞なら when，理由を表す語(通常 reason)が先行詞なら why を用いるのである。この点を正確に理解しておくこと。

114 ②
関係詞
〈関係代名詞 what の用法〉

An accident directed him towards **what** was to be the success of his life.
(ある事故によって，彼は人生を成功させるものとなることへと導かれた)

➔ **関係代名詞 what は名詞節を形成し，what 自体は節内で主語・目的語・補語・前置詞の目的語といった名詞の働きをし，what-節全体は文の主語・目的語・補語・前置詞の目的語となる。**

➔ 本問は，An accident directed him towards A「ある事故が彼を A の方向へ導いた」の A の位置に what-節が来た形。what-節全体は前置詞 towards の目的語となっており，what 自体は節内で was の主語となっている。

115 ③
関係詞
〈前文の文内容が先行詞−which〉

The astronauts returned safely from space, **which** delighted all the staff at the control center.
(宇宙飛行士たちは宇宙から無事帰還し，そのことがコントロールセンターのすべてのスタッフを喜ばせた)

➔ **関係代名詞 which は非制限用法の場合に限って，前文全体またはその一部の文内容を先行詞と想定して用いることがある。**本問は，前文全体の内容を先行詞として，主格で用いられている。

➔ ① it，② that を「それ」という意味の代名詞として入れた人がいるかもしれないが，その場合，文と文を結ぶ接続詞が必要。よって不可。

116 ④
関係詞
〈名詞節を導く whatever〉

Not too many years ago, my favorite Friday night activity was to go to the local movie theater and see **whatever** was playing.
(何年か前まで，私のお気に入りの金曜の夜の行動は，地元の映画館に行き，そこでやっているものは何でも見ることだった)

➔ 複合関係代名詞 **whatever は，節内で主語・目的語・補語・前置詞の目的語の機能を果たすが，節全体では名詞節「…するものは何でも」を形成する場合と譲歩の副詞節「何が(を)…しようとも」を形成する場合がある。**

➔ 本問では，節内では was playing の主語の機能をしており，節全体は see の目的語となる名詞節を形成している。なお，名詞節を形成する **whatever** は，通例 **anything that** に置きかえられる。

➔ 複合関係副詞 ① **however** は常に譲歩の副詞節を導き，通例「**however＋形容詞[副詞]＋S＋V ...**」の形で「どんなに…しようとも」の意味を表す。複合関係副詞② **wherever** は接続詞とも考えられるもので，常に副詞節を導き「どこで…しようとも／…するところはどこでも」の意味を表す。複合関係代名詞 ③ **whichever** は，whatever と同じ文法的機能を持っているが，選択の範囲が限定されている場合にしか使えない。本問の内容で「そこでやっているものはどちらでも」というのはおかしい。よって不可。

➔ なお，**複合関係詞「-ever」が譲歩の副詞節を導く場合は，「no matter＋疑問詞」に置きかえられる**ことも押さえておこう。

117 ③ 〈**連鎖関係代名詞節**〉

関係詞

He is a man **who** they say is one of the greatest scientists in the world.

(彼は，世界で最も偉大な科学者の一人と言われている男だ)

➔ 先行詞を a man とする関係代名詞節の前提となる英文を考えると，They say *he* is one of the greatest scientists in the world. である。主格 he が用いられているから，関係代名詞は who になる。その who が，they say を飛び越えて節の頭に置かれたのが本問の英文の形。このように，関係代名詞の後に「S+V」などが入りこんだように見える形は，**連鎖関係代名詞節**と呼ばれる。なお，この形では who などの主格関係代名詞であっても省略されることがある。

118 ④ 〈**接続詞 as far as と as long as**〉

接続詞

As **far** as I know, Jim has never made such a mistake.

(私が知る限り，ジムはそのような間違いを犯したことはない)

➔ 接続詞 **as［so］far as** は「…する限り(では)」という意味で**範囲・制限**を表すが，**as［so］long as** は**時・条件**を表し，「…する限り／…する間(＝while)，…しさえすれば(＝if only)」の意味となる。日本語では区別がつかない場合が多いので，表す内容をはっきりとさせること。それでも判断がつきにくければ，while または if (only) に置きかえられれば as [so] long as，置きかえられなければ as [so] far as と考えておけばよい。

➔ 本問は範囲・制限を表すので as far as の形にする。while や if (only) には置きかえられない。

119 ② 〈**so［as］long as ...「…しさえすれば」**〉

接続詞

It matters very little who discovers a cure for cancer, **so long as** it is discovered.

(ガンの治療法は，発見されさえすれば，誰が発見するかはほとんどまったく重要な問題ではない)

➔ 文意から，② **so long as** を入れる。本問では **if only** の意味。

➔ ① so much as は，接続詞としての用法はないので文法的に不可。③ because，④ though は，文意がつながらないので不可。

120 ④ 〈**逆接の等位接続詞 but**〉

接続詞

I had made all the necessary preparations to move into my new apartment, **but** at the last minute, I found out pets were not allowed.

(私は，新しいアパートに引っ越すためのあらゆる必要な準備をしたが，どたん場になって，ペットを飼うのが許されていないことを知った)

➔ 文意から逆接の等位接続詞 **but** を入れる。

➔ ① furthermore「おまけに」は副詞なので，文と文を結ぶことはできない。② continuing は意味不明。③ whether は譲歩の接続詞「…であろうとなかろうと」の機能があるが，文意がつながらないので不可。

121 ① 〈**unless S+V ...「…しない限り」**〉

接続詞

He looks like the kind of fellow who wouldn't even talk to you **unless** he wanted something from you.

(彼は，あなたから欲しいものがない限り話しかけもしないような奴に見える)

➔ 文意から① **unless** を入れる。**unless** は「…しない限り」の意味を持つ接続詞で，通例 if ... not ... に置きかえられるが，排除的色彩が強く，すべての if ... not ... が unless に置きかえられるわけではない。unless のほうが使用範囲が狭いので，英作文などでは if ... not ... を使うほうが無難である。

➔ 本問の who-節は仮定法過去になっている。

122 ③ 〈同格の名詞節を導く接続詞 that〉

接続詞

Many newspapers printed the President's statement **that he** would support a tax cut.

(多くの新聞が，減税を支持するという大統領の声明を載せた)

➔ 接続詞 that が導く名詞節は，名詞の後に置かれて，その具体的内容を表す場合がある。この場合，同格の名詞節と呼ばれ，**A that-節**で「…という A」と訳出するのが原則。本問では③ that he を入れて，the President's statement の具体的内容を表す同格の名詞節を作る。

➔ ① which he は，which が節内で果たす機能がないので不可。② was that he は，printed の後に名詞節を導く接続詞 that が省略されていると考えれば良さそうに思えるかもしれないが，動詞 print には that-節を目的語にとる用法はないので不可。④ what は，what-節全体が文中で果たす役割が存在しないので不可。

123 ② 〈as if ...「あたかも…のように」〉

接続詞

He opened his mouth **as if** to say "No," but he didn't.

(彼は「いいえ」と言おうとするかのように口を開いたが，言わなかった)

➔ **as if ...**「まるで…するかのように」**は**，後に「S+V ...」の節をとるだけでなく，本問のように **to-不定詞をとったり，分詞句，前置詞句をとったりすることもある。**

➔ それ以外の選択肢を入れても，英文として文法的に成立しない。

124 ② 〈so＋助動詞＋S「S もまたそうである」〉

語順

When I first studied abroad, I made many linguistic errors, and **so did my fellow foreign students**.

(初めて留学したとき，私は多くの言葉の間違いを犯したが，私と同じ外国人学生の仲間もまたそうだった)

➔ 前述の肯定内容を受けて，**「so＋助動詞[be動詞／完了形の have]＋S」**の語順で「S もまたそうである」の意味になる。本問では② so did my fellow foreign students が正答になる。

➔ よく似た形に **「so＋S＋助動詞[be動詞／完了形の have]」** の形があるが，こちらは前述の内容を受けて「そのとおりだ」の意味になる。以下の例，参照。

You said he was very lazy and *so he is*.

(彼はとても怠けものだと君は言ったが，実際そのとおりだね)

125 ① 〈neither＋助動詞＋S「S もまたそうではない」〉

語順

I wasn't there, and **neither was Mary**.

(私はそこにいなかったし，メアリーもいなかった)

➔ 前述の否定表現を受けて **「neither [nor]＋助動詞[be動詞／完了形の have]＋S」** の語順で「S もまたそうではない」の意味を表す。本問は I wasn't there と be動詞を使っているので① neither was Mary が正答になる。

126 ②

否定

〈否定文 ..., either.「…もまた…ない」〉

I didn't talk to my brother last night, and my mother **didn't, either**.

(私は昨晩弟と話をしなかったし，私の母もしなかった)

➔ **肯定文**で「…もまた(…である)」の意味を表す場合は文尾に「**..., too.**」を置くが，**否定文**で「…もまた(…でない)」の意味を表す場合は文尾に「**..., either.**」を置く。カンマをつけないこともある。

➔ 本問の英文を問題125のパターンで表現すると，次のようになる。

I didn't talk to my brother last night, *nor* [*and neither*] *did my mother.*

127 ②

語順

〈間接疑問ー平叙文の語順〉

Susan has no idea **how this problem should be solved**.

(スーザンはこの問題をどう解決すべきかさっぱりわからない)

➔ **have no idea (of) wh-節**で「…がわからない」の意味。of はあってもなくても可。

➔ **間接疑問の節内は平叙文と同じ語順になる**。この条件を満たしているのは② how this problem should be solved のみ。間接疑問の語順は正誤問題等でも頻出。

128 ③

疑問文

語順

〈How tall do you think ... ?〉

How tall do you think my son will be in five years?

(私の息子は5年でどのくらいの身長になると思いますか)

➔ **do you think [believe / suppose / consider / say] などが疑問詞で始まる間接疑問を目的語にする場合，yes / no の答えを要求しているのではないから，疑問詞を必ず文頭におく**。本問では③ How tall do you think my son will be の形が正答になる。④は will my son be の語順がおかしい。間接疑問の節内は問題127で述べたように，平叙文の語順になるからである。

➔ 以下は，yes / no の答えを要求する典型的な例である。

"*Do you know how tall* my son is?" "*No*, I don't."

(「私の息子の身長がどれくらいか知っていますか」「いいえ，知りません」)

129 ②

疑問文

〈否定文の付加疑問〉

We rarely see each other, **do we**?

(私たちはお互いにめったにお目にかかりませんね)

➔ **否定文の付加疑問は，「..., 肯定形＋人称代名詞 ?」で表す**。なお，**rarely / seldom**「めったに…しない」や **hardly / scarcely**「ほとんど…しない」を用いた文も否定文扱いになり，肯定形の付加疑問が対応する。よって本問では② do we が正答になる。

➔ **肯定文の付加疑問は，「..., 否定の短縮形＋人称代名詞 ?」で表す**ことも確認しておこう。

130 ③

強調

〈強調構文の考え方〉

It is thought to have been during the Yayoi period **that** the Japanese started eating rice.

(日本人が米を食べ始めたのは弥生時代だったと考えられている)

➔ **It is ... that ～ の強調構文は，英文中の名詞表現または副詞表現を It is と that の間にはさみこんだものである**。本問の英文は during the Yayoi period という副詞句を強調したもので，通常の形であれば It was during Yayoi period that the Japanese started eating rice.(日本人が米を食べ始めたのは弥生時代だった)となるが，本問は was の箇所を完了不定詞を用いて is thought to have been と表現し，過去の事柄に対する現在の一般的認識といった意味合いを出している。この点，少し戸惑った人もいるかもしれない。

➔ なお，**名詞表現を強調する場合，「人」なら that 以外に who / whom を，「人以外」なら that 以外に which を用いることがある**点も押さえておこう。

131 ④ 〈強制倒置が生じる場合／so の後の語順〉

語順

At no other time **has technology made so great an** advance as at present.
(現在ほど科学技術が大きな進歩をとげた時代は他になかった)

➔ **At no other time という否定の副詞句が文頭に来ている**ことに注目。この場合，**以下は倒置形(疑問文の語順)になる**。下に強制倒置が生じる場合をまとめておく。

➔ もう一つのポイントは so の後の語順である。**so / too / as / how** が後に名詞を伴う場合は**「so [too / as / how] ＋形容詞＋a＋名詞」**の語順になる。なお，such が後に名詞を伴う場合は**「such＋(a)＋(形容詞)＋名詞」**の語順である。この点も確認しておこう。

➔ 以上2つの条件を満たしているのは④has technology made so great an (advance)である。

CHECK 24 **強制的に倒置が生じる場合**

＊次の表現が文頭に来ると，以下は倒置形（疑問文と同じ語順）になる。
(1) **否定の副詞表現が文頭に来た場合**
(2) **only がついた句・節が文頭に来た場合**
(3) **not only ... but (also) ～ が文と文を結んで，not only が文頭に来た場合**
(4) **接続詞 nor の後に「S＋V ...」が来た場合**
(5) **否定語のついた目的語が文頭に来た場合**

132 during 〈特定の期間を表す前置詞 during〉

前置詞

(a) I made friends with her while I was staying in Boston.
(b) I made friends with her **during** my stay in Boston.
(a)(b)(ボストン滞在中に，私は彼女と友だちになった)

➔ 特定の期間を表す前置詞 **during** を入れる。前置詞 for にしないこと。確かに**前置詞 for には「…の間」という意味があるが，この場合，数詞などのついた期間を表す語句を従えて，単に「期間の長さ」を表す**だけである。それに対し，**during は通例，定冠詞などのついた語句を従えて「特定の期間」を表す**。**for a month**「1か月の間」，**during the month**「その月の間」，**during my stay**「私の滞在中」などで，その違いを確認しておくこと。

133 for 〈What ... for ?「何のために／どうして…するのか」〉

疑問文

(a) Why did you come here ?
(b) What did you come here **for ?**
(a)(b)(どうしてここに来たのですか)

➔ **What ... for ?**は，「何のために…するのか」という意味の表現。疑問詞 what は前置詞 for の目的語となっている。この表現は **Why ... ?「なぜ…なのか」と同意で用いられる**ことが多く，本問はその点を連立完成問題の形で問うたもの。

134 when または before 〈**... scarcely [hardly] ... when [before] ～**〉

接続詞

(a) As soon as he left university, he got married.

(b) Scarcely had he left university **when** he got married.

(a)(b)(彼は大学を出るとすぐに結婚した)

➔ as soon as ...「…するとすぐに」を用いた(a)の文を，**... scarcely ... when [before] ～** を使って言いかえる。「…するとすぐに～／…するかしないかのうちに～」の意味を表す相関表現は，以下のように整理して押さえておくとよい。

CHECK 25 **... no sooner ... than ～など**

(1) **... no sooner ... than ～**

(2) **...** (**hardly** / **scarcely**) **...** (**when** / **before**) **～**

＊主節動詞(...)に過去完了，従節動詞(～)に過去形を用いて，過去の内容を表すことが多い。

＊**no sooner, hardly, scarcely は否定語だから，文頭に来ると主語と動詞は倒置形になる。**

＊なお，(2)で hardly, scarcely ではなく not を用いて，**had not done ... when [before] ～** の形になると，「**…しないうちに～する**」の意味となる。

135 since 〈**since**「…以来(ずっと)」〉

前置詞

(a) The last time I saw her she was a baby.

(b) I saw her when she was a baby, but I haven't seen her **since** then.

(a)(私が最後に彼女に会ったとき，彼女は赤ん坊だった)，(b)(彼女が赤ん坊だったころ私は彼女に会ったが，それ以来会っていない)

➔ (a)の文意を(b)では前置詞 **since**「…以来(ずっと)」を用いて表現する。**since は接続詞だけでなく前置詞の用法もあり，通例，完了時制とともに使われる。**

➔ from にしないこと。from は単に「…から」という起点を表すだけで since のように「そのときからずっと」という意味はないため，原則として完了時制では用いられない。

136 without 〈**never [cannot] ... without doing**〉

否定

(a) Whenever I see the photograph, I remember my happy days in Scotland.

(b) I never see the photograph **without** thinking of my happy days in Scotland.

(a)(b)(私はその写真を見るといつも，スコットランドでの幸せな日々を思い出す)

➔ **never [cannot] ... without doing**「～しないで…しない／…すると必ず～する」の二重否定表現を用いて(a)の文意を表現する。

137 ④ (→by) 〈**by**「…までには」と **until [till]**「…まで(ずっと)」〉

前置詞

The contract provides that the house be completed **by** the end of May.

(その契約書ではその家は5月末までに完成させると定められている)

➔ 前置詞 **until [till] は「…までずっと」の意味**で動詞の継続した状態・動作の終了の時点を表すのに対し，前置詞 **by は「…までには」の意味**で動詞の行為の完了の期限を表す。日本語の訳出の違いだけでも判断できるであろう。なお接続詞 **until [till]**「…するまでずっと」と接続詞 **by the time**「…するまでには」も同様に考えてよい。

➔本問では「家の完成期限」を述べているのだから，④ until を by にする必要がある。

➔② be は間違いではない。**provide が that-節を目的語にとる場合，**「…と定める／…と規定する」という意味になり，**that-節中の動詞は「should＋原形」または「原形」が使われる**からである。

138 ③ (→nor) 〈nor の用法／nor＋倒置形〉

接続詞

語順

People cannot live on rice alone, **nor** can they live without rice.

(人々は米のみで生きることはできないし，また米なしでも生きることはできない)

➔③ or の後に can they live の倒置形が続いていることに注目。ここでは③ or を nor にして倒置形と対応させなければならない。問題 131 の **CHECK 24** 参照。接続詞 **nor** がその後に文を続ける場合，原則としてその前に否定の文があり，その内容を受けてさらに「また…しない」と nor 以下の文内容を否定することになる。

139 ④ (→the post office is) 〈間接疑問－平叙文の語順〉

語順

I'm sorry to bother you, but could you please tell me where **the post office is**?

(御面倒をおかけして申しわけありませんが，郵便局がどこにあるか教えていただけませんか)

➔問題 127 で述べたように，**間接疑問の節内は平叙文の語順になる**。よって④ is the post office を the post office is にする必要がある。

140 ③ (→is) 〈修飾語句がある主語と動詞の一致〉

主語と動詞の一致

The development of the new suburbs along with the industrial centers on the outskirts of town **is** the result of his untiring efforts.

(町はずれにある工業施設だけでなく新郊外地区の発展も，彼のたゆまぬ努力の結果だ)

➔**主語に修飾語句がついている場合は，それを取り除いた中心語を見極め，その語に動詞を合わせる**。本問の場合，主語は(The) development であるから，動詞は③ are ではなく is にする必要がある。

➔① の **along with A** は「A に加えて／A といっしょに」の意味の成句表現。

141 〈関係代名詞 what／beyond A〉

関係詞

前置詞

What he'd been saying was beyond me.

(彼の話していたことは私にはチンプンカンプンだった)

➔問題 114 で述べた関係代名詞 **what** を用いて，主語を形成する。なお，この what は，節内では had been saying の目的語になっている。

➔**beyond A** で「A の(能力の)限界を越えている」ことを表す用法がある。「私にはチンプンカンプンだった」は，これを使って **beyond me** と表現する。なお **above** にも同様の用法があり，選択肢にはないが，本問の内容では **above me** とも表現できる。

142 〈経過の in／no matter how＋副詞＋S＋V ...〉

前置詞

関係詞

I can't get to the office **in half an hour no matter how fast** I drive.

(いくら速く運転しても 30 分では会社に着けない)

➔「30 分で」は問題 103 で述べた**経過の in** を使って表現する。**in a half hour／in**

half an hour のいずれでも表現できるが，選択肢に an があることから，後者の表現にまとめる。

➔「いくら速く運転しても」は，no matter how fast (I drive.)とまとめる。ここは，however fast (I drive.)と表現することもできる。問題 116 参照。

143 〈on behalf of A／主格関係代名詞 who〉

群前置詞　関係詞

On **behalf of all of us who are here** tonight, I would like to thank Mr. Jones for his talk.

(今夜ここに集まった全員を代表して，今お話しくださいましたジョーンズさんにお礼申し上げます)

➔群前置詞 **on [in] behalf of A**「A の代表として／A の代理として／A のために」を知っているかがポイント。

➔「今夜ここに集まった全員」は，主格関係代名詞 **who** を用いて all of us who are here (tonight)とまとめる。

144 〈Why don't you do ...?／接続詞 in case〉

疑問文　接続詞

Why **don't you store food in case there's a** big earthquake?

(大地震に備えて食料を貯蔵しておいたらどうですか)

➔**Why don't you do ...?**「…したらどうですか」という相手に対する提案を表す表現で始める。

➔「大地震に備えて」は，接続詞 **in case** を用いて表現する。**in case S＋V ...**「㋐…する場合に備えて／…するといけないから，㋑もし…するなら（アメリカ用法)」で押さえておこう。

145 〈連鎖関係代名詞節－what-節の場合〉

関係詞

He **did what everyone expected he would.**

(誰もが予期していたとおりのことを彼はやった)

➔「誰もが期待していたとおりのこと」を what everyone expected he would とまとめられるかがポイント。これは問題 117 で述べた**連鎖関係代名詞節**の形で，関係代名詞 what を用いて表現したもの。would の後には，前述の動詞 did の原形である do が省略されており，what は節内では would do の目的語となっている。なお，文脈上明らかな場合，本問の do のように前述表現が省略されることがあるので注意したい。

146 〈主格関係代名詞 that／quite a few＋複数名詞〉

関係詞　形容詞の語法

Quite a few states have passed laws that forbid employers to discriminate against job seekers just because they are smokers.

(かなりの州は，喫煙者だからという理由で雇用者が就職希望者を差別してはいけないとする法律を定めています)

➔「かなりの州」は **quite a few states**「少なからぬ州」と表現する。問題 056 参照。

➔「…とする法律」は，laws を先行詞にし，**that** を主格関係代名詞で用いて，その内容を表現する。

➔that-節中は，**forbid A to do**「A が…するのを禁止する」を用い，A には employers「雇用者」を置き，直後の to do には，**discriminate against A**「A を差別する」を使う。

➔完成した英文を文構造どおりに訳出すると,「少なからぬ州が, 喫煙者だからという理由だけで雇用者が就職希望者を差別することを禁ずる法律を可決しています」となる。

147 〈the moment S+V .../run into A〉

接続詞 動詞を含むイディオム

I hadn't seen her for over eighteen years, but I **recognized her the moment I ran into** her at the station.

(彼女には18年以上も会っていなかったが, 駅でばったりでくわして, すぐに彼女だとわかった)

➔**the moment** を接続詞として「…するとすぐに」の意味で用いるのがポイント。**as soon as** と意味・用法とも同じ。同意の接続詞として用いられるものは他に, **the instant/the minute/immediately/instantly/directly** がある。これも整理して押さえておくこと。

➔the moment の節内では **run into A**「A と偶然に会う」のイディオムを使う。同意イディオムの **run across A/come across A** も押さえておこう。

148 〈the last A+関係代名詞節〉

否定

You are the last man that I expected to see here.

(ここであなたにお会いできるとは思ってもみませんでした)

➔**「the last A+関係代名詞節」**で「もっとも…しそうもない A/決して…しない A」という否定の意味を表す。本問はその形を用い, that を目的格関係代名詞として使う。なお, 本問の that は目的格関係代名詞なので, 省略しても英文としては成立する。

➔**the last A to do** の形もある。以下の例, 参照。

She is *the last* person *to tell a lie*.

(彼女は決してうそをつくような人ではない)

149 〈how important S+V .../it is ... to do〉

語順 不定詞

My mother always tells **me how important it is to be punctual**.

(母はいつも私に時間を守ることの大切さを言っている)

➔how は副詞なので, how important とつなげて表現する。

➔how important で始まる節は, **形式主語の it** を用い, 真主語は名詞用法の不定詞で to be punctual とまとめ, それを後置する。

150 〈It is ... who ～ の強調構文/not A but B〉

強調 接続詞

It is **not you but your parents who are responsible** for this matter.

(この責任の所在はあなたではなく, ご両親のほうです)

➔文全体の骨格を, 問題130で述べた強調構文で表現する。ただし, 本問では本来主語となるべき「人」を強調しているため, **It is ... who ～**の形にする。もちろん, 選択肢に who ではなく that があれば, It is ... that ～の形にすることも可能である。

➔強調される箇所には **not A but B**「A ではなく B」を用いて, not you but your parents「あなたではなくご両親」と表現する。なお, **not A but B が主語になる場合, 動詞は B に一致させる**ことも押さえておこう。

第4回

解答

Step 2　Part 1　[151-200]

ある程度の実力が備わっていれば，完答近くまで行けるが，そうでなければ7割前後の得点にとどまるといった問題である。大問②のイディオム問題や問題156，175，189あたりが，その差を作り出す問題であろう。なお，大問⑤の整序問題はいずれも重要。確実に理解しておこう。

□151	②	□152	④	□153	③	□154	①
□155	①	□156	①	□157	②	□158	②
□159	①	□160	③	□161	④	□162	①
□163	④	□164	②	□165	②	□166	④
□167	③	□168	②	□169	②	□170	②
□171	①	□172	③	□173	④	□174	④
□175	④	□176	②	□177	④	□178	③
□179	③	□180	①	□181	say，asking		
□182	way			□183	pay		
□184	miss			□185	considered		
□186	But			□187	With		
□188	retire			□189	doubt		
□190	enabled または allowed						

□191	The theatre is **not large enough to hold so** many people. 〈small 不要〉
□192	Japan is **a mountainous country with only a limited area for people to cultivate and live in.** 〈since 不要〉
□193	We didn't see **much of Paris as we were** only passing through. 〈well 不要〉
□194	His visit **spared me the trouble of writing to him.**
□195	Herbs are **the most important tool when it comes to healthy eating.**
□196	**I had the greatest difficulty in getting her to believe that I knew absolutely nothing about it.**
□197	If he **had taken better care of himself in** his younger days, he would not be in hospital now. 〈health，were to take 不要〉
□198	They tried to protect the **woods that were to be destroyed for** a new highway.
□199	It was the control of fire and the **use of clothing that allowed humans to settle** in the cold northern areas.
□200	More **attention should be paid to** the problems of our aging society.

第4回 解答・解説

Step 2 Part 1 [151-200]

151 ②

〈他動詞 talk の用法－talk A out of B〉

動詞の語法

We couldn't **talk** his mother out of her decision.

(私たちは彼の母親に話をして，彼女の決定をやめるように説得することができなかった)

➔本問は問題 036 の **CHECK 10** で触れた **talk A out of B / doing**「A に話して，B をやめさせる／…するのをやめさせる」がポイント。慣用的な表現として押さえておく。

➔**talk A into B / doing**「A に話して，B をしてもらう／…してもらう」も近年よく狙われる。

152 ④

〈tell A to do／代不定詞〉

動詞の語法　不定詞

He didn't want to peel potatoes, but the cook **told** him to.

(彼はジャガイモの皮をむきたくなかったが，そのコックは彼にそうするように言った)

➔選択肢の中で目的格補語に to-不定詞をとるのは④ told だけ。問題 036 の **CHECK 10** で触れた **tell A to do**「A に…するように言う」がポイント。なお，本問の to は**代不定詞**と呼ばれるもので，to peel potatoes を表す。**代不定詞とは**前述の**動詞表現の反復を避けるため，to** だけで**不定詞の内容を表す用法**。

➔① made，② let，③ had は目的格補語に原形不定詞をとるのであった。問題 006 参照。

153 ③

〈speak about A「A について話す」〉

動詞の語法

At an international gathering yesterday, some foreign students **spoke** about their experiences in Japan.

(昨日の国際的な集会で，日本における経験について話をした外国の学生もいた)

➔選択肢の中で about A をとる自動詞用法があるのは③ spoke だけ。**speak about A**「A について話す」で押さえる。

➔① said は基本的には他動詞。問題 036 の **CHECK 10** 参照。② expressed，④ mentioned も他動詞。**express A**「A を表現する」，**mention A**「A について言及する」(**=talk about A**) で押さえておこう。

154 ①

〈他動詞 raise の用法－rise との相違〉

動詞の語法

Many people are trying to buy a house before the consumption tax **is raised** in April.

(消費税が 4 月に上がる前に家を購入しようとする人が多い)

➔自動詞 **rise**「上がる」と他動詞 **raise**「…を上げる」の違いはよく狙われる。rise の活用は **rise－rose－risen** で現在分詞は rising となり，規則的な変化をする raise は，**raise－raised－raised** で現在分詞は raising となる。本問は raise の受動態 be raised の形をとる① is raised を正答として選ぶ。

155 ①

〈request の用法－request that S＋原形〉

動詞の語法

The professor requested that the students **finish writing** their term paper

within the week.
(教授は学生たちにその週の間に学期末のレポートを書き上げるように要請した)

➔ **suggest**「…したらどうかと提案する」, **demand**「要求する」, **insist**「主張する」, **order**「命令する」, **require**「要求する」, **request**「懇願する」, **propose**「提案する」, **recommend**「奨励する」**といった要求・提案・命令などを表す動詞の目的語となる that-節中では,「should＋原形」または「原形」を用いる。この形は述語動詞の時制に左右されない**点に注意すること。

➔ 本問は**「request that S (should)＋原形」**「S に…してくれるように頼む／要請する」がポイント。正答として① finish writing を選ぶ。なお④ finish to write は不可。finish は不定詞ではなくて動名詞を目的語にとる動詞であった。問題 001 の **CHECK 1** 参照。

156 ①
動詞の語法

〈自動詞 apologize の用法－apologize to A for B〉

John apologized **to her for his childish behavior**.
(ジョンは自分が子どもっぽい行動をしたことに対して彼女に謝った)

➔ **apologize**「謝る」は自動詞で **apologize to A for B** の形で「A に B のことで謝る」の意味を表す。その形をとる① to her for his childish behavior を正答として選ぶ。

157 ②
動詞の語法

〈他動詞 reach の用法－reach an agreement〉

The two parties might **reach** an agreement by tomorrow.
(その 2 つの政党は明日までには合意に達するかもしれない)

➔ 選択肢の中で an agreement を目的語にとる他動詞用法があるのは② reach だけ。**reach A** には「A に着く」(**=get to A／arrive at A**) の他に「A に達する」の意味があることに注意。**reach an agreement**「合意に達する」で押さえておこう。

➔ 自動詞の arrive も arrive at A で「A に達する」の意味があり,「合意に達する」は **arrive at an agreement** とも表現できる。

158 ②
動詞の語法

〈bring A B－take A B との意味の相違〉

"Will you please **bring** me the book I lent you the other day ?"
(先日あなたに貸した本を私のところに持ってきてくれませんか)

➔ 選択肢の中で二重目的語をとる動詞は② bring と④ take だが, **bring A B** は「A(人)に B を持ってくる」, **take A B** は「A(人)に B を持って行く」の意味を表す。文意から② bring を正答として選ぶ。

➔ **bring A to B**「A を B へ持ってくる」と **take A to B**「A を B へ持って行く」の意味の違いもよく出題されるのでここで押さえておこう。なお, この表現では B に「人」だけではなく「場所」を表す表現もくる。

159 ①
動詞の語法

〈accept の用法－receive との相違〉

I applied to join the club, but they won't **accept** me.
(私はそのクラブに参加することを志願したが, 彼らは私を受け入れなかった)

➔ **accept A** は「A を受け入れる／受諾する」, **receive A** は「A を受けとる／受領する」の意味を表す。例えば, receive an invitation と accept an invitation の違いは receive an invitation が単に行為として「招待状を受け取る」ことを表すのに対し, accept an invitation は「招待を心よく受け入れる」のであって「承諾」の意味が含まれる。したがって, 本問は文意から① accept を選ぶ。

➔③ allow と④ permit は問題 007 の **CHECK 3** で触れた **allow A to do／permit A to do** の形を用いて they won't allow [permit] me to join it とすれば可能となる。

160 ③ 〈rent A－borrow A との相違〉

動詞の語法

We **rented** this car for $20 per day.
(私たちは1日20ドルでこの車を借りた)

➔問題 037 で触れた **rent A**「A を(有料で)借りる[貸す]」が本問のポイント。①の **borrow A** は「A を(無料で)借りる」だから，文意に合わない。

161 ④ 〈command の思いがけない意味〉

動詞の語法

The room **commands** a fine view of the mountain.
(その部屋は山の見晴らしがすばらしい)

➔**command A** には「A を命令する」の他に「A を見渡す」の意味がある。**command a fine view of A**「A の見晴らしがすばらしい」は定式化した表現として押さえる。

162 ① 〈want doing「…される必要がある」〉

動詞の語法
動名詞

These shoes of yours want **mending**.
(あなたの靴は修理してもらう必要があります)

➔**want [need]** は，動名詞を目的語にすると，「…される必要がある」の意味になる。**want [need] doing=want [need] to be done** の関係と考えてよい(問題 002 の **CHECK 2** 参照)。ただし，want to be done はまれであり need to be done を通例用いる。英作文では避けるべきだろう。

➔動名詞は，不定詞よりも名詞の性質に近いので，mending も「修理すること」ではなく「修理」という名詞の意味で考えれば理解しやすい。つまり，want mending は「修理を必要とする」のである。

163 ④ 〈want A done「A を…してもらいたい」〉

動詞の語法
分詞

I want this **delivered**.
(私はこれを配達してもらいたい)

➔**want** には，目的語と目的格補語の間に受動関係が成立している場合に，**want A done**「A を…してもらいたい」の形をとる用法がある。

➔② to deliver にしないこと。want A to do は，目的語と目的格補語との間に能動関係が成立する場合に用いる。

➔**would like A done**「A を…してもらいたい」，**need A done**「A が…される必要がある」も want A done と同じくらいよく出題されるので，ここで押さえておこう。

164 ② 〈drop A a line「A に一筆書く」〉

動詞を含むイディオム
名詞の語法

As soon as you get to Seattle, **drop** me a line.
(シアトルに着いたらすぐに一筆書いてくださいね)

➔名詞 **line** には **「短い手紙」** の意味があって，**drop A a line** の形で「A に一筆書く」の意味を表す。成句表現として押さえておこう。

165 ② 〈過去完了の用法〉

時制

We **had almost finished** the work when the bell rang.

(ベルが鳴ったとき私はその仕事をほとんど終えていた)

➔ **過去を基点として，それまでの完了・結果，経験，(状態の)継続を表すには，過去完了(had done)を用いる。**本問は完了・結果の用法。

➔ ①had finished almost はよくない。almost は副詞なので名詞の前におき，名詞を修飾することは通例できない。almost を用いて the work を修飾する場合，almost all (of) the work となる。had finished almost all であれば可となる。

166 ④ 〈過去完了進行形〉
時制

They **had been driving** for ten hours when they spotted a sign that said "Food and Drink."

(『食事と飲み物』という看板を見つけたとき，彼らは10時間車を運転していた)

➔ **動作動詞(進行形にできる動詞)で，現在までの動作の継続を表す場合は現在完了進行形(have been doing)を用いる。**同様に，**ある過去の時点を基点にして，動作動詞でそれまでの継続を表すのは，過去完了進行形(had been doing)を用いる。**

167 ③ 〈used to do の用法〉
助動詞

These days students don't talk about their teachers, as we **used** to when we were students.

(私たちが学生だったときは先生についてあれこれ話をしたものだったが，最近の学生はそんな話はしない)

➔ **used to do は現在と対比させて，過去の習慣的動作「…したものだ」，過去の継続的状態「以前は…だった」を表す。**本問は過去の習慣的動作を表す。

➔ 本問の to は代不定詞で to talk about their teachers を表す。代不定詞の用法は問題152参照。

168 ② 〈might [may] as well do ... as do ～〉
助動詞

You might as well expect a river to flow backward **as hope to persuade** him to resign.

(彼を説得して彼が辞職するのを期待するのは，川が逆流するのを期待するようなものだ)

➔ **might [may] as well do ... as do ～**は「～するのは…するようなものだ／～するくらいなら…するほうがよい」という意味で押さえておく。

➔ **might [may] as well do**「…するほうがいいだろう」も重要。この表現は might [may] as well do ... (as not)の省略で，「(…しないのも) …するのも同じだろう」が本来の意味。したがって，**had better do**「…したほうがよい」よりもはるかに強制度は弱いことに注意。

169 ② 〈would rather not do〉
助動詞

I'd rather not say anything to him.

(私は彼に何も言いたくない)

➔ **would rather do**「むしろ…したい」の否定形は，**would rather not do** の形で表す。

170 ② 〈If S had done ...—Had S done ...〉
仮定法

I would have seen you off at the airport **had I known** when you were leaving.

(あなたがいつ出発するのか知っていたなら，私はあなたを空港で見送ったのに)

➔ **仮定法の条件節に倒置形を用いることによって，接続詞 if が省略されることがある。** 本問では，**If S had done ...** という仮定法過去完了の条件節を，倒置形を用いて if を省略した **Had S done ...** の形を選ぶ。

171 ① 仮定法

〈If S should do ...→Should S do ...〉

Should you decide to take skiing lessons, let me know.

(もしあなたがスキーのレッスンを受けることに決めたなら，私に知らせてください)

➔ 一般に未来の事柄に対する仮定を表す表現 **If S should do ...** の主節の形は「would など＋動詞の原形」の他に，「will など＋動詞の原形」，さらには命令文が来る場合もある。本問は，主節に命令文が用いられた形であるが，条件節の If S should do ... の形は，倒置形を用いて if を省略した **Should S do ...** の形を選ぶことになる。

172 ③ 仮定法 接続詞

〈Supposing S were to do=If S were to do〉

Supposing I **were** to accept your request, how do you think the other students would feel?

(私があなたの頼みを受け入れたなら，他の学生がどう感じるとあなたは思いますか)

➔ **「If S were to do ..., S′＋would / could / might / should＋動詞の原形」**も一般に未来の事柄に対する仮定を表す。また，**supposing (that) ...** は接続詞の if と同じく「もし…ならば」の意味を表す。本問は if の代わりに supposing を用いた **Supposing S were to do ...** (**=If S were to do ...**) の形となっている。

➔ If S were to do ... は if を省略した **Were S to do ...** の倒置形で用いられることがある。**Had S done .../Should S do .../Were S to do ...** の形は仮定法の中でも出題頻度がかなり高い。

173 ④ 仮定法

〈S wish＋S′＋動詞の過去完了形...〉

A: He would not take his medicine last night, would he?

B: **No, but I wish he had.**

(**A**「彼は昨夜どうしても薬を飲まなかったんですね」 **B**「ええ飲みませんでした，でも私は飲んでもらいたかったと思います)

➔ 問題 017 の **CHECK 7** で触れた **「S wish＋S′＋動詞の過去完了形(仮定法過去完了)...」**「S は S′が…すればよかったのにと思う(過去の事実と反対の事柄の願望)」が本問のポイント。正答の④ は No, but I wish he had (taken his medicine last night) の省略だと考える。

174 ④ 仮定法

〈If only＋仮定法 ... !〉

If **only** I could see my home again!

(もう一度わが家を見ることができればいいのだが)

➔ **「If only＋仮定法 ... !」**は「I wish＋仮定法 ...」の同意表現として押さえる。本問は I wish I could see my home again. と書き直すことができることに注意。書きかえ問題で頻出。

175 ④ 仮定法

〈条件節のない仮定法過去完了〉

We didn't go out last night. We **could have gone** to the movies but decided to stay home.

(昨夜私たちは外出しなかった。(行こうと思えば)映画に行くこともできたけれど，家にいることに決めた)

➔仮定法表現で条件を表す表現が一切なく，**話者の意識の中でのみ「…しようと思えば」「…するとしても」といった気持ちが働いている場合がある**。本問も話者の意識の中で「昨夜出かけようと思えば」という気持ちが働いていると考える。

➔本問のように条件節のない仮定法は実際に英文を読むときよく見られ，英文読解上も極めて重要。

176 ②

不定詞

〈完了不定詞(to have done)の用法〉

A : Barbara！ Thank God you made it！

B : Hi, everybody！ Sorry to **have kept** you waiting.

(**A**「バーバラ，やっと来てくれたね」 **B**「こんにちは，みなさん。待たせてごめんなさい」)

➔**完了不定詞(to have done)は，文の述語動詞の時点よりも「前」であることを表す**。現在時制と完了不定詞とが用いられている場合，完了不定詞が「過去」の内容を表しているか「現在完了」の内容を表しているかは，文脈によって決まる。本問は sorry の前に I am が省略されているので，to have kept you waiting は「現在までずっとあなたがたを待たせてきた」という「現在完了」の意味が完了不定詞で表されている。

➔make A doing という形はないので，④have made は不可。

177 ④

動詞を含むイディオム

〈come home to A「A にしみじみわかる」〉

It eventually **came home to** the people that the trip would be long and tiresome.

(結局のところ，その旅は長くて退屈なものだということが人々にしみじみとわかった)

➔**come home to A** は「A にしみじみとわかる」の意味を表すイディオムとして押さえる。

➔**bring［drive］A home to B**「A のことを B にしみじみわからせる」も一緒に覚えておこう。

178 ③

動詞を含むイディオム

〈work out「(事が)うまくいく」〉

I'm quite sure that our plans will **work out** in the end.

(私たちの計画が最終的にうまくいくことを私は確信しています)

➔**work out** は「(事が)うまくいく」の意味を表すイディオムとして押さえる。

➔他動詞表現の **work out A／work A out**「A を苦労して解く／A を計算する」もここで押さえておこう。

179 ③

動詞を含むイディオム

〈get on A's nerves「A の神経にさわる」〉

His comments **got on my nerves**.

(彼の批評は私の神経にさわった)

➔**get on A's nerves** は「A の神経にさわる」の意味を表す。**annoy A** や **irritate A** で言いかえることが多い。

180 ①

動詞を含むイディオム

〈give way to A「A に譲歩する」〉

Steam trains **gave way to** electric trains soon after the war.

(蒸気機関車は戦後まもなく電車に取って代わられた)

➔ **give way to A** は「A に譲歩する／屈する」の意味を表す。イディオムとして押さえる。

181　say, asking　〈**What do you say to doing?／ask A for B**〉

動名詞
動詞の語法

What do you **say** to **asking** him for advice?
(彼の忠告を求めてはどうですか)

➔ 問題 023 の **CHECK 9** で触れた **What do you say to A / doing?**「A はいかがですか／…しませんか」と **ask A for B**「A に B を求める」が本問のポイント。

182　way　〈**go out of one's way to do**「わざわざ…する」〉

動詞を含むイディオム

He always goes out of his **way** to help others.
(彼はいつもすすんで他人に手を貸す)

➔ **go out of one's [the] way to do＝take the trouble to do**「わざわざ…する」で押さえる。

183　pay　〈注意すべき自動詞 **pay** の意味〉

動詞の語法

It doesn't always **pay** to be kind.
(親切はときには割りに合わないことがある)

➔ **pay** は他動詞の場合，通例「(代金など)を支払う」の意味だが，自動詞で用いられると，**「利益になる／割りに合う」**の意味を表す。なお，本問の It は形式主語で to be kind を受ける。

184　miss　〈**miss A**「A がいなくて寂しく思う」〉

動詞の語法

I'm so happy for you that you get to live in Canada for a year, but we're really going to **miss** you.
(カナダに1年も住めるなんて，本当によかったわね。だけど，私たちはあなたがいなくなって寂しくなるわ)

➔ 問題 048 の **CHECK 13** で触れた **miss A**「A がいなくて寂しく思う」が本問のポイント。

185　considered　〈慣用的な独立分詞構文－**all things considered**〉

分詞

(a) When you take all things into consideration, you will find no better solution than this.
(b) This is the best solution, all things **considered**.
(a)(すべてのことを考慮に入れると，これ以上よい解決策がないことがわかるでしょう)，(b)(すべてのことを考慮に入れると，これは最善の解決策です)

➔ 分詞の意味上の主語が文の主語と異なる場合，分詞の意味上の主語を分詞の前に置く。この形は一般に**独立分詞構文**と呼ばれる。

➔ **take A into consideration**「A を考慮に入れる」は consider A の同意表現だから第1文は when you consider all things, …→when all things are considered, …と書きかえられる。本問はその文を想定し，being を省略した受動態の独立分詞構文 all things (being) considered を問うたもの。問題 024 参照。

➔「あらゆることを考慮に入れると」は **all things considered** の他にも **all things taken into consideration／taking all things [everything] into consideration** と表現できる。すべてここで覚えておこう。

186 But 〈**If it hadn't been for A＝But for A**〉

仮定法

(a) If it hadn't been for Jenny, we would have lost the match.

(b) **But** for Jenny, we would have lost the match.

(a)(b)(ジェニーがいなかったら，私たちはその試合に負けていただろう)

➔ **if it were not for A**「もし A がなければ」(仮定法過去)／**if it had not been for A**「もし A がなかったら」(仮定法過去完了) は慣用化した仮定法の表現。どちらの表現も **but for A／without A** の副詞句に置きかえられる。

187 With 〈**With A**「**A** があれば」〉

仮定法

(a) If he had had a little more patience, he could have succeeded.

(b) **With** a little more patience, he could have succeeded.

(a)(b)(もう少し我慢していたならば彼は成功していただろう)

➔ 仮定法表現で用いる **without A**「A がないなら／なかったなら」の反意表現 **with A**「A があれば／あったなら」が本問のポイント。

188 retire 〈**stop working＝retire**〉

動詞の語法

(a) At this company everyone is supposed to stop working at the age of 65.

(b) This company has a rule that everybody must **retire** at the age of 65.

(a)(この会社では誰もが 65 歳で仕事をやめることになっている)，(b)(この会社の規定では誰もが 65 歳で退職しなければならない)

➔ stop working「働くのをやめる」を動詞 1 語で表すと，retire「退職する」となる。**retire (from A)**「(A を)退職する」は通例，定年で退職することを表す。

➔ 似た表現に quit があるが，**quit** は「(職務の途中で)辞職する」の意味なので本問では不適切。

189 doubt 〈**suspect** と **doubt** の意味の違い〉

動詞の語法

(a) A wiser man would suspect something dishonest about the manager's offer.

(b) He does not **doubt** the manager's honesty concerning his offer.

(a)(もっと賢い人であれば，支配人の申し出になにか信用できないことがあるのではないかと疑うだろう)，(b)(彼は支配人の申し出に関してその誠実さを疑っていない)

➔ **suspect A**「A ではないかと疑う」と **doubt A**「A を疑う」の正確な意味の違いを押さえているかが本問のポイント。なお，(a)の英文は主語に仮定の意味が含まれる条件節のない仮定法表現であることに注意。

➔ **suspect**，**doubt** はともに that-節をとる用法がある。近年の傾向として，その否定文の形で出題されることも多い。正確に覚えておかないと，意味をまったく逆にとらえてしまう恐れがある。以下にまとめておくのできちんと覚えておこう。

CHECK 26 **紛らわしい doubt と suspect**

- □ **doubt that-節**「…を疑う／…ではないと思う」
- □ **suspect that-節**「…ではないかと疑う／…だと思う」
- □ **don't doubt that-節**「…だと思う」
- □ **don't suspect that-節**「…ではないと思う」

190 enabled または allowed 〈**enable A to do**「A が…するのを可能にする」〉

動詞の語法　仮定法

(a) If I had had a little more money I could have bought the bag.

(b) A little more money would have **enabled** [**allowed**] me to buy the bag.

(a)(b)(もう少しお金があれば私はそのバッグを買うことができたのに)

➔問題 007 の **CHECK 3** で触れた **enable A to do**「A が…するのを可能にする」を知っているかが本問のポイント。なお，(b)の英文は問題 189 の(a)の英文と同じく，主語に仮定の意味が含まれる条件節のない仮定法表現。主語に「もう少しお金があったならば」の意味が含まれている。

➔**enable A to do** の代わりに **allow A to do**「A が…するのを許す」の形を用いても結果的にほぼ同じ意味になるので allowed も別解として可。

191 〈**... enough to do**〉

不定詞

The theatre is **not large enough to hold so** many people. 〈small 不要〉

(そんなに多くの人を収容するほどその劇場は広くない)

➔**... enough to do** は，「～するほど…／とても…なので～」の意味を表す。enough が形容詞・副詞を修飾する場合，その語の後におく。本問はこの表現を用いて英文を完成させる。なお，not large enough to hold ... とまとめるので，形容詞の small は使う余地がない。

➔本問の **hold A** は「A を収容する」の意味を表す。

192 〈形容詞用法の不定詞－目的格関係〉

不定詞

Japan is **a mountainous country with only a limited area for people to cultivate and live in**. 〈since 不要〉

(日本は山が多いので，耕作地や居住地は大いに限定される)

➔**名詞を修飾する不定詞は形容詞用法の不定詞と呼ばれるが，その場合修飾される名詞と不定詞の間に目的格関係が成立するものがある**。例えば，live in A を，「住むべき A」のように A を形容詞用法の不定詞が修飾する形にすると，A to live in となる。A と to live in は目的格の関係が成立している。さらに to live in に「人々」という意味上の主語を加えると A for people to live in「人々が住むべき A」という形になる。本問は A にあたる a limited area の後に for people to cultivate and live in を続けられるかがポイントとなる。なお，理由を表す接続詞の since は本問では不要となる。

➔なお，本英文を文構造どおりに訳出すると，「日本は，人々が耕したり住んだりすべき，限られた場所しかない山の多い国だ」となる。

193 〈**see much of A**「A をたくさん見物する」〉

動詞を含むイディオム

We didn't see **much of Paris as we were** only passing through. 〈well 不要〉

(通り過ぎただけだったので，パリはあまりよく見なかった)

➔他動詞の see は「…に会う」の意味があり，**see much of A** の形で「A によく会う」の意味を表す成句表現を形成するが，see には「…を見物する」もあり，see much of A は「A をたくさん見物する」の意味も表す。本問は see much of Paris とまとめられるかがポイントとなる。この意味での see は他動詞なので see well of Paris とはできない。したがって well が不要となる。

194 〈spare A the trouble of doing「A の…する手間を省く」〉

動詞の語法

His visit **spared me the trouble of writing to him**.
(彼が尋ねて来てくれたので，私は手紙を書く手間が省けた)

➔ **spare** には二重目的語をとる用法があり，**spare A B** で「A の B を省く」(=save A B) の意味を表すことがある。B の位置に the trouble of doing「…する手間」を持ってくれば，「A の…する手間を省く」という意味になる。本問は述部に **spare A the trouble of doing** を用いれば完成できる。

➔ **spare** の代わりに **save** を用いた **save A the trouble of doing** も同意表現。

➔ 二重目的語をとる動詞はあらゆる形式の文法問題で頻出。以下のものは必ず押さえておこう。

CHECK 27 入試で狙われる二重目的語をとる動詞

- □ **cost A B**「A に B(費用)がかかる／A に B(犠牲など)を払わせる」
- □ **save A B**「A の B を省く」
- □ **spare A B**「A の B を省く／A に B を割く」
- □ **allow A B**「A に B を与える」
- □ **deny A B**「A に B を与えない」
- □ **wish A B**「A に B を祈る」
- □ **leave A B**「A に B を残して死ぬ／A に B を残す」
- □ **cause A B**「A に B をもたらす／与える」
- □ **charge A B**「A に B を請求する」
- □ **owe A B**「A に B を借りている／A に B を負っている」
- □ **lend A B**「A に B を貸す」
- □ **loan A B**「(利子をとって)A に B を貸す」

195 〈when it comes to doing「話が…することになると」〉

動名詞

Herbs are **the most important tool when it comes to healthy eating**.
(健康的な食事法ということになると，香草は最も重要な道具となる)

➔ 問題 023 の **CHECK 9** で触れた動名詞を用いた慣用表現 **when it comes to A / doing**「話が，A に／…することになると」を知っていれば容易に英文を完成することができるだろう。

196 〈have difficulty in doing／get A to do〉

動名詞
動詞の語法

I **had the greatest difficulty in getting her to believe that I knew absolutely nothing about it**.
(その件についてはまったく何も知らないのだということを彼女に信じてもらうのに，この上なく苦労した)

➔ 動名詞を用いた慣用表現 **have difficulty [trouble] (in) doing**「…するのが難しい」を用いて I had the greatest difficulty in getting とまとめる。getting 以下は問題 007 でテーマ化した **get A to do**「A に…してもらう」を知っていればまとめられるはず。

197 〈仮定法過去完了・過去の併用形／take care of A〉

仮定法
動詞を含むイディオム

If he **had taken better care of himself in** his younger days, he would not be in hospital now. 〈health, were to take 不要〉
(若いころもっと健康に気をつけていれば，彼は今ごろ入院なんかしていないだろう)

➔和文から条件節が仮定法過去完了の形，つまり，**If S had done ...** の形になることに気づくことが本問の前提。had done ... の箇所は **take care of A**「A に気を配る」を用いればよい。had taken better care of の後は himself か health か迷うが，health を使うなら his health としなければならない。したがって，of の後は himself とする。**take care of oneself** で「からだを大事にする」を表す。

➔**仮定法表現では，主節・従節において仮定法過去と仮定法過去完了が併用されていることがある。**本問は，従節に仮定法過去完了を用い，過去の事実と反対の仮定を行い，主節に仮定法過去を用い，現在の事実と反対の推量を行ったものである。従節に in his younger days，主節に now という表現が用いられていることに注意する。

➔主節が仮定法過去の形になっているからといって，If he were to take care of himself とまとめないこと。If S were to do は問題 172 で述べたように，一般に未来の事柄に対する仮定を表すのであった。よって和文の内容と合わない。

198 〈be＋to-不定詞－予定・運命〉

不定詞

They tried to protect the **woods that were to be destroyed for** a new highway.

(彼らは，新しい高速道路のために破壊されることになっていた森林を守ろうとした)

➔問題 043 で「be＋to-不定詞」で可能を表す用法を述べたが，**「be＋to-不定詞」は予定・運命も表す。**本問は，the woods を先行詞とした主格の関係代名詞 that から始まる関係代名詞節の述部で「be＋to-不定詞」を用いればよいのだが，the woods と destroyed は受動関係になるので **be to be done** の形になる。つまり，the woods that were to be destroyed とまとめなければならない。

199 〈allow A to do／強調構文〉

動詞の語法

強調

It was the control of fire and **the use of clothing that allowed humans to settle** in the cold northern areas.

(人類が寒い北方地域に定住するのを可能にしたのは，火の管理と衣服の使用だった)

➔問題 130 で述べた **It is ... that ～**「～するのは…だ」の強調構文を英文の骨格とする。that 以下は問題 007 の **CHECK 3** で触れた **allow A to do**「A が…するのを許す」を用いればまとめられるだろう。

200 〈pay more attention to A→More attention is paid to A〉

態

More **attention should be paid to** the problems of our aging society.

(高齢化社会の諸問題にもっと注意が払われるべきだ)

➔成句表現で 1 つの動詞と同じ機能をするものを群動詞というが，**「他動詞＋目的語＋前置詞」の形をとる群動詞**（**pay attention to A**「A に注意を払う」，**make use of A**「A を利用する」，**take care of A**「A の世話をする」など）**の中には，A を主語にして受動態にするだけでなく，本来の目的語**（上記の例で言えば attention / use / care）**を主語にした受動態が作られるものがある。**その場合は，主語に形容詞がつくことが多い。

➔本問は pay more attention to A の受動形 More attention is paid to A を想定できるかがポイントとなる。

第5回 解答

Step 2　Part 2　[201-250]

第5回は，近年増加傾向にありながら，まだ正確な知識が受験生に与えられていないと思われる問題が多く含まれている。問題 **207**，**219**，**227**，**231**，**233** などは正答率が低いはずである。その他の問題は，間違えた問題を中心に知識を整理し，弱点をつぶしていって欲しい。

□201	④	□202	②	□203	④	□204	④
□205	③	□206	③	□207	③	□208	④
□209	④	□210	③	□211	①	□212	①
□213	②	□214	②	□215	②	□216	④
□217	①	□218	③	□219	①	□220	②
□221	③	□222	④	□223	①	□224	③
□225	②	□226	②	□227	more		
□228	either または each			□229	himself		
□230	some			□231	every		
□232	Another			□233	nothing		
□234	④	□235	①	□236	②	□237	③
□238	④	□239	①	□240	①		

□241	These days, I feel that **nothing is more stimulating than reading** books. 〈as 不要〉
□242	An engineer seeks **not so much to understand nature as to use it.** 〈much 不足〉
□243	What **line of work are you in**?
□244	It **follows from what he says that she cannot** be guilty.
□245	I'll stay with her myself. I won't **let her out of my sight.** 〈eye 不要〉
□246	Your vocabulary at age 45 is three times as great as when you graduated from college. At 60, your brain **possesses almost four times as much information as it did** at age 21.
□247	He is **senior to me in respect of** service.
□248	There **is nothing I would like better than** a visit to the zoo.
□249	The mob gathered round **the car like so many flies.**
□250	I must admit that my son **is not much of a scholar.**

第5回 解答・解説

Step 2 Part 2［201-250］

201 ④ 〈紛らわしい literal, literary と literate〉

形容詞の語法

Literate people make up about 98 percent of the whole population.
(読み書きのできる人は全住人の約98%になる)

➔①の **literal** は「**文字どおりの**」, ②の **literary** は「**文学の**」, ④の **literate** は「**読み書きのできる**」の意味。文意から④ Literate を正答として選ぶ。

➔つづりと意味が紛らわしい形容詞は頻出。代表的なものを以下にまとめておく。

CHECK 28 つづりと意味が紛らわしい形容詞

- □ **alike**「よく似て」 / **likely**「ありそうな」
- □ **alive**「生きて(いる)」 / **lively**「生き生きとした」
- □ **childlike**「子どもらしい」 / **childish**「子どもっぽい」
- □ **considerate**「思いやりのある」 / **considerable**「かなりの」
- □ **economic**「経済の」 / **economical**「経済的な」
- □ **favorite**「お気に入りの」 / **favorable**「好都合の」
- □ **healthy**「健康な」 / **healthful**「健康によい」
- □ **industrial**「産業の」 / **industrious**「勤勉な」
- □ **invaluable**「非常に価値のある」 / **valueless**「価値のない」
- □ **manly**「男らしい」 / **mannish**「(女が)男っぽい」
- □ **sensitive**「敏感な」 / **sensible**「分別のある」
- □ **social**「社会の／社交界の」 / **sociable**「社交的な」
- □ **sleepy**「眠たい」 / **asleep**「眠って」
- □ **successful**「成功した」 / **successive**「連続の」
- □ **imaginable**「想像できる」 / **imaginary**「想像上の」 / **imaginative**「想像力に富んだ」
- □ **literate**「読み書きのできる」 / **literal**「文字どおりの」 / **literary**「文学の」
- □ **respectable**「立派な」 / **respective**「めいめいの」 / **respectful**「礼儀正しい」

202 ② 〈分詞形容詞 pleasing の用法〉

形容詞の語法

The continuing rise of the yen is vexing to some, while it is **pleasing** to others.
(円高が継続することにいらいらしている人もいるが，一方で喜んでいる人もいる)

➔**vexing** は難しい単語だが，他動詞 vex「…をいらだたせる」の現在分詞から派生した分詞形容詞で① **irritating**「人をいらいらさせる(ような)」とほぼ同意。**irritating** も他動詞 irritate「…をいらだたせる」の現在分詞から派生した分詞形容詞。よって，文意からの反意表現である② **pleasing**「人を喜ばせる(ような)」を正答として選ぶ。

➔分詞形容詞の考え方は問題 051 参照。

203 ④ 〈A is worth＋名詞「A は…の価値がある」〉

形容詞の語法

It's **worth** much more than I paid for it.
(それは私が支払ったお金よりもはるかに価値がある)

➔ **worth** は形容詞でありながら，動名詞を目的語にとり，**A is worth doing** の形で「A は…する価値がある」の意味を形成するが，動名詞だけでなく名詞も目的語にとり，**「A is worth＋名詞」** の形で「A は…の価値がある」の意味を表す。本問の more は名詞用法の much の比較級で「より多くのもの」を表す。したがって，名詞を目的語にとる形容詞の④ worth を正答として選ぶ。

204 ④ 〈紛らわしい considerable と considerate〉

形容詞の語法

I've always understood one should try and be **considerate** of others.
(人は他人に対して思いやりをもつように努めるべきだと私はいつも理解してきた)

➔ 問題 201 の **CHECK 28** で触れた **considerate「思いやりのある」** と **considerable「かなりの」** の意味の違いを知っているかが本問のポイント。

➔ **considerate** は **be considerate of [to / toward] A**「A に思いやりがある／理解がある」の形で用いられることがあることも押さえておきたい。

205 ③ 〈one's late A「亡くなった A」〉

形容詞の語法

The widow said that she had had a wonderful life with her **late** husband.
(その未亡人は亡くなった夫とすばらしい人生を過ごしてきたと語った)

➔ 形容詞の **late** が限定用法で用いられ，定冠詞や所有格を伴ない，**the [one's] late A** の形で「亡くなった A／故 A」の意味を表す。

206 ③ 〈思いがけない narrow の意味〉

形容詞の語法

He had a **narrow** escape when a large stone crashed down.
(大きな石がドスンという音をたてて落ちてきたとき，彼はかろうじて逃げた)

➔ 形容詞の **narrow** には限定用法で「かろうじての／やっとの」の意味を表す用法があることに注意。**have a narrow escape**「かろうじて逃げる」は慣用表現として押さえる。

➔ 副詞の **narrowly**「かろうじて(…する)」(**=barely**) もよく出題されるのでここで押さえる。

207 ③ 〈recently, lately と these days, nowadays の時制〉

副詞の語法

What's happened to Chris? We don't see her **these days**.
(クリスはどうなったのかしら。最近，私たちは彼女と会っていないわね)

➔ these days，nowadays，recently，lately は「最近」という意味を表す副詞(句)だが，**these days／nowadays は現在時制でしか用いない**のに対して，**recently／lately** は現在時制では用いず，**過去時制および完了時制で用いる**ことに注意。本問は現在時制なので③ these days を正答として選ぶ。

➔ ④ **those days** は「当時」の意味を表し，通例，過去時制で用いるので不可。

208 ④ 〈注意すべき alike の副詞用法〉

副詞の語法

Books that can be enjoyed by young and old **alike** are rather rare.
(若い人も年を取った人も同様に楽しめる本はかなり珍しい)

➔ **alike** には副詞の用法があって「同様に／同等に」(=equally) の意味を表す。本

問のように **young and old alike**「若い人も年を取った人も」という定式化された表現で出題されることも多い。

209 ④

比較

動詞を含むイディオム

〈little の比較級は less／see little of A〉

After his promotion Mr. Jones worked longer hours and saw **less of** his children.

(昇進後，ジョーンズ氏は勤務時間が増え，子どもと顔を合わせる機会が減った)

➔ 本問は名詞の little を用いた成句表現 **see little of A**「A にほとんど会わない」↔ **see much of A**「A によく会う」を知っていることが前提(問題 193 参照)。longer hours に着目すれば，本問が比較級表現となることに気づくはず。little の比較級は less だから，see less of A の形になる④ less of を正答として選ぶ。

210 ③

比較

〈比較級表現で最上級の意味を表す〉

The old saying "When in Rome do as the Romans do" is never more true **than when** at the dinner table.

(食事をしているときほど「郷に入っては郷に従え」という古いことわざが当てはまる場合はない)

➔ more true に注目すれば，原級表現の① as where，② as when は消去できるはず。正答として③ than when を選ぶ。本問の英文構造は英文読解にもよく見られ，比較級表現でありながら最上級的意味を内在していることに注意。簡略化して書くと，S is never more true than when ...「…のときほど S があてはまる場合は決してない」になる。more true than と when-節の間に it (=the old saying) is が省略されていると考えれば，比較対象がくるはずの than の後に when-節が直接くることも理解できるだろう。また，when at the dinner table も when (you are) at the dinner table と考える。

➔ 本問のように比較級や原級表現で最上級の意味を表す表現にはいくつか定式化されたものがある。**「No (other)＋名詞＋is so [as]＋原級＋as A」＝「No (other)＋名詞＋is＋比較級＋than A」**「A ほど…な～はない」，**「A is＋比較級＋than any other＋単数名詞」**「A は他のいかなる～よりも…」，**「Nothing is so [as]＋原級＋as A」＝「There is nothing so [as]＋原級＋as A」＝「Nothing is＋比較級＋than A」＝「There is nothing＋比較級＋than A」**「A ほど…なものはない」，**「A is＋比較級＋than anything else」**「A は他のいかなるものよりも…」などがその代表例。以下に例文を挙げておくので確実にマスターしておこう。

CHECK 29 最上級の意味を持つ原級・比較級表現

Mt. Fuji is the highest of all the mountains in Japan.（最上級）
(富士山は日本で一番高い山だ)
=No other mountain in Japan is so [as] high as Mt. Fuji.（原級）
=No other mountain in Japan is higher than Mt. Fuji.（比較級）
=Mt. Fuji is higher than any other mountain in Japan.（比較級）

Time is the most precious thing of all.（最上級）
(時間は一番貴重である)
=Nothing is so [as] precious as time.（原級）
=There is nothing so [as] precious as time.（原級）
=Nothing is more precious than time.（比較級）
=There is nothing more precious than time.（比較級）

＝Time is more precious than anything else.（比較級）

211 ①　〈as＋原級＋as ever＋動詞〉

比較

He is as great a scholar **as ever lived**.

（彼は古来まれな学者だ）

➔「**as＋原級＋as ever＋動詞の過去形**」は「これまでに〜したどれにも勝るとも劣らず…」といった最上級に近い意味を持つ。本問の「**as＋原級＋as ever lived**」は成句表現で「古来まれな／並はずれた←これまでに生きた誰にも勝るとも劣らず…」の意味を表す。そのまま覚えておくこと。

➔本問が as great a scholar の語順になっていることにも注意。「**as ［so / too / how］＋形容詞＋a＋名詞**」の語順として押さえておこう。

212 ①　〈**be equal to A**「A に匹敵する」〉

形容詞を含むイディオム

I thought I was good at tennis, but I am not **equal** to you.

（僕はテニスがうまいと思っていたけど，君にはかなわないよ）

➔本問は成句表現の **be equal to A**「A に匹敵する」がポイント。

➔同意表現の **be up to A／come up to A** も頻出。

213 ②　〈**be tired of A**「A にうんざりしている」〉

形容詞を含むイディオム

Sally, **tired of** her monotonous school life, made up her mind to go abroad.

（サリーは単調な学校生活にうんざりして，外国に行くことに決めた）

➔**be tired of A**「A にうんざりしている」がポイント。本問は主語の後に being が省略された分詞構文が入りこんだ形となっている。

➔同意表現の**be sick of A／be weary of A／be fed up with A／be through with A** もここで押さえておこう。

214 ②　〈**next to A＝almost A**〉

形容詞を含むイディオム

It's **next** to impossible for a married couple to remain equals under the current Japanese law.

（現在の日本の法律下では，結婚した夫婦が平等であり続けることはほとんど不可能である）

➔成句表現の **next to A**「ほとんど A」（**＝almost A**）が本問のポイント。next to A の A には通例，否定の意味を表す形容詞または nothing などがくることに注意。

215 ②　〈注意すべき effect の意味〉

名詞の語法

I took the medicine last night, but I'm afraid it didn't have any **effect**.

（昨夜，私は薬を飲んだが，効き目がまったくなかったと思う）

➔**effect** には「**（薬などの）効き目／効果**」の意味があり，**have no effect＝don't have any effect** で「効き目がない／効果がない」の意味を形成する。成句表現として押さえる。

➔**effect** には「効き目／効果」以外にも「**趣旨／意味**」の意味があり，**to that effect**「その趣旨の[で]」，**to the effect＋that-節**「…という趣旨の[で]」といった形で用いられる。この表現もよく出題されるのでここで押さえておこう。

216 ④ 〈「料金」を表すさまざまな名詞ーtax〉

名詞の語法

A **tax** is an amount of money that you have to pay to the government so that it can pay for public services.

(税金というのは，さまざまな公共事業に対して政府が支出できるようにするために，あなたが収めなければならない金額のことです)

➜ ① **fare** は**「乗り物の運賃」**，② **tip** は**「チップ／心づけ」**，③ **deposit** は**「預金／手付金」**，④ **tax** は**「税金」**の意味。文意から，④ tax を正答として選ぶ。

➜「料金」を表す名詞の問題は近年よく出題されている。以下のものは必ずマスターしておこう。

CHECK 30 「料金」を表すさまざまな名詞

- □ **fare**「乗り物の運賃」
- □ **fee**「専門職に対して支払う料金／受験・入場・入会のための料金」
- □ **pay**「(一般的な)報酬／手当て」
- □ **charge**「サービスに対して支払う料金／(電気・ガスなどの)公共料金／使用料」
- □ **cost**「経費／費用」
- □ **tax**「税金」
- □ **fine**［**penalty**］「罰金」
- □ **admission**「入場料」
- □ **interest**「利子／利息」
- □ **rent**「家賃／賃貸料」
- □ **commission**「手数料／歩合」

217 ① 〈both の用法ーboth these stamps〉

代名詞の語法

He said that he would like to have **both these** stamps.

(彼はこの2つの切手の両方とも欲しいと言った)

➜ **both や all の前に所有格，冠詞，および these，those などが先行することはない。**たとえば，「彼の両手」であれば，his both hands とは言わず，both his hands となる。本問の「これらの切手の両方」であれば，② の these both stamps とは言わず，① の both these stamps となる。

➜ ④ の two these stamps はおかしい。these two stamps なら可となる。

218 ③ 〈almost all＋名詞「大半の…」〉

形容詞の語法

Wherever I go, I find that **almost all** people love children.

(私はどこへ行こうとも，ほとんどすべての人々が子どもを愛していることに気がつきます)

➜ 問題073で扱った**「most＋名詞」**「(限定されない)大半の…」は**「almost all＋名詞」**と表現することができた。したがって，③ almost all を正答として選ぶ。

➜ ① の all of A は④ の most of A と同じく，A には必ず定冠詞や所有格などで限定された名詞や目的格の代名詞が来ることに注意。したがって，all of people とは表現しない。all people，all of the people なら可となる。

219 ① 〈effect の意味〉

名詞の語法

名詞を含むイディオム

He shouted "No, you fool, the other way !" or words to that **effect**.

(彼は「だめだよ，反対車線を走ったら」と叫んだか，あるいはそのような趣旨の言葉を叫んだ)

➔問題215で触れた **effect「趣旨／意味」**の用法が本問のポイント。なお，本問の **to that effect**「その趣旨の」は words を修飾する形容詞句となっている。

220 ②
名詞を含むイディオム

〈**at hand**「手元に」〉

Our grand business in life is not to see what lies dimly at a distance, but to do what lies clearly at **hand**.

(われわれが人生においてなすべき大切なことは，遠くにかすかにあるものを見ることではなく，近くにあるはっきりとあるものを行うことである)

➔本問は，文意から **at a distance**「遠くに」の反意表現を形成する②の **at hand**「手元に／近くに」を正答として選ぶ。なお，本問の英文構造は S is *not* to see ..., *but* to do ～「S は…を見ることではなく～をすることだ」となっている。

➔同意表現の **on hand** もここで押さえておこう。

221 ③
名詞を含むイディオム

〈**spring to one's feet**「ぱっと跳び上がる」〉

Helen sprang to her **feet** at the sad news.

(ヘレンは悲しい知らせを聞いてぱっと跳び上がった)

➔**spring [jump / leap] to one's feet**「ぱっと跳び上がる」が本問のポイント。イディオムとして押さえる。

➔**get [come] to one's feet**「立ち上がる」もここで押さえておこう。

222 ④
名詞を含むイディオム

〈**pay A a visit**「A を訪問する」〉

They paid me frequent **visits** last week.

(先週，彼らは私のところに頻繁に訪れた)

➔**pay A a visit＝pay a visit to A**「A を訪問する」(**＝visit A**) が本問のポイント。frequent があるから，複数形の④ visits が用いられている。

223 ①
名詞を含むイディオム

〈**out of hand**「手に負えない」〉

The demonstration quickly got **out of** hand.

(そのデモ行進はすぐに収拾がつかなくなった)

➔**out of hand**「手に負えない／収拾がつかない」が本問のポイント。イディオムとして押さえる。

➔**out of hand** には**「即座に」**(**＝immediately**) の意味もあるので注意しよう。

224 ③
名詞を含むイディオム

〈**be at a loss for words**「言葉につまる」〉

In the middle of her lecture, she found herself **at a loss for words**.

(気がつくと，彼女は講義の途中で言葉につまった)

➔**be at a loss for words＝be at a loss what to say**「言葉につまる」で押さえておく。

➔**be at a loss for an answer＝be at a loss what to answer**「返答に困る」もここで押さえておこう。

225 ②
名詞を含むイディオム

〈**at the thought of A**「A を考えると」〉

My heart leapt **at the thought of** seeing her again.

(彼女との再会を考えると私の胸は高なった)

➔**at the thought of A**「A を考えると」が本問のポイント。

➔③の **beside oneself**「われを忘れて」は重要表現。

➔ **at the sight of A**「A を見て」もここで押さえる。なお，形容詞 mere の入った **at the mere thought of A**「A をちょっと考えただけでも」や **at the mere sight of A**「A をちらっと見ただけでも」の形で出題されることも多い。

226 ② 〈**to the point**「要領を得た」〉

名詞を含むイディオム

Since his explanation was clear-cut and to **the point**, there is nothing more to add.

(彼の説明は明快であり要領を得たものだったので，付け加えることはなにもない)

➔ **to the point** は「要領を得た」(**=to the purpose**) の意味を表す。

➔ 反意表現の **off the point=beside the point**「要領を得ない」もここで押さえておこう。

227 more 〈仮定法の否定文中の比較表現〉

仮定法

比較

I couldn't agree with you **more**.

(大賛成です)

➔ **条件を表す表現のない仮定法の否定文で比較級がある場合，最上級の意味を内在した表現となる**ことに注意。本問は空所に more を入れることによって「(賛成することができるとしても) 私は，今以上にもっとあなたに賛成することはできないだろう」といった意味を形成する。つまり，I couldn't agree with you more. は「私はあなたにこの上もなく賛成だ」という最上級的な意味を持つことになる。このテーマを扱った問題は近年難関大を中心に出題頻度が高くなっている。以下は仮定法過去完了の例。

I *couldn't have felt better* last night.

(昨夜の気分はこの上もなくよかった←昨夜は，よい気分があったとしても，それ以上のよい気分はあり得なかっただろう)

228 either または each 〈**on either [each] side of A**「A の両側に」〉

形容詞の語法

There are trees on **either** side of the street.

(通りの両側に木が植わっています)

➔ **either** は，side，end，hand など 2 つで 1 対になっている語を修飾する形容詞として肯定文中で用いられると「どちらの…も」の意味を表し **both** と同意となる。both の場合，「both＋複数名詞」となるが，either の場合は「either＋単数名詞」になることに注意。本問は side が単数名詞なので both ではなく either を正答とする。なお，形容詞の **each**「各々の…／めいめいの…」も別解として可。**on either [each] side of A=on both sides of A**「A の両側に」で押さえる。

229 himself 〈**be in love with oneself**「うぬぼれている」〉

代名詞の語法

That man is so in love with **himself** that he thinks he's better than everyone else.

(あの男はうぬぼれ屋で，自分がみんなよりえらいと思っている)

➔ **be in love with A**「A にほれている／恋をしている」は成句表現だが，A に再帰代名詞が入った形の **be in love with oneself** は「うぬぼれている←自分にほれている」の意味を形成する。本問は主語が that man なので，himself が正答となる。

➔ なお，再帰代名詞に関する問題は，「前置詞＋再帰代名詞」の慣用表現を問うものが多い。以下のものは必ず覚えておこう。

CHECK 31 **注意すべき「前置詞＋再帰代名詞」の慣用表現**

- □ **by oneself** (=alone)「ひとりで／独力で」
- □ **to oneself**「自分だけに」
- □ **for oneself**「独力で／自分のために」
- □ **in itself／in themselves**「本質的に／それ自体で」
- □ **in spite of oneself**「思わず」
- □ **between ourselves**「ここだけの話だが」
- □ **beside oneself**「われを忘れて」

230 some 〈**Some people V ...**「…する人もいる」〉

形容詞の語法

Nowadays **some** people go abroad during the summer vacation every year as if going for a walk.

(このごろは夏休みに，散歩でもするように毎年海外へ行く人もいる)

➔**「some＋複数名詞」**は文字どおり「いくつかの…」の意味もあるが，**全体の中の一部を表し「(〜する)…もいる［ある］」といった意味を形成する**。本問はこの some が正答になる。なお，この「some＋複数名詞」はしばしば other(s)や some を対照的に後に従えて，*Some* students like that sort of thing, and *others* don't. (そんなことが好きな学生もいれば嫌いな学生もいる) のようにも用いる。問題071の **CHECK 20** 参照。

➔**「some＋不可算名詞」**も「(〜する)…もいる［ある］」の意味で用いることがある。
Some fruit is sour. (果物のなかにはすっぱいものもある)

231 every 〈**almost every＋単数名詞**「ほとんどすべての…」〉

形容詞の語法

Almost **every** student works part-time.

(ほとんどすべての大学生がアルバイトをしている)

➔all か every か迷うところだが，all を用いるのであれば Almost all students となるはず。every は形容詞として使い，必ず「every＋単数名詞」の形で用いる。したがって every を正答とする。**「almost every＋単数名詞」＝「almost all＋複数名詞」**「ほとんどすべての…」で押さえる。

232 Another 〈**another＋複数名詞－another five weeks**〉

形容詞の語法

Another five weeks is required to complete the task.

(その仕事を仕上げるにはもう5週間を要する)

➔Another を正答とする。another は問題071で述べたように「an＋other」であるから，原則として後に複数名詞を伴うことはない。しかし，本問の **another five weeks**「もう5週間」のように，例外的に複数名詞を伴うことがある。これは five weeks を，形は複数形であるが意味的には「5週間というひとつのまとまった期間」といった単数のニュアンスでとらえていると考えればわかりやすい。

➔More もよさそうだが不可。形容詞の more「より以上の」は，a few，some，any，no，数詞などの後に置く。したがって「もう5週間」は **five more weeks** の語順となる。この more を含んだ語順は正誤問題や整序英作文で頻出。

233 nothing 〈**for nothing**「むだに」〉

代名詞の語法

He hasn't studied abroad for **nothing**.

(彼は留学しただけのことはある)

➔ nothing を正答とする。nothing は **for nothing** で「むだに」の意味を形成するが，本問のように not ... for nothing の二重否定になると「むだに…はしない」の意味になることに注意。

➔ **for nothing** は「**無料で**」(**=free of charge／without charge／for free**) の意味があることも押さえておこう。

234 ④ (→doing) 〈**A is worth doing「A は…する価値がある」**〉

形容詞の語法 After you've set your goals, remember them by making a list. Anything that is worth **doing** should go on this list.

(目標を定めた後は，一覧表を作ってそれを覚えておきなさい。やる価値のあることならなんでもこの一覧表に加えるべきです)

➔ 問題 203 で述べたように **worth** は動名詞を目的語にとる形容詞であった。過去分詞である④ done を，worth は目的語にすることはできない。動名詞の doing とすれば正しい英文となる。**A is worth doing**「A は…する価値がある」で押さえる。

➔ A is worth doing は形式主語を用いて次のように書きかえることができることも押さえておこう。**A is worth doing=It is worth doing A=It is worth while to do A=It is worth while doing A**

235 ① (→do research work または do research) 〈**work「仕事」は不可算名詞**〉

名詞の語法 Gillian has come to Scotland to **do research work** in archaeology. She intends to write a paper on the results of her excavations.

(ジリアンは考古学における調査研究の仕事をするためにスコットランドにやってきた。彼女は発掘の結果を論文にまとめるつもりだ)

➔ 問題 065 で扱ったように **work**「仕事」は不可算名詞だった。したがって① do research works がおかしい。do research work とすれば正しい英文となる。または，works をとって **do research**「研究を行なう」としてもよい。

236 ② (→another piece of information) 〈**information は不可算名詞**〉

名詞の語法 Would you kindly tell me how to get **another piece of information** on the requirements for application ?

(申請のために必要な条件に関する別の情報をどうしたら得られるのか教えていただけないでしょうか)

➔ 問題 065 の **CHECK 18** で触れたように **information** は不可算名詞だった。another は「an+other」の観点 (問題 071 参照) から不可算名詞の前では用いない。したがって，② another information はおかしい。「もうひとつの別の情報」であれば another piece of information，「さらなる情報」であれば more [further] information とすればよい。

237 ③ (→(many) more advantages) 〈**「more+複数名詞+than A」**〉

比較 Collaboration with the government, although mandatory, has **more advantages** than disadvantages for his company.

(政府と協力することは，たとえ強制的であったとしても，彼の会社にとって不利益よりも利益のほうが多い)

➔ than disadvantages に注目すれば，比較級表現だとわかるはずだから，原級表現の ③ many advantages を比較級表現の more advantages にしなければならない。

➔③を many more advantages としても正しい英文となる。「**many more+複数名詞+than A**」は「A よりずっと多くの…」の意味を形成する。many は「more+複数名詞」の強調語と考える。この many を正答とする客観4択問題の出題頻度は近年極めて高い。ほとんどの問題が many のダミー選択肢として much を用いている。much は「more+不可算名詞」を強調するが，「more+複数名詞」は強調できないことに注意。以下の例，参照。

Tom has *many* more books than I.
(トムは私よりもずっと多くの本を持っている)
You will need *much* more money than you do now.
(君は今よりもずっと多くのお金が必要になるだろう)

238 ④ (→bored) 〈分詞形容詞 **bored** の用法−**boring** との相違〉

形容詞の語法

Some time ago one of my foreign friends who had worked in Tokyo for more than a decade was suddenly transferred to New York City. I saw him a year later and asked him if he had had any problems in adjusting to an American environment. He laughed and said that compared to Tokyo, the pace in New York was so slow he had to fight to keep from being **bored**.
(しばらく前に，東京で10年以上も勤務していた外国人の友人のひとりが，突然，ニューヨークへ転勤となった。私は1年後彼と再会し，アメリカの環境に慣れるのになにか困ったことはなかったかと彼に尋ねた。彼は，東京と比べてニューヨークという場所はテンポがとても遅いので，退屈しないようにするために格闘しなければならないと笑って語った)

➔問題051の **CHECK 14, 15** で触れた **boring**「退屈な←人を退屈にさせる(ような)」と **bored**「退屈して←(人が)退屈させられて」の違いが本問のポイント。**keep from doing** は「…しないでいる／…するのを差し控える」の意味を表す重要表現だが，to keep 以下の不定詞句は，前の文意から「彼自身が退屈させられないでいるために」の意味を表すはずだから，④boring がおかしい。to keep from being bored とすれば正しい英文となる。

➔なお，本英文は so slow の後に that が省略されている。このように so ... that ～構文では that が省略されることがある。

239 ① (→thrilled) 〈**be thrilled**「ぞくぞく[わくわく]する」〉

形容詞の語法

The children were **thrilled** to see the fantastic firework display held by the river.
(子どもたちは川で行なわれたすばらしい花火大会を見てわくわくした)

➔① **thrilling**「スリル満点の←人をぞくぞく[わくわく]させる(ような)」は他動詞 thrill「…をぞくぞく[わくわく]させる」の現在分詞から派生した分詞形容詞だが，文意に合わない。本問は① thrilling を **thrilled**「ぞくぞく[わくわく]して←(人が)ぞくぞく[わくわく]させられて」にすれば正しい英文となる。なお，分詞形容詞の考え方は問題051参照。

240 ① (→fewer) 〈**fewer** の用法−**less** との相違〉

形容詞の語法
比較

Because there are **fewer** members present tonight than there were last night, we must wait until the next meeting to vote.

(今夜は出席しているメンバーの数が昨夜より少ないために，私たちは投票を次回の会合まで待たなければならない)

➔ 形容詞 **few** の比較級 **fewer** は可算名詞の複数形につけて「より少ない…／より少数の…」の意味を表す。一方，形容詞 **little** の比較級 **less** は不可算名詞につけて「より少ない…／より小さい…」の意味を表す。fewer と less の用法の違いは few と little の用法の違い(問題 056 の **CHECK 17** 参照)と基本的に同じだと押さえる。本問は，members が複数名詞なので① less がおかしい。fewer にすれば正しい英文となる。

➔ less はまれに話し言葉などで可算名詞の複数形につけることもあるが，非標準の用法。書き言葉など正式な表現の場合には few を用いる。

241 〈**Nothing is＋比較級＋than A**〉

比較

These days, I feel that **nothing is more stimulating than reading** books. 〈as 不要〉

(近ごろ，読書が一番刺激的だと感じています)

➔ 問題 210 で触れた「**Nothing is＋比較級＋than A**」「A ほど…なものはない」を用いるのが本問のポイント。なお，原級表現で用いる as は使う余地がない。

242 〈**not so much A as B**〉

比較

An engineer seeks **not so much to understand nature as to use it**. 〈much 不足〉

(技術者は自然を知ろうとするよりは，むしろ利用しようとする)

➔ **not so much A as B**「A というよりむしろ B」(**＝B rather than A**) の重要成句表現を用いることに気づくかどうかが本問のポイント。問題 077 参照。A と B には文法的に共通のものがくるわけだから，A に to understand nature，B に to use it を置けば英文は完成する。

243 〈**注意すべき line の意味**〉

名詞の語法

What **line of work are you in**?

(どんなお仕事をしていますか)

➔ **line** には「**職業／商売**」の意味を表す用法があり，**What line (of work) are you in ?** で「あなたの職業は何ですか←あなたはどんな(仕事の)職業に従事していますか」の意味を形成する。定式化された表現として押さえる。

244 〈**非人称主語の it－It follows that-節**〉

代名詞の語法

It **follows from what he says that she cannot** be guilty.

(彼の言うことから判断すると彼女は有罪であり得ないということになる)

➔ **It follows that-節**は「(したがって) …ということになる」の意味を表す。it は特に指すものはなく **follow / seem / appear / happen / chance** などの動詞の主語として使われ，後に that-節を従える用法がある。定式化された表現として押さえる。本問はこの表現を用いるのだが，全体の英文構造が It follows from A that ...「A から判断して…ということになる」になることを見抜く。from A を from what he says とまとめれば英文を完成できるだろう。

➔ 非人称の it を主語にした代表的な構文を以下にまとめておく。

CHECK 32 非人称の it を用いた構文

(1) **It seems [appears] that ...**「…のように思われる」
It seems that she is sick. (=She seems to be sick.)
(彼女は病気のようだ)

(2) **It happens [chances] that ...**「たまたま…である」
It happened that she met him. (=She happened to meet him.)
(偶然彼女は彼に会った)

(3) **It follows that ...**「(したがって) …ということになる」
From this evidence *it follows that* she is guilty.
(この証拠から彼女は有罪ということになる)

245 〈let A＋副詞(句)／out of A's sight「A の見えないところに」〉

動詞の語法 名詞を含むイディオム

I'll stay with her myself. I won't **let her out of my sight**. 〈eye 不要〉
(私はあの子のそばについています。私の目の届かないところへは行かせません)

➔ Could you let him out? (彼を外に出してやってくれませんか) のように let には目的語の後に直接 in や out などの副詞(句)をともなう用法がある。これは目的語の後に go, come, get などの移動を示す動詞が省略されたと考える。Could you let him out? も Could you let him (go) out? と考えればよい。「**let A＋副詞(句)**」「A を…の状態にさせる」で押さえておく。本問はその副詞句のところに成句表現の **out of (A's) sight**「(A の)みえないところに」を置けば完成できる。なお, out of my eye とは言わないので, eye が不要となる。

246 〈... times as＋原級＋as A〉

比較

Your vocabulary at age 45 is three times as great as when you graduated from college. At 60, your brain **possesses almost four times as much information as it did** at age 21.
(45 歳の語い力は大学を卒業したときの 3 倍あります。60 歳のときは 21 歳のときよりもほぼ 4 倍の知識が頭に入っています)

➔ 問題 075 で述べた「**... times as＋原級＋as A**」「A の…倍～」を用いるのが本問のポイント。ただし, your brain possesses information almost four times as much as it did としないこと。本問は your brain possesses much information という前提となる文に ... times as ～ as A が入り込んだ英文構造であることに注意。したがって, much は形容詞として用いなければならない。

247 〈be senior to A／in respect of A〉

比較 群前置詞

He is **senior to me in respect of** service.
(彼は兵役に関しては私の先輩です)

➔ ラテン比較級と呼ばれる, 慣用表現の **be senior to A**「A より年上[先輩]だ」(↔ **be junior to A**「A より年下[後輩]だ」) と, 群前置詞 **in respect of A**「A に関して(は)」(**=with respect to A**) が本問のポイント。

248 〈There is nothing＋比較級＋than A〉

比較

There **is nothing I would like better than** a visit to the zoo.
(動物園に行くことほど私が好きなことはない)

➔ 問題 210 で触れた「**There is nothing＋比較級＋than A**」「A ほど…なものは

ない」の応用形を用いるのが本問のポイント。通常この構造は，形容詞の比較級でnothingを修飾するのだが，本問はnothingをI would like better than (a visit to the zoo)という比較級表現を含んだ関係代名詞節で修飾する形となる。

249 〈**like so many A**「さながらAのように」〉

比較

The mob gathered round **the car like so many flies**.

(やじ馬連中は，さながらハエのようにその車のまわりに集まった)

➔ **like so many A**(複数名詞)は「さながらAのように」の意味を表す成句表現。本問はこの表現を知っているかどうかを問う問題。

250 〈**not much of a ...**「たいした…ではない」〉

名詞の語法

I must admit that my son **is not much of a scholar**.

(私の息子はたいした学者ではない，ということを私は認めなければならない)

➔ 名詞のmuchは**not much of a ...**の形で「たいした…ではない」の意味を表す。成句表現として押さえる。本問はこの表現を知っているかどうかがポイントとなる。

難関大学編

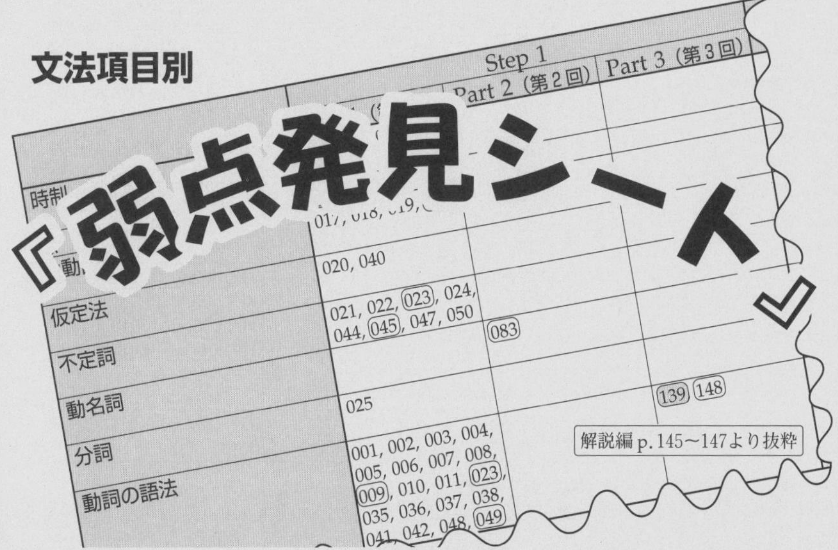

文法項目別
『弱点発見シート』
Step 1
Part 2（第2回）
Part 3（第3回）
時制
動
仮定法
不定詞
動名詞
分詞
動詞の語法
020, 040
021, 022, 023, 024,
044, 045, 047, 050
083
139 148
025
001, 002, 003, 004,
005, 006, 007, 008,
009, 010, 011, 023,
035, 036, 037, 038,
解説編 p. 145〜147より抜粋

- 問題を解いた後で，間違えた問題番号にラインマーカーなどを使って色を付ければ，自分の弱点ポイントが浮き上がってくる。
- 間違えた問題が集中している文法項目があれば，その項目の知識があいまいになっていると考えられる。

間違えた問題をもう一度学習し直すとともに，弱点として判定された文法項目に関しては使用してきた参考書や問題集を開いてチェックしなおすことで確実に弱点を補強してほしい。

参照 ⇨「弱点発見シート」の使い方

【注意】

大半の問題は，「文法テーマ」が1つのものであるが，2つないし3つ設定されているものがある。それらの問題が不正解だった場合には，それぞれの番号をチェックする必要がある。以下のような番号表記のものは，それぞれ該当個所にチェックをすること。

2箇所に番号があるもの　046

3箇所に番号があるもの　139

	Step	
	Part 1（第1回）	Part 2
時制	008, 009, 010, 030 , 034	
態	032, 033, 045, 047	
助動詞	011, 012, 013, 014	
仮定法	014, 015, 016, 017	
不定詞	018, 019, 020, 021, 031, 042, 043, 046, 049	
動名詞	003, 022, 023, 045	
分詞	024, 035, 044	
動詞の語法	001, 002, 003, 004, 005, 006, 007, 010, 022, 036, 037, 038, 039, 040, 044, 046, 047, 048, 049, 050	099
動詞を含むイディオム	025, 026, 027, 028, 029, 041	
形容詞の語法		051, 05 055, 05 059, 08 091
副詞の語法		060, 06
比較		062, 06 077, 09 098
形容詞・副詞を含むイディオム		064, 08
名詞の語法		065, 0 069, 0 096, 0
代名詞の語法		070, 07 088, 0 099
名詞を含むイディオム		078, 0
関係詞		
接続詞		
前置詞と群前置詞	031	
主語と動詞の一致		
疑問文と語順		
否定・省略・強調		
共通語補充		

「弱点発見シート」の使い方
《例①→④》

	Step 1		
	Part 1（第1回）	Part 2（第2回）	Part 3（第3回）
時制	012, 013, 014, 015, 043		
態	009, 0		
助動詞	017, 01		
仮定法	020, 0		
不定詞	021, 022, 023, 024, 044, 045, 047, 050		
動名詞		083	
分詞	025		
動詞の語法	001, 002, 003, 004, 005, 006, 007, 008, 009, 010, 011, 023, 035, 036, 037, 038, 041, 042, 048, 049		139, 148
動詞を含むイディオム	027, 028, 029, 030, [illegible], [illegible], 033, 034,	100	150
形容詞の語法		051, 052, 053, 054, 055, 056, 072, 087, 088, 089, 090	
副詞の語法		057, 058	
比較		059, 060, 061, 062, 079, 085, 086, 092, 093, 094, 095	
形容詞・副詞を含むイディオム		063, 064, 082, 091, 098	
名詞の語法		051, 053, 065, 066, 067, 099	139
代名詞の語法		068, 069, 070, 071, 084, 096, 097, 098, 100	
名詞を含むイディオム		073, 074, 075, 076, 077, 078, 080, 081, 083	140, 146
関係詞			109, 110, 111, 112, 127, 138, 145, 146, 149
接続詞			113, 114, 115, 116, 117, 118, 131, 132, 133, 138, 149, 150
前置詞と群前置詞			101, 102, 103, 104, 105, 106, 107, 119, 120, 121, 122, 128, 129, 137, 141, 142, 147
主語と動詞の一致	026		108, 135
疑問文と語順			124, 125, 131, 134, 147, 148
否定・省略・強調			123, 126, 130, 136, 143, 144
共通語補充			137, 138, 139, 140

① まちがえた問題の番号に色をぬる
② 一目瞭然 苦手な文法項目が浮きあがる!!
③ ここがウィークポイントだ!!
④ 前に使った文法参考書の該当ページに戻って再学習

ァイナル問題集　難関大学編」 弱点発見シート

Step 3			合計
第7回)	Part 2（第8回）	Part 3（第9回）	
332, 337			/12
			/6
	351		/8
		450	/19
), 349	393	447	/22
			/8
5, 344, 345,			/12
304, 305, 309, 310, , 323, 324, 335, 336, 341, 342,		441	/75
, 319, 320, , 348			/25
	351, 352, 353, 354, 355, 365, 378, 379, 385, 386, 387, 388, 392		/44
	356, 357, 380, 381, 391		/12
	382, 389, 390, 393, 394, 395, 398, 399, 400	439	/31
	358, 359		/12
	360, 361, 396	439	/23
	362, 363, 364, 377, 383, 384, 397		/20
	366, 367, 368, 369, 370, 371, 372, 373, 374, 375, 376	438, 443	/26
		406, 407, 411, 413, 424, 425, 426, 427, 428, 441, 443, 444, 446, 447, 450	/45
		404, 405, 418, 421, 429, 430, 432	/25
		402, 403, 414, 415, 416, 417, 419, 421, 423, 433, 434, 445, 446	/45
		431	/4
	380	401, 404, 408, 409, 422, 435, 436, 448, 449	/23
		410, 412, 420, 442	/20
		437, 438, 439, 440	/9

1		Step 2			
(第2回)	Part 3（第3回）	Part 1（第4回）	Part 2（第5回）	Part 3（第6回）	Part 1（
		165, 166			311, 326, 329
		200			346
		167, 168, 169			
		170, 171, 172, 173, 174, 175, 186, 187, 190, 197	227		312, 313, 328
	149	152, 176, 191, 192, 198		258	330, 331, 34
		162, 181, 195, 196			
		163, 185			314, 315, 32 347, 348
		151, 152, 153, 154, 155, 156, 157, 158, 159, 160, 161, 162, 163, 181, 183, 184, 188, 189, 190, 194, 196, 199	245	292, 297, 300	301, 302, 303 306, 307, 308 314, 315, 32 327, 333, 334 338, 339, 340 343, 350
	147	164, 177, 178, 179, 180, 182, 193, 197	209		316, 317, 318 321, 330, 34
053, 054, 057, 058, 082, 090,	146		201, 202, 203, 204, 205, 206, 218, 228, 230, 231, 232, 234, 238, 239, 240	275, 286	
074, 083			207, 208	286	
075, 076, 093, 094,			209, 210, 211, 227, 237, 240, 241, 242, 246, 247, 248, 249		
95, 096			212, 213, 214	287, 291	318
067, 068, 086, 087, 98		164	215, 216, 219, 235, 236, 243, 250		
72, 073, 91, 092,			217, 229, 233, 244		
0, 100			219, 220, 221, 222, 223, 224, 225, 226, 245		
	109, 110, 111, 112, 113, 114, 115, 116, 117, 141, 142, 143, 145, 146			251, 252, 253, 254, 255, 271, 272, 274, 275, 278, 283, 292, 293, 294, 295	349
	118, 119, 120, 121, 122, 123, 134, 138, 144, 147, 150	172		256, 257, 258, 282, 289, 296	
	101, 102, 103, 104, 105, 106, 107, 108, 132, 135, 137, 141, 142, 143		247	259, 260, 261, 262, 263, 264, 273, 276, 277, 279, 280, 281, 291, 294, 295	349
	140			284, 285	
	124, 125, 127, 128, 129, 131, 133, 138, 139, 144, 149			270, 300	
	126, 130, 136, 148, 150	199		265, 266, 267, 268, 269, 287, 296, 297, 298, 299	
				286, 287, 288, 289, 290	

第6回

解答

Step 2　Part 3　[251-300]

第6回は，全体的に「合否が分かれる問題」で構成されていると言える。基本レベルの問題もなければ，いわゆる難問もない。間違えた問題は，各自それぞれかなり異なっているであろうから，その問題を中心に解説をていねいに読み，後日再度チャレンジしよう。

□251	③	□252	④	□253	③	□254	③
□255	①	□256	②	□257	②	□258	①
□259	①	□260	④	□261	②	□262	④
□263	④	□264	③	□265	②	□266	①
□267	④	□268	③	□269	②	□270	②
□271	for			□272	(a) Wherever，(b) matter		
□273	Instead of			□274	what it is		
□275	④	□276	④	□277	②	□278	①
□279	③	□280	④	□281	④	□282	②
□283	①	□284	②	□285	②		
□286	fast			□287	yet		
□288	safe			□289	once		
□290	fire						
□291	My brother is sitting **next to the boy in the jacket**.〈wears 不要〉						
□292	Something about **the way he walked reminded her of the restless youths** that she had seen in an American film.						
□293	We have the technology **with which to build a submarine that** can bear this degree of water pressure.〈for 不要〉						
□294	This is **the telescope he observed that star with**.〈used 不要〉						
□295	There is **no news but this which interests** the public now.〈than 不要〉						
□296	No prices **were pumped up the way energy prices were**.						
□297	I would be lying **if I told you I was not interested at** all.〈said 不要〉						
□298	Why he did not come **was more than I could imagine**.〈not 不要〉						
□299	It **was not until he was fifty that he started to study Spanish**.						
□300	**What do you think forced** Paul to leave school？						

第6回 解答・解説

Step 2 Part 3 ［251-300］

251 ③ 〈目的格関係代名詞の省略〉
関係詞
All we need for our trip is a few sunny days.
（旅行にわれわれが必要とするのは，数日の晴天だけだ）
➔空所に入れて英文が成立するのは，③ All だけ。All の後には目的格関係代名詞が省略されている。
➔④ That は接続詞として「…すること」という意味の名詞節を導く用法があるが，その場合，接続詞であるから，後には完結した文が来る。本問では，他動詞 need の目的語が不足してしまうので，正答にはならない。

252 ④ 〈, A of which ...〉
関係詞
Those buildings, a beautiful **example of which** is near our school, are designed by a famous architect.
（あれらの建物は，その美しい１つの例が私たちの学校の近くにあるのだが，有名な建築家の設計によるものだ）
➔**A of which／A of whom** の形がワンセットになって，通例，非制限用法で用いられる。本問の関係詞節が前提となる英文は，**A beautiful example of** ***them*** is near school. であり，この them が which となって，a beautiful example of which の形をワンセットで用いたものである。
➔① thing，② example，③ example of them のいずれを入れても，ある独立した文の中に接続詞なしで別の独立した文が入りこむことになってしまう。よって不可。

253 ③ 〈形容詞が先行詞－which〉
関係詞
John thought Tom was stupid, **which** he was not.
（トムは愚かだとジョンは思っていたが，トムは愚かではなかった）
➔問題 115 で**非制限用法の which は**，前文全体またはその一部の文内容を先行詞にすることがあると述べたが，本問のように **stupid といった形容詞も先行詞とすることがある。**

254 ③ 〈関係形容詞 what－what A (＋S)＋V ...〉
関係詞
She brought in large quantities of food, the sight of which destroyed **what** little appetite I had left.
（彼女は多量の食べ物を持ってきたが，それを見ると私の中に少ないながら残っていた食欲はすべて吹っ飛んでしまった）
➔**what** には，後に名詞 A を伴い，「**what A (＋S)＋V ...**」の形で用いて，「…するすべての A」という意味を表す用法がある。この what は，名詞を伴うことから，関係形容詞と呼ばれる。なお，**whatever** にも同様の用法があることも押さえておこう。
➔, the sight of which ... の表現については，問題 252 参照。

255 ① 〈関係代名詞 as〉
関係詞
The man was a foreigner, **as** we judged from the way he spoke.
(彼の話し方から判断したのだが，彼は外国人だった)

➔ **as には関係代名詞としての用法がある。非制限用法で用いる場合，前文または後の文の文内容を先行詞と想定して用いる場合がある。**本問は，前文の文内容を先行詞とし，節内では judged の目的語の機能を果たしている。後の文の文内容を先行詞とする場合は，以下の例を参照。

As is often the case with Jim, he was late for class.
(ジムにはよくあることだが，授業に遅刻した)

➔ **制限用法で関係代名詞 as が用いられるのは，先行詞に such がある場合と the same がある場合である。**ただし，the same がある場合は，that も用いられる。

256 ② 〈名詞節を導く接続詞 that か関係代名詞 what か〉
接続詞
Nations always have good reasons for being what they are, and the best of all is **that** they cannot be otherwise.
(国家が今の姿であることには常に十分な理由があるが，その中で1番の理由は他の姿にはなれないということだ)

➔ the best of all is に続く補語となる**名詞節を導く接続詞 that** を入れる。空所以降に完結した文が来ていることに注意。④ what は不可。確かに，関係代名詞 what は名詞節を形成するが，同時に what はその節内で主語・目的語・補語・前置詞の目的語といった名詞の働きをしなければならない。本問では完結した文が来ているので，節内で what が機能する余地はない。問題 114 参照。

257 ② 〈A, (and) not B〉
接続詞
Our purpose is to help the people in the disaster area, **and not to** go there just out of curiosity.
(私たちの目的は災害地域の人々を助けることであって，単なる好奇心からそこに行くことではない)

➔ **A, (and) not B** で「A であって B でない／B ではなくて A」の意味を表す。A と B には文法的に対等な表現が置かれ，and は省略されることもある。**not B but A にほぼ等しい表現**と考えてよい。

➔ ③ but to は，文法的には入りうるが，「災害地域の人々を助けることだが，単なる好奇心からそこへ行くことだ」では，文意が通らないので不可。

258 ① 〈接続詞 where「…するところに[へ]」／代不定詞〉
接続詞
不定詞
Did you put the book **where I told you to**?
(君はその本を，私が置くように言ったところへ置きましたか)

➔ **where** には副詞節を導く接続詞としての用法がある。where S+V ...「㋐…するところに[へ]，㋑…する場合に，㋒…するのに」で押さえておく。本問は㋐の用例。なお，① where I told you to が正答だが，最後の to は，前述の動詞の繰り返しを避けた**代不定詞**(問題 152 参照)で，to (put it)と補って考える。② where I told to you は他動詞 told の目的語がないので不可。

259 ① 〈go doing の後の前置詞〉
前置詞
Let's go swimming **in Lake Biwa**.
(琵琶湖に泳ぎに行きましょう)

➔ **go swimming**「泳ぎに行く」などの **go doing** の形は，前置詞 to ではなく，doing に合わせた前置詞を用いる。**go swimming in Lake Biwa／go skating on the lake／go sightseeing in Kyoto** など。正誤問題でも頻出。

260 ④
前置詞

〈部分の **of**「…の中で[の]」〉

"Which movie would you like to go to?" "Well, **of all** the movies that are showing now, *London Holiday* is the only one in English."

(「どの映画を見に行きたいですか」「そうね，今上映中のすべての映画の中で，『ロンドンの休日』が唯一の英語の映画です」)

➔ **「…の中で［の］」の意味を表す部分の of** を入れる。fastest *of* all my classmates「私のすべての級友の中で一番速い［く］」や，three *of* the girls「少女たちのうちの 3 人」などの of と同じ用法である。

261 ②
前置詞

〈付帯状況の **with**〉

In 1955 my father died **with** his aged mother still alive in a nursing home.

(1955 年に私の父は，彼の年老いた母が老人ホームでまだ存命中なのに，亡くなった)

➔ **付帯状況を表す with** を入れる。この with は，**「with＋A(名詞)＋形容詞／副詞／前置詞句／分詞」**の語順で用いる。「…の状態で」が本来の意味だが，文脈に合わせて柔軟に文意をくみとって訳出すればよい。

262 ④
群前置詞

〈**with regard to A**「A に関して」〉

Please send me some information with regard **to** insurance policies available from your company.

(あなたの会社でできる保険契約について私に資料を送ってください)

➔ 問題 107 で触れた群前置詞 **with [in] regard to A**「A に関して」を完成させる。

263 ④
群前置詞

〈**in the light of A**「A を考慮すると／A の観点から」〉

In the **light** of the changed circumstances, the meeting had better be postponed.

(状況が変わったことを考慮すると，その会合は延期したほうがよい)

➔ 文意から，群前置詞 **in (the) light of A**「A を考慮すると／A の観点から」を完成させる。

➔ ③ presence を入れた **in the presence of A**「A の面前で」は押さえておこう。

264 ③
前置詞

〈前置詞 **as** の用法〉

The patient is in a state which can only be described **as** very serious.

(その患者は，非常に重症だとしか言いようのない状態にある)

➔ **前置詞 as** には後に名詞を伴って「…として」の意味を表す用法があるが，それ以外に「V＋O＋as＋C」の形で用いられ，目的格補語を導く用法がある。この場合，as の後には名詞以外に形容詞や分詞も来るというのが大きな特徴。**regard [look on／think of] A as B**「A を B とみなす」，**describe A as B**「A を B だと言う」，**accept A as B**「A を B と認める」などがその代表例。

➔ 他の選択肢の前置詞は，いずれも形容詞を後にとることはできない。

265 ②
省略

〈副詞節中での「S＋be 動詞」の省略〉

Those who hunt pandas in China face the death penalty if **caught**.
(中国でパンダを捕獲する人は，つかまれば死刑になる)

➔ **副詞節中では「S＋be動詞」がワンセットで省略されることがある。**特に副詞節中の主語が文の主語と一致している場合が多い。本問では if *they are* caught の they are が省略された形を選ぶ。

266 ①
省略

〈What if ... ?〉

"He should come and see you." "**What if** he doesn't come ?"
(「彼は君に会いに来るべきだ」「来なくたってかまうものか」)

➔ **What if ... ?** は慣用的な省略表現で「㋐…したらどうなるだろう，㋑…したってかまうものか」の意味を表す。㋐は What (will[would]happen) if ... ? の省略，㋑は What (does it matter) if ... ? の省略と考えればよい。本問は㋑の用法。

267 ④
省略

〈if anything「どちらかといえば」〉

My mother is, if **anything**, an ordinary woman.
(私の母は，どちらかといえば，平凡な女性です)

➔ **if anything** で「どちらかといえば」の意味を表す。

➔ ③ any を入れた **if any** は，「㋐もしあれば，㋑たとえあるにしても」の意味を表す表現で，㋐は Correct errors, *if any*.(間違いがあれば訂正せよ) の例で押さえておく。㋑は **little / few**「ほとんど…ない」という名詞を否定する語がある場合に主として用いられる。なお，if anything も㋑の用法で用いられることがある。

There is little, *if any*, hope of his recovery.
(彼の回復の望みは，たとえあっても，ほとんどない)

268 ③
省略

〈if ever「たとえあるにしても」〉

I seldom, if **ever**, use a computer to do clerical work.
(私は，事務の仕事をするのにコンピューターを使うことは，たとえあるにしても，ほとんどない)

➔ **seldom / rarely**「めったに…しない」といった動詞を否定する語とともに用いて，「たとえあるにしても」の意味を表すのは **if ever** である。

➔ ④ any を入れた if any は不可。**if any** は **little / few** といった名詞を否定する語とともに使うのであった。問題267 参照。

269 ②
省略

〈同じ文構造での共通語句の省略〉

Some in the group were young but others **weren't**.
(そのグループには若い人もいたが若くない人もいた)

➔ 誤読の可能性がないほど自明な場合，**前述表現との共通語句は省略されることがある。**特に，文構造が同じで等位接続詞が用いられている場合に，よく生じる。本問は② weren't を入れて，Some in the group were young but others weren't (young). の共通語句 young の省略された形を作る。

270 ②
疑問文
語順

〈What is S like ?／間接疑問の語順〉

Let's have a look at **what the weather will be like**.
(天気がどうなるか見てみましょう)

➔ 前置詞 **like** は「…のように[な]／…に似た／…らしい」の意味がある。そこから

What is S like? で「Sはどのよう[なもの／人]か」という意味になる。この場合，前置詞 like の目的語は疑問代名詞 what である。

➔天気の様子を問う場合，**What is the weather like?／How is the weather?** のいずれも用いられる。また，間接疑問の節内は平叙文の語順になる(問題127参照)のであった。以上2つの条件を満たしている選択肢は，② what the weather will be like しかない。

271 for 〈**why＝for which**〉

関係詞

(a) I know the reason why Tom was angry with them.
(b) I know the reason **for** which Tom was angry with them.
(a)(b)(私は，トムが彼らに腹を立てた理由を知っている)

➔問題113で述べたように，**関係副詞は「前置詞＋which」の構造を内在している場合に，それを1語で表現するもの**である。先行詞 the reason を用いて，関係詞節の前提となる英文を考えると，Tom was angry with them *for* the reason. となる。よって，空所には for が入る。一般に **why＝for which** と考えて差しつかえない。

272 (a) Wherever, (b) matter 〈**wherever S＋V ...／no matter where S＋V ...**〉

関係詞

(a) **Wherever** you go, you'll find no place like home.
(b) No **matter** where you go, you'll find no place like home.
(どこへ行こうとも，わが家にまさる場所はないだろう)

➔(a)では複合関係副詞 **wherever** を用いて譲歩の副詞節を形成し，(b)では wherever を **no matter where** に言いかえる。問題116参照。

273 Instead of 〈**instead of A / doing**「Aの代わりに／…しないで」〉

群前置詞

(a) Mary didn't go to the concert, but went to the movie.
(b) **Instead of** going to the concert, Mary went to the movie.
(a)(b)(メアリーはコンサートに行かずに映画に行った)

➔**not A but B**「AではなくB」で表現された(a)の文意を，(b)では問題105で触れた **instead of A / doing**「Aの代わりに／…しないで」を使って言いかえる。このパターンは頻出。

274 what it is 〈**what S is**「今のSの姿」〉

関係詞

(a) This school owes its present prosperity in no small measure to Mr. Kimura's efforts.
(b) Mr. Kimura has done much to make this school **what it is** now.
(a)(この学校の現在の繁栄は少なからず木村氏の努力のおかげだ)，(b)(木村氏はこの学校を今の姿にするのに大いに貢献した)

➔(a)の **owe A to B** は「AはBのおかげだ」の意味，**in no small measure** は「少なからず／大いに」の意味。

➔関係代名詞 what は，**what S is**「今のS(の姿)」，**what S was[used to be]**「昔のS(の姿)」の形で慣用的に用いられる。(b)には what it is を入れて「この学校を今の姿にするために」という不定詞句を作る。

➔なお，**what S has**「Sの財産」との対比で，**what S is** が「Sの人格」の意味で用いられること，また **what S should [ought to] be** で「Sのあるべき姿」といった意味になることも，押さえておこう。

275 ④ 〈関係形容詞 what(ever)／little と few〉

関係詞
形容詞の語法

① They accepted **what** money people gave them.
② They accepted **whatever** money people gave them.
③ They accepted **what little** money people gave them.
①②（彼らは，人々が自分たちにくれたお金はすべて受け取った），③（彼らは，少ないながら人々が自分たちにくれたお金はすべて受け取った）

➔問題 254 で，関係形容詞 **what / whatever** については述べた。①～④で what または whatever が用いられていること自体は間違いではない。

➔④ what few の few がいけない。few は複数形の可算名詞の前で用いられるのであって，不可算名詞 money の前に用いることはできないのであった。問題 056 の **CHECK 17** 参照。

276 ④ 〈理由を表す群前置詞〉

群前置詞

① You can't speak to Mr. Inagaki now **because of** a fault in our telephone exchange system.
② You can't speak to Mr. Inagaki now **due to** a fault in our telephone exchange system.
③ You can't speak to Mr. Inagaki now **on account of** a fault in our telephone exchange system.
①②③（わが社の電話交換装置が故障しているため，現在，稲垣氏とお話しすることはできません）

➔①，②，③はいずれも理由を表す群前置詞。これに owing to A を加えて，**because of A／on account of A／due to A／owing to A**「A の理由で」を再確認しておこう。問題 107 参照。

➔④ **subject to A** は「A を条件として」という意味。

277 ② 〈「時」を表す前置詞〉

前置詞

① He worked hard **after** the summer.
③ He worked hard **during** the summer.
④ He worked hard **in** the summer.
①（彼は夏が終わって必死に働いた），③④（彼は夏の間必死に働いた）

➔前置詞 **at** が「時」を表すのは，*at* six「6 時に」のように時の一時点を示す場合で，長い期間を示す語とともに使うことはできない。③ during，④ in は後にいずれも the summer を従えて「夏の間」の意味を表すことができる。

278 ① 〈「…するやり方」の表現〉

関係詞

② She doesn't like **the way that** he speaks.
③ She doesn't like **the way** he speaks.
④ She doesn't like **the way in which** he speaks.
②③④（彼女は彼の話し方が好きではない）

➔関係副詞は，先行詞として the way を想定して用いるが，現代英語では the way how S+V ... の形は使われない。「…するやり方／…する様子」は，**the way S+V ... ／how S+V ... ／the way in which S+V ... ／the way that S+V ...** の形を用いる。本問では① the way how が不可。

279 ③ (→by car または in a car) 〈輸送手段を表す表現ーby car と in a car〉

前置詞 The trouble with commuting to work **by car** is that you may get stuck in a traffic jam.

(車で通勤することのやっかいな点は，交通渋滞に巻き込まれるかもしれないことだ)

➔輸送手段を by で表す場合は，後に無冠詞名詞を伴って，**by car**「車で」／**by train**「列車で」／**by land**「陸路で」／**by air**「空路(飛行機)で」といった形で表現する。ただし，ある特定の具体的な乗り物が言われている場合，つまり冠詞や所有格などが名詞の前にある場合は，通例 by を使うことはできない。その際，何かに囲まれた「内部」を意識する小型の具体的な輸送手段の場合は，**in a car／in the elevator** のように in を使い，大型の具体的な輸送手段の場合は，**on the train／on the ship／on a bus** のように on を使う。

➔本問の③ by a car は，上記の内容を混同している。**by car** または **in a car** にする必要がある。この点は，近年出題頻度が上がっているので要注意。

280 ④ (→in 20 years) 〈最上級＋in＋時間「…の中でもっとも～」〉

前置詞 The World Trade Organisation reported that 1994's nine percent growth in worldwide export volume was the best **in 20 years**.

(世界貿易機構は，1994 年度に世界の輸出量が 9 パーセント増大したことは 20 年間のうちで最高であると報告した)

➔時を表す前置詞 **on** は，*on* Monday「月曜に」といった「日」を示す場合には使われるが，本問のように「20 年間のうちで」といった期間の長さを表す表現では使われない。**最上級や first や last のある表現の後で「…の間のうちで」の意味を表すのは，前置詞 in である。** the *hottest* day *in* five years「5 年間で最も暑い日」，for the *first* time *in* five years「5 年ぶりに←5 年間で初めて」などが，その用例。

281 ④ (→on) 〈特定の午後を表す on〉

前置詞 Students from all over the world took part in the ceremony in the school auditorium **on** Thursday afternoon.

(世界中からやってきた学生が，木曜の午後，学校の講堂での式典に参加した)

➔一般に，**in the morning [afternoon / evening]**「午前中［午後／夕方］」，**at night**「夜に」で副詞句となるが，**特定の朝などを表す場合や形容詞が修飾している場合には on を用いる。** *on* the morning of 6 th「6 日の朝」，*on* a quiet afternoon「静かな午後」，*on* a cold night「寒い夜」など。

➔本問は，Thursday afternoon が後にくるので，④ in を on にする必要がある。

282 ② (→whether) 〈名詞節を導く接続詞 whether〉

接続詞 She did not say anything as to **whether** she was going to pay in cash or by check.

(彼女は，現金で払うのか小切手で払うのかということについて何も言わなかった)

➔②の which は意味・用法とも不明である。ここは後に in cash *or* by check と or が用いられていることから名詞節を導く接続詞の whether にして，**whether ... or ～**「…かあるいは～か」の形にする必要がある。なお，接続詞 whether は「…しようとするまいと」の意味で副詞節を導くこともある。この点も確認しておこう。

➔なお，whether の代わりに if を用いることはできない。名詞節を導く if には「…するかどうか」という whether と同じ意味があるが，**この if-節は**使用範囲が

whether-節よりはるかに狭く，**動詞の目的語になる場合と形式主語 it をたてた場合の真主語としてしか使えない**。本問のような，前置詞の後には使えないのである。

283 ① (→with whom) 〈前置詞＋whom〉

関係詞

One night I told Bill, **with whom** I have since become friends, that I had not been to my hometown for a long time.

(ある夜私はビルに，そのときから彼とは友だちになったのだが，自分は長い間故郷に帰っていないと言った)

➔ 関係詞節の前提となる英文を考えると，I have since become friends **with** *him*. である。この him が whom になったはずだが，本問の英文では前置詞 with が消えてしまっている。ここは① whom を with whom という「前置詞＋whom」の形にする必要がある。

➔ ② **since** は「それ以来」という副詞で，間違いではない。この since の副詞用法は確認しておこう。

284 ② (→is drinking) 〈修飾語句がある主語と動詞の一致〉

主語と動詞の一致

What if one of your customers **is drinking** something very hot and all of a sudden the cup slips from the customer's hand?

(あなたの客のひとりが何かとても熱いものを飲んでいて，突然カップが客の手からすべり落ちたら，どうなるだろう)

➔ if-節の主語は one である。よって② are drinking は is drinking でなくてはならない。考え方は，問題 140 で述べたとおり。

➔ ① **What if ...?** は問題 266 参照。③ **all of a sudden**「突然」は重要イディオム。

285 ② (→is) 〈「every＋単数名詞」が主語ー単数扱い〉

主語と動詞の一致

Not every man and woman attending that meeting **is** conscious of the situations which have been caused by the crime.

(その会合に出席しているすべての人が，その犯罪によって引き起こされた事態に気づいているわけではない)

➔ **every の後には，単数名詞がくるので，単数扱い**である。これは，every A and B「あらゆる A と B」，every A, B, and C「あらゆる A と B と C」といった，**every の後に 2 つ以上の名詞が続いている場合も**同じで，**単数扱い**となる。本問の② are は is にする必要がある。

286 fast 〈... fast「…進んでいる」／fast asleep〉

共通語補充
形容詞の語法
副詞の語法

(a) The clock is five minutes **fast**.

(b) The baby is **fast** asleep.

(a)(その時計は 5 分進んでいる)，(b)(その赤ん坊はぐっすり眠っている)

➔ (a)の **fast** は，前に具体的時間を示す表現が来て，**... fast**「(時計が)…進んでいる」の形で使う形容詞。反意表現は，**... slow**「(時計が) …遅れている」。(b)の **fast** は「ぐっすりと」という意味の副詞で，**fast asleep**「ぐっすり眠って」の表現で用いられるもの。同意表現として **sound asleep** も押さえておこう。

287 yet 〈be yet to do／as yet〉

共通語補充
否定

(a) The problem is **yet** to be solved.

(b) It hasn't worked well as **yet**.

副詞を含むイディオム

(a)（その問題はまだ解決されていない），(b)（それは今までのところうまく機能していない）

➔ (a)は **be [have] yet to do** の形で「まだ…していない」という否定的な意味を表す表現。本問は受動形の不定詞を伴い **be yet to be done** の形になっているが，この場合 **remain to be done**「まだ…されていない」と同じ表現となる。(b)は **as yet**「今までのところ」というイディオムで，このイディオムは，通例否定文で用いられる。

288 safe 〈**safe**「安全な／金庫」〉

共通語補充

(a) You will be **safe** if you hide in that cave.

(b) Please don't forget to lock the **safe** when you leave the office.

(a)（そのほら穴に隠れていれば安全でしょう），(b)（事務所を出るとき，忘れずに金庫に鍵をかけてください）

➔ (a)は「安全な／無事な」の意味の形容詞 **safe** が入る。(b)は「金庫」の意味の名詞 **safe** が入る。(a)は多様な形容詞が入りうるので，safe に名詞として「金庫」の意味があることを知らないと，本問は正答にたどり着けないであろう。

289 once 〈**at once A and B／接続詞 once**〉

共通語補充

接続詞

(a) This book is at **once** interesting and instructive.

(b) He doesn't wake easily **once** he falls asleep.

(a)（この本はおもしろくもありまた教育的でもある），(b)（彼は，いったん眠り込むと，なかなか目を覚まさない）

➔ (a)は **at once A and B**「A でもあり B でもある」のイディオムを完成させる。**both A and B** と同意の表現と考えてよい。(b)には接続詞の **once**「ひとたび…すると」を入れる。なお，おそらく接続詞 now (that)「今やもう…なので」との混同であろうが，once that の表現があると思っている人が意外に多い。once は後に that をとることはない。

290 fire 〈**fire**「…を解雇する／火事／輝き」〉

共通語補充

(a) The manager plans to **fire** him for being lazy.

(b) The **fire** destroyed most of the house.

(c) There was **fire** in her eyes.

(a)（支配人は彼が怠惰なため解雇するつもりだ），(b)（その火事によって，その家の大半は焼け落ちた），(c)（彼女の目は輝いていた）

➔ (a)の **fire** は他動詞で「…を解雇する」の意味。(b)の **fire** は「火事」の意味。(c)の **fire** は「輝き／情熱」といった意味。fire は共通語補充の最頻出語のひとつで，ほとんどの場合(a)の用法が組み込まれている。

291 〈**着衣の in／next to A**〉

前置詞

副詞を含むイディオム

My brother is sitting **next to the boy in the jacket**. 〈wears 不要〉

（私の弟はジャケットを着ている少年の隣に座っています）

➔ 動詞 wears を捨てて，衣服などを身につけていることを示す **「着衣の in」** を用いるのがポイント。wears を使うと(next) to という前置詞の後に「S+V ...」の文が来てしまうので不可。なお，「着衣の in」は a woman *in red*「赤い服を着た女性」といったように，その後に「色」を表す名詞だけを伴うこともあるので注意。

➔ **next to A**「㋐A のとなりに，㋑A の次に，㋒ほとんど A（この場合 A には否定の意味を持つ形容詞または nothing などがくる)」というイディオムは押さえておきたい。本問は㋐の用法だが，問題 214 でテーマ化したようにイディオム問題として頻出なのは㋒の用法。

292
関係詞
動詞の語法

〈the way S+V … ／remind A of B〉

Something about **the way he walked reminded her of the restless youths** that she had seen in an American film.

(彼の歩き方には，以前アメリカ映画で見た落ち着きのない若者たちを彼女に思い出させるものがあった)

➔「彼の歩き方」は，問題 278 で述べた **the way S+V …** の形を使って，the way he walked とまとめる。

➔動詞部分には，**remind A of B**「A に B を思い出させる」の頻出表現を使う。

293
関係詞

〈前置詞＋関係代名詞＋to-不定詞／主格関係代名詞 that〉

We have the technology **with which to build a submarine that** can bear this degree of water pressure. 〈for 不要〉

(われわれには，この程度の水圧に耐えられる潜水艦を造る技術はある)

➔**「前置詞＋関係代名詞＋to-不定詞」**の形で，直前の名詞を修飾する用法がある。この表現は必ず「前置詞＋関係代名詞」のセットが to-不定詞の前に来なければならず，前置詞を後置することはできない。

➔選択肢の中の that と which の 2 つが関係代名詞として使えるが，問題 109，111 で述べたように「前置詞＋that」の形はない。that は最後に置いて，can bear … とつながる主格関係代名詞として使う。なお，for は使う余地がない。

294
関係詞
前置詞

〈目的格関係代名詞の省略－前置詞の後置／道具の with〉

This is **the telescope he observed that star with**. 〈used 不要〉

(これは彼があの星を観測するのに使った望遠鏡です)

➔選択肢に that があるので，これを目的格関係代名詞として使いたくなるところだが，そうすると可算名詞の star が何も前につかない形になってしまう。また「使った」という和文からつい used を使いたくなるが，これもまたすぐに行き詰まってしまう。本問では**道具の with**「…を使って／…で」を用い，問題 111 のテーマであった目的格の関係代名詞を省略して，前置詞を後置した形にする。

295
関係詞
前置詞

〈主格関係代名詞 which／前置詞 but A「A を除いて」〉

There is **no news but this which interests** the public now. 〈than 不要〉

(今，大衆が非常に興味を抱いているニュースは，これをおいて他にない)

➔but に，**but A**「A を除いて」(**=except A**) という前置詞の用法があることを知っていたかがポイント。no news but this とまとめて，which で始まる主格関係代名詞節を続ける。which の先行詞は news である。than は使う余地がない。

296
接続詞
省略

〈様態の接続詞 the way「…するように」／前述表現の省略〉

No prices **were pumped up the way energy prices were**.

(エネルギーの価格のように急上昇した価格はほかになかった)

➔問題 278，292 で **the way S+V …**「…するやり方／様子」という名詞節を形成する the way について述べたが，**the way には接続詞 as と同じように様態の副詞節「…するように」を形成する用法がある**。本問は，その用法で the way energy prices were とまとめる。were の後には pumped up が省略されているが，これは前述表現の繰り返しを避けたもので，省略しても誤読の可能性はないからである。問題 269 参照。

297 〈not ... at all／tell A that-節〉

否定
動詞の語法

I would be lying if I **told you I was not interested at** all. 〈said 不要〉
(全然興味がないと言ったらうそになるでしょうね)

➔ポイントは2点。say には say A that-節の用法はないので，said を捨てて，**tell A that-節**の骨格を作ること。問題 036 の **CHECK 10** 参照。ただし，本問では名詞節を導く接続詞 that は省略する。

➔もう1点は **not (...) at all** の強意の否定表現を作ること。なお，**not (...) at all** の同意表現として **not (...) in the least [slightest]** もここで押さえておこう。

➔本問の英文全体は，仮定法過去で，lying は「うそをつく」の意味の自動詞 lie の現在分詞。

298 〈more than S+V ...「…できないほどだ」〉

否定

Why he did not come **was more than I could** imagine. 〈not 不要〉
(彼がなぜ来なかったのか想像もつきません)

➔**more than S+V ...** の形で「…できないほどだ←…する以上のことだ」という否定的な意味を表す場合がある。本問のように不要語 not とともに出題されることが多い。than 以下は肯定形になることに注意。

➔more の後に名詞 A を伴って，**more A than S+V ...**「…できないほどの A←…する以上の A」の用法もあるので押さえておこう。

He gave me *more money than I could spend*.
(彼は私に使い切れないほどのお金をくれた)

299 〈It is not until ... that～〉

強調

It was **not until he was fifty that he started to study Spanish**.
(彼は 50 歳になって初めて，スペイン語を勉強し始めた)

➔強調構文を用いた慣用化した表現 **It is not until ... that～**「…して初めて～する」を作る。「…」と「～」を逆にしないこと。なお，この表現の前提となる英文は，以下の形である。

He did *not* start to study Spanish *until* he was fifty.

➔**Not until ...** を文頭において，倒置形が続く以下の文は，本問の英文の同意表現と考えてよい。

Not until he was fifty *did he start* to study Spanish.

300 〈What do you think+V ...?／force A to do〉

疑問文
動詞の語法

What do you think forced Paul to leave school?
(どうしてポールは退学せざるをえなかったのだと思いますか)

➔ポイントは Do you think what ...? にしないことである。問題 128 で述べたように，yes / no の答えを要求している疑問文ではないので，疑問詞で始まる間接疑問の疑問詞は文頭におく必要がある。**What do you think ...?** とまずもってくる。

➔次は動詞 forced に着目し，**force A to do**「A に…することを強制する」の形を使って，what に続く動詞表現を完成させる。問題 007 の **CHECK 3** 参照。

第7回
解答

Step 3　Part 1　[301-350]

いずれもそれなりに手応えのある問題である。特に大問⑥はかなり難問が含まれており，ここで全問正答だった人は自信をもってよい。骨があるとは言え，奇問は含まれていないので，誤答問題をマスターしておけば，入試で役に立つはずである。大問④は正確に理解しておくこと。

□301	③	□302	①	□303	④	□304	①
□305	③	□306	①	□307	④	□308	④
□309	④	□310	③	□311	④	□312	④
□313	④	□314	④	□315	③	□316	①
□317	①	□318	①	□319	④	□320	②
□321	②	□322	③	□323	④	□324	③
□325	③	□326	①	□327	②	□328	④
□329	③	□330	④	□331	①	□332	②
□333	③	□334	④	□335	③	□336	④
□337	③	□338	③	□339	④	□340	②

□341	Kate's attempt to save the girl cost her her life.
□342	There was a sudden flash of lightning, which made him look like a ghost. 〈appeared 不要〉
□343	He survived the crash only to die in the desert. 〈last 不要〉
□344	Rain forests have been cleared away in order to plant crops, resulting in soil loss as heavy rain washed the soil away.
□345	Almost every evening we see news items on environmental destruction followed by cheery commercials for luxury goods.
□346	In the city, she was always being disturbed by noises of one sort or another.
□347	The bones are believed to have belonged to dinosaurs measuring more than five meters in length.
□348	The government should do away with regulations restricting civil rights.
□349	He has a spacious study to work in with all the books he wants.
□350	We will have to raise a considerable sum of money to realize your plan.

第7回 解答・解説

Step 3 Part 1［301-350］

301 ③

動詞の語法

〈meet A「A を満たす」〉

He is forced to depend on government help, because his income is inadequate to **meet** his basic needs.

(彼が政府の援助に依存せざるを得ないのは，彼の収入が必需品を満たすのに不十分だからだ)

➔ **meet** には **meet A** で「A(要求，必要など)を満たす」(**=satisfy A**) の意味を表す用法がある。この meet A の用法は頻出。

➔ **meet A** は「A に立ち向かう／対処する」(**=cope with A**) の意味で問う問題もあるので注意。

302 ①

動詞の語法

〈treat A「A を治療する」〉

The patients were all much wiser than the doctor who **treated** them.

(患者たちは自分たちを治療した医師よりもはるかに賢明だった)

➔ **treat** には **treat A(人)** で「A を治療する」の意味を表す用法がある。**treat A(人) for B(病気)**「A の B を治療する」の形で問われることもあるので注意。

➔ **treat** には **treat A to B** の形で「A に B をおごる」の意味を表す用法もある。ここで一緒に押さえておこう。

➔ ③ operated は不可。operate には「手術する」の意味があるが，自動詞であり，通例，operate on A (for B)「A に(B の)手術をする」の形をとる。また② の serve「…に仕える」や④ の assist「…を(補助的に)助ける」は文意に合わない。

303 ④

動詞の語法

〈match A「A に似合う」〉

This hat does **match** that brown dress.

(この帽子はあの茶色の服に似合う)

➔ **match A** は「A に似合う／調和する」の意味を表す。主語にも目的語にも「物」がくることに注意。同意表現の **go with A** と一緒に押さえる。

➔ ① **become A**「A に似合う」は **suit A** とほぼ同意で目的語に「人」をとる。本問の目的語は dress だから不可。② **fit A** は「(寸法・サイズに関して) A に合う」の意味。③ **agree with A** は，「食べ物」などを主語にして「A の体質に合う」の意味。通例，否定文とともに使うことに注意。become A，suit A，fit A，agree with A が正答となる問題も多い。「A に合う」の表現は用法の違いを正確に覚えておこう。

304 ①

動詞の語法

〈appreciate A「A に感謝する」〉

I'd **appreciate** it if you would turn out the lights.

(明かりを消していただければありがたいのですが)

➔ **appreciate A(物・事)** には「A に感謝する」の意味を表す用法がある。目的語に「人」をとらないことに注意。本問の目的語の it は，後に続く if-節の内容を示す用法。**I would appreciate it if you would［could］...**「あなたが…していただければ幸いです」は定式化された表現として押さえておく。整序英作文でもよく狙われる。

➔②thank は不可。thank は目的語に「人」をとり，**thank A for B** で「B のことで A に感謝する」の意味を表す。thank A for B とほぼ同意表現の **be obliged to A for B／be grateful to A for B／be thankful to A for B** もここで再確認しておこう。問題 059 参照。

305 ③ 〈**recognize A「A だとわかる」**〉

動詞の語法

If someone had not mentioned her name, I hardly think I would have **recognized** her.

(誰かが彼女の名前を言わなかったなら，私は彼女だとほとんどわからなかったと思う)

➔**recognize** は目的語に「人」をとり **recognize A** で「A だとわかる／A に覚えがある」の意味を表す。

306 ① 〈**identify A as B「A が B だと確認する」**〉

動詞の語法

Jane **identified** the boy as the one who had saved her life.

(ジェインはその少年が自分の命を救ってくれた少年だと確認した)

➔**identify A as B** は「A が B だと確認する」の意味を表す。また **identify A with B**「A を B と同一視する／同一のものとみなす」の形もここで押さえる。

➔②を入れた **classify A as B** は「A を B に分類する」の意味。

307 ④ 〈**beat A の用法−win A との相違**〉

動詞の語法

He **beat** me by two games to one.

(彼は 2 対 1 で私に勝った)

➔**beat** は「人」や「チーム」を目的語にとり，**beat A** で「A を打ち負かす」の意味を表す。なお，beat の活用は beat−beat−beat［beaten］であることに注意。本問の beat は過去形である。

➔①won にしないこと。**win A** は「人・相手」ではなくて「競技・試合／戦争など」を目的語にとって「A に勝つ」の意味を表す。本問の目的語は me だから不可。なお，win A の反意表現が **lose A**「A に負ける」であることも押さえておく。

➔**beat A** と同意表現の **defeat A**「A を負かす」も頻出。beat A と同様，「人・相手」を目的語にとることに注意。

308 ④ 〈**二重目的語をとる owe−owe A B**〉

動詞の語法

I **owe** her some money and have to pay her back soon.

(私は彼女にいくらかのお金を借りていて，すぐに彼女にお金を返さなければなりません)

➔選択肢の中で二重目的語をとるのは③lent と④owe だけ。lend A B は「A に B を貸す」だから文意に合わない。問題 194 の **CHECK 27** で触れた **owe A B**「A に B を借りている」が本問のポイント。

➔①borrow にしないこと。borrow A B の形はない。borrow の用法は問題 037 参照。

309 ④ 〈**provide A with B「A に B を供給する／与える」**〉

動詞の語法

The volunteer group provides **war victims with food and medicine**.

(そのボランティア団体は戦争の犠牲者に食料と薬を供給します)

➔**provide** は **provide A with B** で「A に B を供給する／与える」の意味を表す。

➔**provide B for A** も「A に B を供給する」の意味を表す。**provide A with B**

＝**provide B for A** で押さえる。

310 ③ 〈**blame A on B**「A を B のせいにする」〉

動詞の語法

They **blamed** the fire on the tenants.

(彼らはその火事を入居者たちのせいにした)

➔ **blame A on B＝blame B for A**「A を B のせいにする」で押さえる。blame A on B の形は近年難関大でよく出題されている。

➔ ①の **criticize** は **criticize A for B**「A を B のことで非難する」の形で，④の **accuse** は **accuse A of B**「A を B のことで非難する」の形で用いる。

311 ④ 〈未来時制〉

時制

I was like a traveler who, no matter where he goes, never doubts that some day **he will return** to his place of birth.

(私は，たとえどこへ行こうとも，いつかは自分の生まれた場所に戻っていくことを決して疑わない旅人のようであった)

➔ **some day**「(未来の)いつか／ある日」は未来時制とともに用いる副詞句。したがって，未来時制の④ he will return を正答として選ぶ。なお，who で始まる節は no matter where he *goes* と現在時刻が使われていることでわかるように，一般論となっていることに注意。

➔ **doubt that-節**「…を疑う／…ではないと思う」は問題 189 の **CHECK 26** 参照。

312 ④ 〈**if-節の代用－otherwise**〉

仮定法

He reminded me of what I should **otherwise** have forgotten.

(彼が私に言わなければ忘れていたはずのことを，彼は私に思い出させてくれた)

➔ 仮定法の文脈での **otherwise** は前述の内容を受けて，その反対の内容を仮定する表現で用いられる。「そうしなかったら／さもなければ」の意味を表す。本問の otherwise を if-節で表すと if he hadn't reminded me. となる。

➔ **remind A of B**「A に B を思い出させる」は，問題 292 で既出の重要表現。

313 ④ 〈**S would rather＋仮定法の従節形**〉

仮定法

I **would rather** you came on Sunday than on Monday.

(月曜日よりも日曜日にあなたに来てもらいたいのですが)

➔「**S would rather＋S'＋仮定法過去／仮定法過去完了...**」という定式化された表現は問題 017 でテーマ化した「S wish＋S'＋仮定法過去／仮定法過去完了...」とほぼ同意の表現と考えればよい。本問は仮定法過去の形となっている。

314 ④ 〈**文尾で用いる分詞構文／warn A of B**〉

分詞

動詞の語法

Dreaming may let us know if something is wrong, **warning** us of hidden dangers.

(夢を見るのは，なにかおかしなところがあるかどうかを私たちに知らせ，隠れた危険を警告してくれるのかもしれない)

➔ **分詞構文は「時(…するとき)」「理由(…なので)」「付帯状況(…しながら／そして…する)」「条件(…ならば)」「譲歩(…だけれども)」を表す**が，本問の分詞構文は文尾で用いられ，文脈から「付帯状況(そして…する)」の用法と考える。

➔ **warn A of B**「A に B を警告する／注意する」は重要表現として押さえる。

315 ③ 〈**keep A informed of B**「A に B を知らせ続ける」〉

分詞 / 動詞の語法

Please keep me **informed of** any developments in the situation.
(事態のどんな進展も私に知らせ続けてください)

➔ **keep** は「**S+V+O+doing / done**」の形で用いられる動詞。目的格補語に現在分詞(doing) を用いる場合は，目的語との間に能動関係が成立し，目的格補語に過去分詞(done) を用いる場合は，目的語との間に受動関係が成立している。本問は keep A(人) に続く目的格補語が informing なのか informed なのかがポイントだが，A と inform の関係は受動関係になるので，**keep A informed of B**「A に B のことを知らせ続ける」となる。**inform A of B**「A に B のことを知らせる」の受動態の形が A is informed of B「A は B のことを知らされる」になることに気づけば理解しやすいだろう。なお，**keep A done** については問題 044 ですでに触れている。

316 ① 〈**break in=interrupt**〉

動詞を含むイディオム

The child **broke in** while his parents were discussing finances.
(その子は，両親がお金のことについて話をしているときに，話に割り込んだ)

➔ **break in=interrupt**「話に割り込む／話の邪魔をする」で押さえる。

317 ① 〈**put down A=suppress A**〉

動詞を含むイディオム

The troops couldn't **put down** the rebellion with ease.
(軍隊は容易にその反乱を鎮圧することができなかった)

➔ **put down A／put A down=suppress A**「A を鎮める」で押さえる。

318 ① 〈**answer for A=be responsible for A**〉

動詞を含むイディオム / 形容詞を含むイディオム

I can't **answer for** his dishonesty.
I can't **be responsible for** his dishonesty.
(私は彼の不誠実に対して責任を負えない)

➔ **answer for A=be responsible for A**「A の責任を負う」で押さえる。

319 ④ 〈**make off=run away**〉

動詞を含むイディオム

He **made off with** my books.
He **ran away with** my books.
(彼は私の本を持って急いで逃げた)

➔ **make off [away] =run away**「急いで逃げる」で押さえる。なお，本問の with は「…を持って」という「所有」を表す前置詞。

320 ② 〈**dispose of A=get rid of A**〉

動詞を含むイディオム

Where shall I **dispose of** this waste paper?
Where shall I **get rid of** this waste paper?
(この紙くずをどこへ捨てましょうか)

➔ **dispose of A=get rid of A**「A を処理[処分]する」で押さえる。get rid of A は問題 041 で既出。

➔ ① の **see about A** は「A を手配する／取り計らう」の意味。④ の **take on A／take A on** は「A を雇う／引き受ける」の意味。

321 ② 〈go in for A＝like A〉

動詞を含むイディオム

Do you **go in for** Western movies?

(あなたは西部劇の映画が好きですか)

➔ **go in for A＝like A**「A を好む」で押さえる。

➔ go in for A には「A(競技など)に参加する／A を始める」の意味もあるので注意。

322 ③ (→my taking または (that) I (should) take) 〈**suggest** の用法〉

動詞の語法

I came down with the flu, and the doctor suggested **my taking** a few days off to rest at home.

(私は流感にかかったが，医者は2〜3日休みをとって家で休むようにと勧めた)

➔ **suggest** には suggest to do の形はない。**suggest that A (should) do＝suggest A('s) doing**「A は…したらどうかと提案する／勧める」の形にする。問題155参照。

➔ **come down with A**「A(風邪・病気など)にかかる」は重要イディオム。

323 ④ (→compared) 〈**have A done／compared A with B**〉

動詞の語法

Any modern novelist would be thrilled to have his stories **compared** with Dickens.

(現代の小説家であればだれでも，自分の作品がディケンズの作品と比べられたら，ぞくぞくするであろう)

➔ 問題005で述べた **have A done**「A を…される」が本問のポイント。本問は have his stories comparing の現在分詞 comparing がおかしい。his stories と compare の関係は受動関係だから，have his stories compared としなければならない。**compare A with B**「A を B と比較する」の受動態の形 A is compared with B「A は B と比較される」を想定すれば理解しやすい。

324 ③ (→said または told me) 〈**say** の用法－**say that-節**〉

動詞の語法

He came back from a day's work all wet and **said** that it was raining outside.

(彼はずぶ濡れになって一日の仕事から帰ってきて，外は雨が降っていると言った)

➔ **tell** が「言う」の意味で that-節を目的語にとる場合は，必ず二重目的語をとる形，つまり **tell A that-節**「A に…だと言う」の形になる。また **say** は「人」を目的語にとらず，直接 that-節を目的語にとり，**say that-節**の形で「…だと言う」の意味を表す。したがって，③ told を said にするか，told に me や his wife といった目的語をつければ正しい英文となる。

➔ tell，say の用法は問題036の **CHECK 10** 参照。

325 ③ (→donated by) 〈過去分詞句の後置修飾〉

分詞

The girls who had entered the contest were given prizes **donated by** the department store which has always supported our charity.

(コンテストに参加した女の子たちは，私たちのチャリティ活動をいつも支援してくれるデパートが寄付してくれた賞品を授与された)

➔ **分詞1語が名詞を修飾する場合，名詞の前に置く。また，分詞が他の語句を伴って長くなっている場合は名詞の後に置く。**

➔ **修飾される名詞と分詞の間が能動関係なら現在分詞を，受動関係なら過去分詞を用いる。**本問の prizes と donate「…を寄付する」の関係は受動関係だから③

donating by を donated by とすれば正しい英文となる。A donate B「A は B を寄付する」が B donated by A「A によって寄付された B」となった形であることを理解しよう。

326 ① (→I have spent または I spent) 〈過去完了が使えない場合〉

時制

I have spent a lot of money on clothes this year, but I still don't seem to have anything to wear.

(今年，私は衣類にたくさんお金を使ったが，相変わらず，着るものがまったくないように思える)

➔ 問題 165 で述べたように，**過去完了(had done) は，過去を基点としてそれまでの完了・結果，経験，(状態の)継続を表す**のであったが，本問は but 以下の時制が現在時制となっているので「過去の基点」が存在しない。したがって，① I had spent はおかしい。現在完了の I have spent とするか，過去時制の I spent とすれば正しい英文となる。

327 ② (→bad) 〈**taste bad**「味が悪い」〉

動詞の語法

The dinner that Mary cooked for him tasted so **bad** that John found it difficult to make himself look pleased.

(メアリーがジョンのために作った夕食はひどい味だったので，彼は楽しそうな顔つきをするのが難しかった)

➔ 問題 004 で扱った**「taste＋形容詞」**「…な味がする」が本問のポイント。「taste＋副詞」は不可だから，② badly を形容詞の bad にすれば正しい英文となる。

328 ④ (→would have collided) 〈**Had S done ...**の条件節〉

仮定法

Had the jet plane landed on the runway a moment later, it **would have collided** with the airport limousine.

(ジェット機がもう少し遅れて滑走路に着陸していたなら，そのジェット機は空港のリムジンバスと衝突していただろう)

➔ 問題 170 で述べたように **Had S done ...** は If S had done ... の if が倒置によって省略された形であり，仮定法過去完了の条件節であった。本問は仮定法過去完了の主節の形がおかしい。④ had collided を would have collided とする必要がある。

➔ **collide with A** は「A と衝突する」の意味。

329 ③ (→have used) 〈過去完了が使えない場合〉

時制

Old people, generally speaking, are inflexible in their thinking. They are obstinate, unable to see that there are many ways of looking at things. They think in patterns they **have used** most of their lives, so their thinking becomes set.

(一般的に言えば，年配の人々は物事を考える際に柔軟性がない。彼らは頑固で，ものの見方がたくさんあることを理解できない。彼らは人生の大半において使ってきたパターン化された考え方で物事を考えるので，考え方が固定化したものとなるのだ)

➔ 考え方は問題 326 と同じ。本問も「過去の基点」が存在しないので③ had used がおかしい。現在完了形の have used とするべき。

➔ ④ most of their lives「彼らの人生の大半において」は，これ自体で副詞句として用いられる表現なので，間違いではない。

330 ④ (→deal with) 〈**A to deal with←deal with A**〉

動詞を含むイディオム
不定詞

Even when living with a good friend of yours, there are so many difficulties to **deal with**.
(あなたが親友と一緒に暮らすとしても，対処しなければならない難しい問題がとてもたくさんある)

➔ **deal with A** は「A を扱う／処理する」の意味を表す。これを「処理すべき A」のように A を形容詞用法の不定詞で修飾する形にすると，**A to deal with** の形になる。不定詞中に前置詞 with が残ることに注意する。したがって，④ deal を deal with とすれば正しい英文となる。

➔ 目的格関係の形容詞用法の不定詞は問題 192 参照。

331 ① 〈**... enough to do＝so ... as to do**〉

不定詞

② There are very few people who are **so rich that they can** live without a job.
③ There are very few people who are **so rich as to be able to** live without a job.
④ There are very few people who are **rich enough to** live without a job.
②③④ (仕事をしないで生活できるほど金持ちの人はきわめて少ない)

➔ 問題 191 で述べたように **... enough to do** の enough が形容詞を修飾する場合，必ず「**形容詞＋enough to do**」の語順になる。したがって，① enough rich to はおかしい。④ の形である rich enough to do とするべき。

➔ ② so rich that they can は正しい。いわゆる **so ... that ～ 構文**の形。③ の **so ... as to do** は ... enough to do の同意表現。

332 ② 〈「**持っている」の have は進行形不可**〉

時制

① She's having **a good time**.
③ She's having **lunch**.
④ She's having **a swim**.
① (彼女は楽しいときを過ごしている)，③ (彼女は昼食をとっている)，④ (彼女は泳いでいる)

➔ **have** が「…を持っている」という所有の意味を表す場合は進行形にできない。したがって，② a nice car はおかしい。She has a nice car. と表現するべき。

➔ ① の **have a good time**「楽しいときを過ごす」，③ の have lunch「ランチを食べる」，④ の have a swim「泳ぐ」はすべて進行形にできる。

➔ 一般に，状態・知覚・感情を表す動詞は進行形にできないものが多い。進行形にしない動詞の代表例を以下に挙げておく。

CHECK 33 原則として進行形にしない動詞

□ **resemble**「…に似ている」	□ **see**「…が見える」
□ **belong**「所属する」	□ **hear**「…が聞こえる」
□ **be**「…である」	□ **know**「…を知っている」
□ **contain**「…を含む」	□ **like**「…を好きである」
□ **consist**「成り立つ，ある」	□ **want**「…を望む」
□ **exist**「存在する」	□ **love**「…を愛する」
□ **have**「…を持っている」	□ **smell**「…のにおいがする」
□ **own**「…を所有している」	□ **taste**「…の味がする」

□ **possess**「…を所有している」
＊**have は「…を持っている」の意味では進行形にしないが，「…を食べる」などの意味では進行形にできる。**
＊**smell が「…のにおいをかぐ」の意味の場合，taste が「…の味見をする」の意味の場合は進行形にできる。**
＊**listen，look，watch は進行形にできる。**

333 ③ 〈**that-節を目的語にとらない動詞**〉
動詞の語法

① She **feels** that she has been badly treated.
② She **knows** that she has been badly treated.
④ She **writes** that she has been badly treated.

①（彼女はひどい扱いを受けたと感じている），②（彼女はひどい扱いを受けたことを知っている），④（彼女はひどい扱いを受けたと書いている）

➔ 選択肢の中で that-節を目的語にとらない動詞は③ speaks だけ。「言う」を表す動詞で「V＋that-節」の形をとるのは say なので，She says that she has been badly treated. とすれば正しい英文となる。なお，speak，say の用法は問題 036 の **CHECK 10** 参照。

334 ④ 〈**動名詞を目的語にとらない動詞**〉
動詞の語法

① I **am** playing tennis early in the morning.
② I **dislike** playing tennis early in the morning.
③ I **enjoyed** playing tennis early in the morning.

①（私は朝早くテニスをしています），②（私は朝早くテニスをするのが嫌いです），③（私は朝早くテニスをするのを楽しんだ）

➔ ④ hope は不可，hope は動名詞ではなくて不定詞を目的語にとる動詞であった。問題 039 の **CHECK 11** 参照。I hope to play tennis early in the morning. とすれば正しい英文となる。

➔ ② **dislike** は **dislike doing** で「…することを嫌に思う」の意味。dislike to do とも言うが，dislike doing のほうが一般的な使い方。③ の **enjoy** は不定詞ではなくて動名詞を目的語にとる動詞であった。問題 001 の **CHECK 1** 参照。

335 ③ 〈**It is suggested［required / recommended］that S＋原形**〉
動詞の語法

① It was **suggested** that he give up sugar and smoking.
② It was **required** that he give up sugar and smoking.
④ It was **recommended** that he give up sugar and smoking.

①（彼は砂糖とたばこをやめるように提案された），②（彼は砂糖とたばこをやめるように要求された），④（彼は砂糖とたばこをやめるように勧められた）

➔ 形式主語を使った「It is＋過去分詞＋that-節」は，「V＋that-節」の受動形であるが，本問が「that S＋原形」になっていることに着目する。つまり，目的語の that-節が「that S＋原形」になる動詞は，**suggest / demand / insist / order / require / request / propose / recommend** といった要求・提案・命令などを表す動詞であった。問題 155 参照。したがって① suggested，② required，④ recommended は正しいが，③ believed は「believe that S＋原形」の形をとらないので不可。It was believed that he gave up sugar and smoking. なら正しい英文となる。

➔「**suggest［require / recommend など］that S＋原形**」の形が一番頻度が高いが，その受動形の「**It is suggested［required / recommended など］that S＋原形**」の形で出題する大学も少なくはない。当然，受動態の形の方が正答率は低くなる。また suggest などの名詞形を用いた形，例えば，「**A's suggestion is that S＋原形**」といった形で出題される場合もあるので注意しよう。

336 ④ 〈「**V＋形容詞**」の形をとらない動詞〉

動詞の語法

① When I saw her last time I thought she **appeared** tired.
② When I saw her last time I thought she **looked** tired.
③ When I saw her last time I thought she **seemed** tired.
①②③（前回，彼女に会ったとき，疲れているようだと私は思った）

➔選択肢の中で，「V＋形容詞」の形をとるのは① appeared，② looked，③ seemed である。④ showed は後に形容詞を従えない。よって，④ showed を選ぶ。

➔「**appear＋形容詞**」「…のように思われる／見える」，「**look＋形容詞**」「…に見える」，「**seem＋形容詞**」「…のように思われる／見える」で押さえる。

➔「look＋形容詞」と紛らわしい形として「**look like＋名詞**」「…のように見える」も頻出。この like は前置詞なので後ろに形容詞ではなく，名詞がくることに注意。

337 ③ 〈**last week－現在完了とは使用不可**〉

時制

① I haven't seen him **for a long time**.
② I haven't seen him **in over ten years**.
④ I haven't seen him **today**.
①（長い間，私は彼と会っていない），②（私は 10 年以上彼と会っていない），④（今日私は彼に会っていない）

➔選択肢の中で現在完了とともに用いられるのは① for a long time，② in over ten years，④ today である。問題 009 で述べたように **last week** は明確に過去を表す副詞句だから，現在完了とは併用できない。I didn't see him last week. なら正しい英文となる。

➔過去時制で用い，現在完了と併用できない副詞句として **just now**「今しがた／たった今」もよく出題されるのでここで押さえておく。ただし，just now は「ちょうど今」の意味で用いられる場合，状態を示す動詞の現在時制と併用されることもあるので注意。

Father is very busy *just now.*（父はちょうど今とても忙しい）

338 ③ 〈「**V＋O＋done**」の形をとらない動詞〉

動詞の語法

① We **got** the work done before the assigned time.
② We **had** the work done before the assigned time.
④ We **wanted** the work done before the assigned time.
①②（私たちは指定された時間よりも前にその仕事をやってしまった），④（私たちは指定された時間よりも前にその仕事をやって欲しかった）

➔③ made がおかしい。「make＋O＋C」で make A happy のように補語に形容詞がくる用例はよくあるが，補語に過去分詞がくるものは極めて少ない。あっても，その過去分詞が形容詞化した場合とか，**make oneself understood**「自分の言うことを相手にわからせる」や **make oneself heard**「自分の声を通す」といった成句表現の場合だけである。英作文でも「make＋O＋done」の形は避けるほうが無難であろう。

➔①と②の **get [have] A done** は問題005で扱った。本問の用法は「(自分が) Aを…してしまう」の「完了」を表す用法。④の **want A done** は問題163で扱った。

339 ④ 〈「V+O+into doing」の形をとらない動詞〉

動詞の語法

①I **forced** my son into giving up the bad habit.
②I **persuaded** my son into giving up the bad habit.
③I **talked** my son into giving up the bad habit.
①(私は息子にその悪い習慣をやめるように強要した), ②③(私は息子を説得してその悪い習慣をやめさせた)

➔選択肢の中で「V+O+into doing」の形をとらないのは④ told だけ。

➔①の **force A into doing** は問題007の **CHECK 3** で触れた **force A to do** と同意で「Aに…することを強制する」の意味を表す。②の **persuade A into doing** も問題007の **CHECK 3** で触れた **persuade A to do** と同意で「Aを説得して…させる」の意味を表す。③の **talk A into doing**「Aに話して…してもらう」は問題036の **CHECK 10** で触れた。persuade A into doing と同意。

340 ② 〈「V+O+to do」の形をとらない動詞〉

動詞の語法

①I **wanted** Sandy and her family to come.
③I **expected** Sandy and her family to come.
④I **asked** Sandy and her family to come.
①(私はサンディーとその家族に来てもらいたかった)
③(私はサンディーとその家族が来るだろうと思っていた)
④(私はサンディーとその家族に来るように頼んだ)

➔選択肢の中で「V+O+to do」の形をとらないのは② hoped。hope A to do の形はない。I hoped (that) Sandy and her family would come. とすれば正しい英文となる。

➔①の **want A to do** は「Aに…して欲しい」の意味。③の **expect A to do**「Aが…すると予期する／思っている」は問題007の **CHECK 3** で触れた。④の **ask A to do** は「Aに…するように頼む」の意味。

➔以下の動詞は英作文などで, 誤って「V+O+to do」の用法で使いがちな動詞。動詞の語法問題でも, 誤答例として頻出なのでしっかり押さえておこう。

CHECK 34 「V+O+to do」のパターンをとれない注意すべき動詞

□ **admit**「認める」	□ **hope**「希望する」
□ **demand**「要求する」	□ **prohibit**「禁ずる」
□ **excuse**「許す」	□ **propose**「提案する」
□ **explain**「説明する」	□ **suggest**「提案する」
□ **forgive**「許す」	□ **inform**「知らせる」

341 〈cost の用法－cost A B〉

動詞の語法

Kate's **attempt to save the girl cost her her life.**
(ケイトはその少女を救おうとして命を落とした)

➔**A's attempt to do**「Aが…する試み」を用いて主語をまとめ, 述部を **cost A B**「AにB(犠牲など)を払わせる」の形にすれば容易に完成させることができる。なお, cost A B は問題194の **CHECK 27** 参照。

342 〈make A do／look like A〉

動詞の語法

There was a sudden flash of lightning, **which made him look like a ghost**. 〈appeared 不要〉

(突然，稲妻がピカッと光り，それに照らし出された彼の姿は幽霊のようであった)

➔ 前文の内容を先行詞とする非制限用法の関係代名詞 which を主語とし，述部を **make A do** でまとめる。問題 006，007 参照。原形不定詞には問題 336 で触れた「**look like＋名詞**」を用いればよい。なお，appeared は使う余地がない。

343 〈survive A「A の後も生き残る」／only to do〉

動詞の語法 不定詞

He survived the crash only to die in the desert. 〈last 不要〉

(彼は飛行機の墜落では死を免れたが，結局は砂漠で死んだ)

➔ **survive**には**survive A**で「Aの後も生き残る」の意味を表す用法がある。それを用いて前半を He survived the crash とまとめる。後半は，問題 042 の **CHECK 12** で触れた逆接的結果を表す only to do「(～したが，)結局…だった」を用いてまとめればよい。

➔ **survive A** で目的語に「人」をとれば「A よりも長生きする」の意味になる。この survive A の用法もよく狙われる。以下の例文で，She survived longer than her husband ... などと決して表現しないことに注意。

She *survived* her husband by ten years.

(彼女は夫よりも 10 年長生きした)

344 〈result in A／文尾で用いる分詞構文〉

動詞を含むイディオム 分詞

Rain forests have been cleared away in order to plant crops, **resulting in soil loss as heavy rain washed** the soil away.

(穀物を栽培するために熱帯雨林が切り開かれ，その結果として豪雨が土を流すので土壌がなくなっている)

➔ 問題 025 で述べた因果関係を表す **result in A**「(結果として)A になる」を，文尾で用いる分詞構文として用いるのが本問のポイント。

➔ 文尾で用いる分詞構文の用法は問題 314 参照。

345 〈see A followed by B〉

分詞

Almost every evening we see news items **on environmental destruction followed by cheery commercials for** luxury goods.

(ほとんど毎晩のように，環境破壊のニュース番組に続いて贅沢(ぜいたく)品を宣伝する調子のよい CM を見ます)

➔ **follow** は「…の後に続く」の意味を表す他動詞。その過去分詞を用いて，**see A followed by B**「A の後に B が続くのを見る」という表現を作れるかがポイント。A を news items on environmental destruction，B を cheery commercials for luxury goods とまとめる。

346 〈進行形の受動態－be being done〉

態

In the city, she was always **being disturbed by noises of one sort or** another.

(都会にいて，彼女はいつも何やかや騒音に悩まされていた)

➔ **進行形の受動態は，be being done で表す**。本問はその形を用いて she was always being disturbed by とまとめ，by 以下は「**one＋可算名詞の単数形＋or**

another」「なんらかの…」を用いて noises of one sort or another とまとめればよい。

347 〈現在分詞句の後置修飾〉

分詞

The bones are believed to have belonged **to dinosaurs measuring more than five meters** in length.

(その骨は体長5メートル以上もある恐竜のものだったと信じられている)

➔ **A measure B**「AはBの長さがある」を想定して，Aを現在分詞句で後置修飾する形のA measuring B「Bの長さのあるA」を作れるかがポイント。

348 〈do away with A／現在分詞句の後置修飾〉

動詞を含むイディオム

分詞

The government should **do away with regulations restricting civil rights**.

(政府は市民の権利を制限するさまざまな規制を廃止すべきだ)

➔ 本問は **do away with A**「Aを廃止する」(**=abolish A**) を知っているかがポイント。do away with の目的語となる regulations を restricting civil rights の現在分詞句で後置修飾すれば英文は完成する。

349 〈A to work in←work in A／「所有」を表す with〉

不定詞

前置詞

関係詞

He has a spacious study to **work in with all the books he wants**.

(彼は欲しい本をすべて備えた，仕事のできる広びろとした書斎を持っている)

➔ **work in A**「Aで仕事をする」の表現を前提に，**A to work in**「そこで仕事をするA」という目的格関係の形容詞用法の不定詞で，前置詞が残った形を作れるかがポイント。問題192，330参照。

➔ **with** は「所有」を表す前置詞として使い，with all the books he wants とまとめ，a spacious study を修飾させる。なお，この表現では he の前に目的格関係代名詞が省略されている。

350 〈raise A「A(お金など)を集める」／realize A「Aを実現する」〉

動詞の語法

We will have to **raise a considerable sum of money to realize** your plan.

(あなたの計画を実現するために，私たちはかなりの金額を集めなければならないだろう)

➔ **raise A** は「Aを上げる」や「Aを育てる」(**=bring up A／rear A**) の他にも **「A(お金など)を集める」** の意味を表すことに注意。また，**realize A** も「Aを悟る／理解する」以外に **「Aを実現する」** の意味を表す。本問は raise A「A(お金など)を集める」と realize A「Aを実現する」を知っているかがポイントとなる。

➔ **considerable**「かなりの」は問題201の **CHECK 28** 参照。

第8回 解答

Step 3　Part 2　[351-400]

大問③はいずれの問題も重要であり，正確に理解しておく必要がある。問題 **391**，**398**，**400** の整序問題は，できて欲しいところだが，かなりの難問であろう。大問①，②はいずれも「差をつけるレベル」の問題。大問④は英文は難しいが，正誤問題としてのポイントは標準レベル。

□351	③	□352	③	□353	③	□354	③
□355	②	□356	②	□357	②	□358	②
□359	④	□360	③	□361	①	□362	④
□363	④	□364	③	□365	①	□366	③
□367	③	□368	④	□369	③	□370	③
□371	③	□372	①	□373	①	□374	①
□375	③	□376	③	□377	③	□378	③
□379	④	□380	④	□381	①	□382	①
□383	④	□384	③	□385	③	□386	②
□387	①	□388	①	□389	④	□390	②

□391	Irresolution **is a defect in his otherwise perfect character.**
□392	It is **hardly worth while attending the meeting.** 〈need 不要〉
□393	There are **a lot more TV channels to choose from** in the U.S. than in Japan. 〈options 不要〉
□394	You ought to smoke **fewer cigarettes and drink less beer in order to keep yourself in good health.**
□395	The land area of this country is **about one and a half times as big as that of** Great Britain.
□396	Though more research has been devoted to the study of memory than to any other mental function, comparatively **little is known about how the mind remembers** things.
□397	It is **not too much to say** that the tragedies of the British Royal Family are condensed in the Tower of London.
□398	I've heard more **than enough of his name by** now.
□399	**More than anything else except** oxygen, water is necessary for human beings.
□400	It seems that recently the old man has felt less **inclined than ever to see other** people.

第8回 解答・解説

Step 3 Part 2［351-400］

351 ③ 〈分詞形容詞 astonished－astonishing との相違〉

形容詞の語法
助動詞

You **may be astonished** to hear that the world population has doubled in this century, but it is true.

(世界の人口が今世紀2倍になったと聞いて驚くかもしれないが，本当である)

➔分詞形容詞の astonishing と astonished の違いが本問のポイント。**astonishing** は「驚くばかりの←人をびっくりさせる(ような)」，**astonished** は「びっくりして← (人が)びっくりさせられて」の意味を表す。本問は，文意から astonished を用いる。分詞形容詞の考え方は問題051参照。

➔正答として① can be astonished か③ may be astonished か迷うところだが，③を選ぶ。can には「可能性」を表す用法があるが，この can「…でありうる」は「理論上の可能性」を表し，本問で用いると「あなたはある根拠に基づいて驚く可能性があり得る」といったニュアンスになり，文意に合わない。よって不可。

352 ③ 〈形容詞 missing の意味〉

形容詞の語法

Five people died in the explosion and more than one thousand were injured. One person is still **missing**.

(その爆発で5人が亡くなり，千人以上がけがをした。未だに1人が行方不明のままだ)

➔**missing** は形容詞で「行方不明／あるべき所にない」の意味で押さえる。

353 ③ 〈**be likely to do**「…しそうである」〉

形容詞の語法

A person who buys a gun for protection is five times as **likely** to kill a friend or relative as to kill an intruder.

(自己防衛のために銃を買う人は，侵入者を殺すよりも友人や身内の人を殺す可能性が5倍ある)

➔**alike**「よく似て」と **likely**「ありそうな」の違いは問題201の **CHECK 28** で触れたが，likely は **be likely to do** の形で「…しそうである／…する可能性がある」の意味を表す。本問は S is likely to do に倍数表現の five times as ... as ～が組み合わさった構造となっている。

➔likely には **It is likely that-節**「…しそうである」の形もある。ここで一緒に押さえておこう。

354 ③ 〈**priceless** の意味〉

形容詞の語法

The Mona Lisa is a **priceless** work of art, so it is displayed behind a thick pane of glass in the museum.

(モナリザはたいへん貴重な芸術作品なので，博物館のぶ厚いガラスの枠の奥に展示されている)

➔① **valueless**「価値のない」は，問題201の **CHECK 28** で **invaluable**「非常に価値のある」との意味の違いで触れた。② **worthless** は valueless と同意で「価値のない」，③ **priceless** は invaluable と同意で「たいへん貴重な」，④ **penniless** は「無一文の」の意味。したがって，文意から③ priceless を正答として選ぶ。**priceless=invaluable=very valuable** で押さえておこう。

355 ② 〈**be unable to do**「…することができない」〉

形容詞の語法

When a person makes a point of avoiding people, he **is unable** to balance his opinions and principles against theirs, with the result that his outlook becomes restricted.

(いつも人を避けようとすると，自分の意見や主義を他人と比較することができないので，その結果，ものの見方が狭くなる)

➔問題054でテーマ化した**be unable to do**「…することができない」が本問のポイント。

➔①is impossible は不可。impossible の用法は問題053，054参照。④is incapable も不可。問題055で触れたように(in)capable は be (in)capable to do の形はとらない。必ず**be (in)capable of doing** の形をとるのであった。

➔**make a point of doing**「…することにしている」，**balance A against B**「A を B と比較する」，**with the result that ...**「その結果…」も覚えておこう。

356 ② 〈**respectably** と **respectively** の意味の相違〉

副詞の語法

In the race, Lucy and Susie finished in third and forth place **respectively**.

(そのレースで，ルーシーとスージーはそれぞれ3位と4位に終わった)

➔問題201の**CHECK 28**で**respectable**「立派な」と**respective**「めいめいの」の意味の違いに触れたが，本問は①**respectably**「立派に」と②**respectively**「めいめいに／それぞれに」の意味の違いがポイント。文意から②respectively を正答として選ぶ。

➔③**responsibly** は「責任をもって」，④**resourcefully** は「臨機応変に」の意味。

357 ② 〈**hardly ever**「めったに…ない」〉

副詞の語法

John used to write me every other week, but I **hardly ever** hear from him any more.

(ジョンは以前には1週間おきに手紙をくれたものだったが，今ではもうめったに彼から便りはない)

➔問題060で**hardly [scarcely]**「ほとんど…ない」と**rarely [seldom]**「めったに…ない」の違いに触れたが，hardly[scarcely]は ever を伴い **hardly[scarcely] ever** の形で「めったに…ない」の意味を形成し，rarely [seldom] と同意になることに注意。**hardly [scarcely] ever=rarely [seldom]** で押さえておく。

➔hardly [scarcely] には**「hardly [scarcely] any＋名詞」＝「almost no＋名詞」**「ほとんど…ない」の用法があったことも再確認しておこう。問題074参照。

358 ② 〈**other A than B**「B 以外の A」〉

形容詞を含むイディオム

I have **no other** clothes than the ones I'm wearing.

(私は今着ている服以外は持っていません)

➔other を用いた成句表現 **other A than B**「B 以外の A」がポイント。そのまま覚えておこう。

➔other を用いた成句表現として **other than A**「A 以外に」，**every other A**「ひとつおきの A」も頻出。

359 ④ 〈**become involved in A**「A に関わる」〉

形容詞を含むイディオム

The roles of husband and wife are now more mixed. Husbands are becoming more **involved** in housework, cooking and child-care.

(今では夫と妻の役割は，以前よりも混じり合っている。夫は以前よりも家事，料理，育児に関わるようになっている)

➔成句表現の **become involved in A**「A に関わる」が本問のポイント。

➔**become［be］involved in A** は3つの意味があり，「㋐A に巻き込まれる，㋑A に関係する，㋒A に没頭する」で押さえる。

360 ③ 〈複数形 spirits の意味－be in good spirits〉

名詞の語法

She'd quite recovered. She was in perfectly good **spirits** again.

(彼女はすっかり元気になっていた。彼女はふたたびすっかり上機嫌となった)

➔不可算名詞の spirit は「精神」の意味だが，複数形の **spirits** は「気分」(＝**mood**) の意味を表すことがあり，**be in good［high / great］spirits** で「上機嫌である」(＝**be in a good mood**) の意味を形成する。

➔① moods は不可。mood の複数形 **moods** は，**a man of moods**「不機嫌な人」のように「**憂うつ／不機嫌**」の意味を表す。

➔反意表現の **be in bad spirits**「機嫌が悪い」(＝**be in a bad mood**) もここで押さえる。

➔複数形で特別な意味を持つ名詞は以下のものを押さえておこう。

CHECK 35 複数形で特別な意味を持つ名詞

- □ **arms**「武器」
- □ **customs**「関税／税関」
- □ **forces**「軍隊」
- □ **goods**「商品」
- □ **letters**「文学」
- □ **manners**「行儀作法」
- □ **means**「資産」
- □ **pains**「苦労」
- □ **riches**「富」
- □ **spirits**「気分／蒸留酒」
- □ **works**「工場」

361 ① 〈「客」を表すさまざまな名詞－passenger〉

名詞の語法

A **passenger** in a vehicle such as a bus, boat, or plane is a person who is traveling in it, but who is not driving it or working on it.

(バスや船や飛行機といった乗り物の passenger(乗客)とは，乗り物にのって移動するけれど，それを運転したり，そこで働いたりしていない人のことです)

➔① **passenger** は「**乗客**」，② **conductor** は「**車掌／案内人**」，③ **stranger** は「**見知らぬ人／不案内な人**」，④ driver は「運転手」の意味。文意から① passenger を正答として選ぶ。

➔「客」を表すさまざまな名詞は頻出。以下のものは必ず押さえておく。

CHECK 36 「客」を表すさまざまな名詞

- □ **audience**「(劇場などの)観客／聴衆」
- □ **guest**「招待された客／ホテルの客」
- □ **customer**「お店の客」
- □ **client**「(弁護士などの)依頼客」
- □ **passenger**「乗客」
- □ **visitor**「訪問客／来客／見舞客」
- □ **spectator**「(スポーツなどの)観客／見物人」
- □ **patient**「患者」
- □ **viewer**「テレビの視聴者」

362 ④ 〈**those** の用法−**that** との相違〉

代名詞の語法

The laboratories of the older school are as good **as or better than those of** the new school.

(古い学校の実験室は，新しい学校の実験室と同レベルかそれ以上に良い)

➔問題 092 で触れた名詞の反復を避ける **that** と **those** の用法の違いがポイント。本問の比較対象が the laboratories of the older school と the laboratories of the new school であることを見抜く。the laboratories は代名詞 those で置きかえられるので，those が使われている④ as or better than those of を正答として選ぶ。なお，接続詞の or は原級表現の as good as と比較級表現の better than を結んでおり，those of the new school は原級表現と比較級表現の共通の比較対象となっている。

363 ④ 〈注意すべき **somebody, nobody** の意味〉

代名詞の語法

He is nobody here in town but I guess he is **somebody** in his own village. He is on the school board there.

(彼はこの町では無名ですが，地元の村では大物なのだと思います。彼はそこで教育委員会のメンバーとなっています)

➔**somebody** には「**大物／重要人物**」，**nobody** には「**取るに足らない人物**」の意味を表す用法がある。本問はこの somebody の用法がポイント。

364 ③ 〈**of A's own**「**A 自身の**」〉

代名詞の語法

Now our children have grown up and they all have families of **their own**.

(私たちの子どもたちは今や成長して，みんな自分自身の家庭を持っている)

➔**of A's own** は「A 自身の…」の意味を表し直前の名詞を修飾する。

➔① oneself，④ themselves は不可。「of＋再帰代名詞」の形で名詞を修飾する形は存在しない。

365 ① 〈**neither** の用法−**neither＋名詞**〉

形容詞の語法

Neither book I read last week was very good.

(先週私が読んだ本はどちらもあまりよくなかった)

➔**代名詞の neither は対象が 2 つ［2 人］であり，「どちらも…ない」の意味を表す**が，neither には形容詞用法もあり，「**neither＋単数名詞**」の形で「**どちらの〜も…ない**」の意味を表す。

➔③の **none of A** は「A のうちどれ[誰]でも…ない」の意味を表すが，**A には定冠詞や所有格で限定された複数名詞や，them や us などの複数を表す目的格の代名詞が来る**。None of the books であれば可となる。④ Both of the もよくない。Both of the books となるはずだし，was も were となるはず。

366 ③ 〈**be all ears**「**一心に耳を傾ける**」〉

名詞を含むイディオム

"Listen to me." "O.K. I'm all **ears**."

(「私の話を聞きなさい」「わかりました，一心に聞きます」)

➔**be all ears** は「一心に耳を傾ける」の意味を表す。イディオムとして押さえる。

➔**be all eyes**「一心に見つめる」もここで押さえておこう。

367 ③

〈**in common**「共通に／共通の」〉

名詞を含むイディオム

In spite of obvious differences, men and women have many things **in common**.

(男性と女性は，誰の目にも明らかな違いがあるけれども，共通点も多い)

➔**in common** は「共通に／共通の」の意味を表す。イディオムとして押さえる。

➔④の **together with A** は「A とともに」(**=along with A**) の意味を表す。

368 ④

〈**come into one's mind**「(考えなどが) 心に浮かぶ」〉

名詞を含むイディオム

Whenever I see this doll, there comes into my **mind** the memory of something I saw in France.

(私はこの人形を見るといつも，私がフランスで見たあるものの記憶がよみがえってくる)

➔**come into [across] one's mind** は「(考えなどが) 心に浮かぶ」の意味を表す。本問では「There comes into my mind+S.」の語順になっていることに注意。

369 ③

〈**on one's mind**「気にかかって」〉

名詞を含むイディオム

He won't admit this to me, but I know it's on **his mind**.

(彼はそのことが気になっているのを私には認めないけれど，私にはわかります)

➔**on one's mind** は「気にかかって」の意味を表す。イディオムとして押さえる。

370 ③

〈**bear A in mind**「A を心に留めておく」〉

名詞を含むイディオム

Bear **in mind** that gas stations are scarce in the more remote areas.

(ここより離れた地域ではガソリンスタンドが少ないことを覚えておきなさい)

➔**bear [keep / have] A in mind [memory]** は「A を心に留めておく」(**= remember A**) の意味を表すとまずは押さえる。

➔that-節が目的語になる場合は **bear (it) in mind that-節**の形をとる。この it は that-節を指す形式目的語だが，本英文のように省略されることが多い。

371 ③

〈**at first hand=directly**〉

名詞を含むイディオム

I don't think he got that information **at first hand**.

(私は彼がその情報を直接得たとは思いません)

➔**at first hand=directly**「直接に」で押さえる。

➔**at second hand**「間接に」もここで押さえる。

372 ①

〈**feel out of place**「場違いな気がする」〉

名詞を含むイディオム

Wearing the wrong kind of clothes for the party made me **feel out of place**.

(パーティーにふさわしくないような服装をしていたので，私は場違いな気がした)

➔**out of place**「場違いな／不適切な」は **feel out of place** の形で「場違いな気がする」の意味を形成する。したがって，① **feel uneasy**「落ちつかなくなる／不安な気持ちになる」を正答として選ぶ。他の選択肢はいずれも意味が微妙にずれているので不可。

373 ①

〈**off the record**「非公式な [に]」〉

名詞を含むイディオム

The Prime Minister's remarks were **off the record**, but the newspaper printed them anyway.

(総理大臣の言葉は非公式なものだったが，ともかく新聞はその言葉を活字にした)

➔ **off the record** は「非公式な[に]」の意味を表す成句表現。正答として①not official「公式でない」を選ぶ。

374 ①

名詞を含むイディオム

〈**out of the blue=unexpectedly**〉

The news of his death came **out of the blue**.

(彼が死んだという知らせは突然やってきた)

➔ **out of the blue=unexpectedly**「突然／予告なしに」で押さえる。

375 ③

名詞を含むイディオム

〈**pull A's leg=tease A**〉

Don't take him so seriously. He's just **pulling your leg**.

(彼のことをあまり真に受けるな。彼は君のことをからかっているだけだ)

➔ **pull A's leg=tease A=make fun of A**「A をからかう」で押さえる。

➔ ②の **speak ill of A**「A の悪口を言う」↔**speak well of A**「A をほめる」は基本イディオム。

376 ③

名詞を含むイディオム

〈**be as good as one's word=keep one's promise**〉

Haruko **is as good as her word**, so don't worry.

Haruko **keeps her promise**, so don't worry.

(春子は必ず約束を守るので，心配しないでください)

➔ **be as good as one's word** は「必ず約束を守る」の意味を表す成句表現。したがって，③keeps her promise を正答として選ぶ。**keep one's promise** は「約束を守る」(↔**break one's promise**「約束を破る」)の意味を表す。

377 ③

代名詞の語法

〈**否定文では用いない some**〉

①I haven't got **any** money.

②I haven't got **any more** money.

④I haven't got **very much** money.

①(私はまったくお金を持っていない)，②(私はもうこれ以上お金を持っていない)，④(私はあまり多くのお金を持っていない)

➔「some＋不可算名詞」は「多少の…／いくらかの…」の意味を表すが，この用法での **some は肯定文では用いるが，否定文では用いない**。したがって，③some はおかしい。

➔①any は正しい。「not ... any＋名詞」で「no＋名詞」と同じ意味を表す。②any more も正しい。「not ... any more＋名詞」は「no more＋名詞」と同意。④very much も正しい。「very much＋不可算名詞」の very は，形容詞の much を修飾する用法。

378 ③

形容詞の語法

〈**alive－限定用法では不可**〉

①They caught **an elephant alive**.

②They caught **a live elephant**.

④They caught **a living elephant**.

①(彼らは象を生け捕りにした)，②④(彼らは生きている象をつかまえた)

➔「生きて(いる)」の意味で用いられる **alive** は叙述用法(形容詞が補語で用いられる用法)だけであって，限定用法(形容詞が名詞修飾で用いられる用法)はないことに注意。したがって，③an alive elephant がおかしい。「生きている象」は②a live elephant, ④ a living elephant と表現する。形容詞として用いる **live** [láiv] は「(動植物が)生きている」の意味があり，限定用法のみで使われる。**living** も「(人・動植物が)生きている」の意味があり，限定用法で用いることができる。

➔ ① an elephant alive は正しい。この英文の catch は **catch A alive** の形で「A を生け捕りにする」の意味を表す用法である。

➔ 叙述用法でしか用いない形容詞として以下のものは必ず押さえておこう。

CHECK 37 叙述用法(補語)にしかならない形容詞

□ **afraid**「恐れて」	□ **asleep**「眠って」
□ **alike**「よく似て」	□ **awake**「目が覚めて」
□ **alive**「生きて」	□ **aware**「気づいて」
□ **alone**「一人で」	□ **content**「満足して」
□ **ashamed**「恥じて」	□ **liable**「しやすい」

379 ④ 〈**probable** の用法〉

形容詞の語法

① **He is apt to** lose his temper in difficult situations.
② **He tends to** lose his temper in difficult situations.
③ **It is probable that he will** lose his temper in difficult situations.

① (彼は困難な状況になると腹を立てやすい)，② (彼は困難な状況になると腹を立てる傾向にある)，③ (困難な状況になると，彼は腹を立てるだろう)

➔ **probable**「ありそうな」は③の **It is probable that A will do**「たぶん A は…するだろう」の形はあるが，④の It is probable for A to do や A is probable to do の形は存在しない。

➔ ① He is apt to, ② He tends to は正しい。**be apt to do**「…しがちだ」，**tend to do**「…する傾向にある」は基本的成句表現。

380 ④ 〈否定の副詞表現が文頭の場合は倒置形〉

副詞の語法
語順

① **Rarely** have I seen so many ants.
② **Never** have I seen so many ants.
③ **Seldom** have I seen so many ants.

① (私はそんなに多くのアリをめったに見たことはない)，② (私はそんなに多くのアリを決して見たことはない)，③ (私はそんなに多くのアリをめったに見たことはない)

➔ 空所の後が倒置形になっているのを見抜く。①の **rarely**「めったに…ない」，②の **never**「決して…ない」，③の **seldom**「めったに…ない」**といった否定の副詞表現が文頭に来ると，以下は倒置形(疑問文と同じ語順)になる**のであった。問題 131 の **CHECK 24** 参照。したがって①，②，③は正しい。④の often は否定の意味を含まないので，文頭に来ても倒置形にはならない。よって，ここでは用いられない。

381 ① 〈**ever**－肯定文では不可〉

副詞の語法

② I have **never** visited Hokkaido.
③ I have **rarely** visited Hokkaido.
④ I have **twice** visited Hokkaido.

② (私は北海道に一度も行ったことはない)，③ (私はめったに北海道に行ったことはない)，④ (私は北海道に 2 度行ったことがある)

➔ Have you ever visited Hokkaido? のように **ever が疑問文で用いられると「こ**

れまでに／今までに」の意味を表すが，**ever は通例，肯定文では用いない**。したがって① ever がおかしい。ただし，**「the＋最上級＋名詞＋(that) S have ever done」**「S が今まで～した中で一番…」の構造の場合は例外的に ever は肯定文で用いることに注意。

➔ ② never，③ rarely，④ twice のような頻度を表す副詞は現在完了で使うことができる。よってすべて正しい。

382 ①　〈**much は「more＋複数名詞」を強調できない**〉

比較

② We were able to see **a lot** more people than we had expected to.

③ We were able to see **many** more people than we had expected to.

④ We were able to see **far** more people than we had expected to.

②③④（私たちは予想していたよりもずっと多くの人々に会うことができた）

➔ 問題 237 で述べたように① much は「more＋複数名詞」を強調することはできなかった。したがって① はおかしい。

➔ ③ many は正しい。**「many more＋複数名詞＋than A」**「A よりずっと多くの…」も問題 237 で述べた。② **a lot**，④ **far** も**比較級の強調語**として「more＋複数名詞」を強調できる。

383 ④　〈**some of A の A は限定されたもの**〉

代名詞の語法

① **Lots of** people drink it without milk.

② **Many** people drink it without milk.

③ **Most** people drink it without milk.

①（たくさんの人々がミルクを入れないでそれを飲む），②（多くの人々がミルクを入れないでそれを飲む），③（大半の人々がミルクを入れないでそれを飲む）

➔ ④ Some of はおかしい。**some of A の A には必ず定冠詞や所有格で限定された名詞や目的格の代名詞がくる**。したがって，Some of the people なら可となる。

➔ ① Lots of は正しい。**lots of ［a lot of］** は可算名詞の複数形や不可算名詞につけて「たくさんの…」を表す。問題 057 参照。② の many は「many＋複数名詞」で「多くの…」を表す。people は複数扱いの名詞だから正しい。③ most も正しい。**「most＋名詞」**「(限定されていない) 大半の…／たいていの…」は問題 073 で扱った。

384 ③　〈**Any ... not の語順は不可**〉

代名詞の語法

① **Either of the children is** capable of looking after the baby.

② **Each of us is** capable of looking after the baby.

④ **No child is** capable of looking after the baby.

①（その子どもたちのどちらでも［どちらかが］その赤ん坊の世話をすることができる），②（私たちはそれぞれその赤ん坊の世話をすることができる），④（子どもは誰もその赤ん坊の世話をすることができない）

➔ ③ Any child is not はおかしい。**通例，any の後に否定語を置くことはできない**。例えば，Any girls did not come. や Anybody doesn't know the fact. とは表現しない。それぞれ，No girls came. / Nobody knows the fact. と表現する。④ の No child is capable of looking after the baby. なら正しい英文となる。

➔ ① Either of the children is，② Each of us is はともに正しい。① の **either of A**，② の **each of A の A には定冠詞や所有格で限定された名詞や，us や them**

などの複数の目的格の代名詞が来る。またどちらも単数扱いになる。

385 ③ (→was scarce) 〈**little「ほとんど…ない」は限定用法のみ**〉

形容詞の語法 In Japan during and after the Second World War, food **was scarce**, and many people were very hungry.

(第2次大戦中そして戦後において，日本は食糧が不足していたので，多くの人々がとても飢えていた)

➔ little は不可算名詞につけて「ほとんど…ない」という否定的な意味を形成するが，**この意味の little には叙述用法がない**。つまり「A がほとんどない」を A is little とは言わないことに注意。したがって，③ was little がおかしい。little を **scarce**「乏しい」に変えれば正しい英文となる。

386 ② (→successive generations) 〈**紛らわしい successful と successive**〉

形容詞の語法 We study the story of humanity's past because it is our own history. It began with our remote ancestors, and has continued through **successive generations** to our own times. It is being written by ourselves today, and will be continued by our descendants in the future.

(私たちが人間の過去の物語を研究するのは，それが私たち自身の歴史だからだ。歴史は遠い祖先から始まり，次から次へと継続する世代を通じて現代まで続いている。歴史は今日の私たちによって書かれており，将来の子孫によって書き続けられるだろう)

➔ 問題 201 の **CHECK 28** で触れた **successful**「成功した」と **successive**「連続の／引き続いての」の意味の違いが本問のポイント。② successful generations では文意に合わない。successive generations とすれば正しい英文となる。

387 ① (→almost) 〈**almost every＋単数名詞**〉

形容詞の語法 In **almost** every human society, certain individuals establish themselves in power. Sometimes they manage this by natural qualities of leadership, sometimes by force and guile. Sometimes they conquer another nation.

(ほとんどすべての人間社会において，特定の個人が権力の座に収まる。生来の指導的資質でその座を手に入れることもあれば，武力や策略で手に入れることもある。そのように権力を収めた人は，ときとして他国を征服することもある)

➔ 問題 231 で扱った「**almost every＋単数名詞**」「ほとんどすべての…」が本問のポイント。① most を almost にすれば正しい英文となる。most を用いるならば most human societies となるはず。「most＋名詞」は問題 073 参照。

388 ① (→of) 〈**be capable of doing**〉

形容詞の語法 British governments are perfectly capable **of** improving drinking water quality, and perhaps they should voluntarily have done so before now.

(イギリス政府には飲料水の質を改善する能力は十分あり，恐らく，自発的にもっと以前に改善すべきであっただろう)

➔ 問題 055 で扱った **be capable of doing**「…することができる」が本問のポイント。① in を of にすれば正しい英文となる。

389 ④ (→no more than) 〈**no more than A と no less than A**〉

比較 Say "despot" and everyone thinks instantly of a tyrannical ruler, a dictator. Yet in its original Greek form, *despotes*, it meant **no more than**

the head of a household or the master of slaves.
(despot と言えば誰もがすぐに暴君や独裁者を考えるが，その語源である初期のギリシア語の"despotes"は，家長や奴隷の主人の意味を表すのにすぎなかった)

➔ ④ の **no less than A** は「A も(たくさん)」(**=as many as A／as much as A**) の意味を表す。一方，**no more than A** は「わずか A／A しか…ない」(**=only A**) の意味を表す。本問は④ no less than を no more than にすれば，文意に合う正しい英文となる。

➔ **not more than A**「多くとも A」(**=at most A**)，**not less than A**「少なくとも A」(**=at least A**) もここで押さえておこう。

390 ② (→the farther) 〈**far の比較級－farther**〉

比較

As is true of cities throughout the world, **the farther** out from any urban center, generally the lower the rents will be. However, the transportation is so overcrowded and expensive that one has to balance these two factors in deciding where to settle.
(世界中の都市に当てはまることだが，いかなるところであれ都心から遠く離れれば離れるほど，一般に家賃が安くなるだろう。しかし，交通機関はとても混んでいて，運賃も非常に高いので，どこに住むかを決める場合にはこの 2 つの要素をバランスよく考えなければならない)

➔ 本問の第 1 文は問題 093 で扱った「the＋比較級 ..., the＋比較級 ～」の形となっているが，**far**「遠くに」**の比較級は** more farther でなく **farther である**。したがって，② the more farther を the farther にすれば正しい英文となる。

➔ ① As is true of の **as** は問題 255 でテーマ化した関係代名詞の as であり，間違いではない。

391 〈**otherwise の用法**〉

副詞の語法

Irresolution **is a defect in his otherwise perfect character**.
(優柔不断が，彼のただ一つの欠点だ)

➔ 副詞の **otherwise** には「㋐さもなければ，㋑別のやり方で／違ったふうに，㋒その他の点では」の 3 つの意味がある。本問は otherwise の用法とその位置がポイント。選択肢に is があるので「S is C」の構造を想定し，主語である Irresolution の主格補語を a defect に決める。otherwise を除いた選択肢は in his perfect character と容易にまとまるはず。さて，otherwise だが，冒頭で述べたように otherwise には「その他の点では」の意味がある。本問の otherwise はこの用法であり，Irresolution を受けて「優柔不断以外の他の点では」の意味を表す副詞だと見抜く。この otherwise は形容詞の perfect を修飾するわけだから perfect の前に置くことになる。つまり，in his otherwise perfect character「その他の点では完璧な彼の性格において」とまとめる。

➔ 副詞の **otherwise** はどの用法も頻出。英文読解においても重要なので，3 つの用法の例文を以下に挙げておく。

CHECK 38 **副詞 otherwise の 3 つの用法**

(1) **otherwise**「さもなければ」(問題 312 参照)
He worked hard ; *otherwise* he would have failed.
(彼は一生懸命勉強したが，そうでなければ失敗していただろう)

(2) **otherwise**「別のやり方で」

You can arrive earlier by subway than *otherwise*.
(地下鉄で行けば他の方法よりも早く着きます)
(3) **otherwise**「その他の点では」
Your essay is a little long, but *otherwise* it is good.
(君のエッセイは少し長いが，その他の点では申し分ない)

392 〈**It is worth while doing**〉

形容詞の語法

It is **hardly worth while attending the meeting.** 〈need 不要〉
(その会議に出ても仕方あるまい)

➔ 問題 234 で **It is worth while doing**「…することは価値がある」を紹介したが，本問はその形を使うのがポイント。この構造における主語の it は形式主語で doing を指し，while は「時間」を意味する名詞。つまり「…することは(時間をかける)価値がある」が元々の意味となる。なお，否定を表す副詞の hardly は worth の前に置けばよい。need は使う余地がない。

393 〈**a lot の用法ー比較級強調表現／形容詞用法の不定詞**〉

比較　不定詞

There are **a lot more TV channels to choose from** in the U.S. than in Japan. 〈options 不要〉
(アメリカは，日本よりも，テレビのチャンネルの選択肢がたくさんある)

➔ **choose from A**「A から選択する」から，目的格関係の形容詞用法の to-不定詞にして A to choose from の表現をまず作る。この形を使って，There is 構文の主語になる「テレビのチャンネルの選択肢」を TV channels to choose from とまとめる。それに形容詞 many の比較級 more を前におく。a lot が残るが，問題382で述べたように，**a lotには比較級の強調語としての用法があるので**，more TV channels の前に置けばよい。なお，options は使う余地がない。

➔ 以下に比較級・最上級の強調表現をまとめておく。特に最上級強調の very の用法には注意すること。

CHECK 39　比較級・最上級の強調表現

(1) 比較級の強調表現

□ **much**　□ **by far**
□ **far**　□ **a lot**
□ **still**　□ **lots**
□ **even**　□ **a great [good] deal**

(2) 最上級の強調表現

□ **by far**　□ **far**
□ **much**　□ **very**

＊ただし，very は「**the very＋最上級(＋名詞)**」の語順になることに注意。
She is *by far* the best singer in her class.
=She is *the very best* singer in her class.
(彼女はクラスでずば抜けて歌がうまい)

394 〈**fewer＋複数名詞／less＋不可算名詞**〉

比較

You ought to smoke **fewer cigarettes and drink less beer in order to keep yourself in good health.**

(健康を保つには，タバコの数を減らしビールの量を減らさなければなりませんよ)

➔ 問題240で扱った「**fewer＋複数名詞**」「より少ない…」と「**less＋不可算名詞**」「より少ない…」を用いるのが本問のポイント。smokeの目的語をfewer cigarettes，drinkの目的語をless beerとまとめられれば英文は完成できるだろう。

395 **〈one and a half times as＋原級＋as A〉**

比較

The land area of this country is **about one and a half times as big as that** of Great Britain.

(この国の面積はイギリスの約1.5倍である)

➔ 問題075で「... times as＋原級＋as A」「Aの…倍～」を紹介したが，「Aの1.5倍～」は「**one and a half times as＋原級＋as A**」で表す。本問はこの表現を用いるのがポイント。

➔ なお，選択肢の最後にthe land areaを表すthatを置くことに注意。問題092参照。

396 **〈Little is known about A「Aについてほとんど知られていない」〉**

名詞の語法

Though more research has been devoted to the study of memory than to any other mental function, comparatively **little is known about how the mind remembers** things.

(他の精神機能よりも多くの研究がなされているにもかかわらず，記憶の仕組みについては比較的わずかのことしかわかっていない)

➔ **much**「たくさんのもの[こと]」に名詞用法があるように**little**にも名詞用法があり「少ししかないもの／ほとんどないもの」といった否定的な意味を表す。なお，**a little**で使えば「少しのもの」という肯定的な意味になる。本問は，名詞littleを目的語にするknow little about Aの受動態little is known about A「Aについてはほとんど知られていない」を作ることができるかがポイント。Aにはhowで始まる節を持ってくる。

397 **〈It is not too much to say that-節〉**

代名詞の語法

It is **not too much to say that** the tragedies of the British Royal Family are condensed in the Tower of London.

(イギリス王室の悲劇はロンドン塔に集約されると言っても過言ではない)

➔ 形式主語を用いた定式化された表現**It is not too much to say that-節**「…と言っても過言ではない」を用いるのが本問のポイント。

➔ 同意表現の**It is no exaggeration to say that-節**もここで押さえる。

➔ the Tower of London「ロンドン塔」は，時代によって，王宮・監獄・幽閉の場所となった。現在は博物館などとして使われている。

398 **〈more than enough「十二分に」〉**

比較

I've heard more **than enough of his name by** now.

(私は彼の名前を今までにうんざりするほど十分に耳にしてきた)

➔ **more than A**は「Aより多い」の意味を表すが，Aにenoughを置いた**more than enough**は「十二分に[の]」の意味を表す。成句表現として押さえておく。本問はmore than enoughが**hear of A**「Aを耳にする」の間に入った形を作ればよい。

399 〈**more than A「A よりももっと」**〉
比較

More than anything else except oxygen, water is necessary for human beings.

(水は，酸素以外の他のなににもまして，人間にとって必要なものです)

➔問題 398 で扱った more than の後に anything else except oxygen を続ければよい。本問の **more than A** は「A よりももっと」といった意味を形成し，副詞句となっている。

400 〈**比較対象の前方への繰り出し／比較級＋than ever**〉
比較

It seems that recently the old man has felt less **inclined than ever to see other** people.

(最近，その老人は今までよりも他人に会いたがらないように思える)

➔本問の内容は It seems that recently the old man has felt less inclined to see other people than ever. と表現すればよいが，文尾に people が与えられていることに注意。ここでは比較対象の than ever を inclined の後に置く。このような**比較対象の前方への繰り出しは**，本問の **feel [be] inclined to do**「…したい気がする」や **be anxious to do／be willing to do／be reluctant to do などの成句表現で，比較対象を早めに表したいという意識や英文のバランスをとりたいという意識が働く場合によく生じる**。整序英作文だけではなく英文読解上も重要。

➔なお，**「比較級＋than ever [before]」**は「これまでよりも…」という意味を表す定式化した表現。

第9回 解答

Step 3　Part 3　[401-450]

大問④はこれまで学習したことの復習が中心であり，ぜひとも完答して欲しいところ。比較的正答率が低いと思われる重要問題は，問題 **402**，**407**，**412**，**419** などである。大問⑦，⑧の整序問題はいずれも重要なポイントを含んでいる良問なので，ていねいに復習しておくこと。

□401	④	□402	④	□403	③	□404	③
□405	②	□406	④	□407	②	□408	③
□409	④	□410	②	□411	①	□412	③
□413	how			□414	thanks または owing または due		
□415	With			□416	Despite，denials または denial		
□417	To			□418	before		
□419	like			□420	any		
□421	④	□422	④	□423	①	□424	①
□425	③	□426	②	□427	①	□428	④
□429	①	□430	④	□431	③	□432	①
□433	④	□434	④	□435	①	□436	①
□437	mind			□438	touch		
□439	much			□440	turn		
□441	Would you **let me use whichever camera you are not using** now?						
□442	He may have gained by it, but **it remains to be seen**. 〈leaves 不要〉						
□443	It rained all night and all day, **during which time the ship broke into pieces**.						
□444	**They collected everything they thought would burn**.						
□445	He was **well ahead of his rivals according to** the early results in the country's first post-war elections.						
□446	The President will spend the rest of the week in the hospital **where he is undergoing tests prior to** his planned heart surgery.						
□447	This must affect the judgement of the man **whose duty it is to** pass sentence. 〈for 不要〉						
□448	I realized there were certain things I had not yet experienced in life, one of which was **what it would be like to live like** a king.						
□449	At **no time in history have women** played such a significant role in the world as today.						
□450	Fortunately we had a map, **without which we would have got** lost.						

第9回 解答・解説

Step 3 Part 3［401-450］

401 ④ 〈要素の移動－目的語の前置〉

語順

What he might have achieved, if his health had improved, it is impossible to say.

(彼の健康が回復していたら何をやっていたかを述べることは不可能だ)

➔本問の最大のポイントは，It is impossible to say A の A，つまり say の目的語が文頭に出た形であることを見抜けたかである。say は基本的に他動詞だから，そう考えないと文構造は成立しない。この点，英語の実力が問われる問題と言える。

➔ここまで来ると，空所に入るのは③ That か④ What かに焦点は絞られる。空所の後に使われている achieve は他動詞で「…を行う／達成する」の意味を表す。よって空所には，名詞節を作りあげると同時に achieve の目的語の働きをも果たす語が来る必要がある。接続詞 that は，以下に完結した文が来るので本問では使えない。したがって，④ What を入れる。この what は疑問代名詞とも関係代名詞ともとれるが，訳例では疑問代名詞として訳出しておいた。なお，that か what かで that が入る場合については，問題 256 参照。

402 ④ **〈unlike A「A と違って」〉**

前置詞

Unlike many of us who just sat and watched what happened, Jane volunteered to help the victims of the accident.

(ただ座って起こったことを見ていたわれわれの多くとは違って，ジェーンは自ら進んで事故の犠牲者を助けようとした)

➔問題 270 で前置詞 like について述べたが，ここではその反意語 **unlike A**「A と違って／A に似ていない／A らしくない」を入れる。

➔① Although は接続詞なので不可。who がなければこれが正答になる。② Despite A「A にもかかわらず」は「われわれの多くにもかかわらず」では文意が通じない。Despite the fact that many of us just sat ... といった使い方なら，かろうじて成立する。

403 ③ 〈「適合・合致」の **to－to A's taste**〉

前置詞

I found none of the shoes completely **to** my taste.

(私の好みに完全に合った靴は一つも見つからなかった)

➔前置詞 **to** には「…に合わせて／…に一致した」という「適合・合致」を表す用法がある。**to A's taste [liking]**「A の好みに合った」，**dance to the music**「音楽に合わせて踊る」などがその代表例。

404 ③ 〈接続詞 **though**「…だけれども」／副詞節の位置〉

接続詞

語順

It seems probable, **though it** cannot be proven, that lying—and getting away with it—will lead to more lying.

(うそをつくこと，そしてそのうそをうまくつき通すことは，さらにうそをつくことへとつながる，といったことは証明はできないけれども，ありそうなことに思われる)

➔文意から接続詞を絞り込み，文構造から接続詞以降の表現を決定するという 2 つの視点が必要。まず接続詞という点からは，② の **even if**「たとえ…だとしても」と

③ **though**「…だけれども」の2つが残る。次に文構造の点から言うと，空所の後に cannot be proven「証明されえない」が来ているから，② even if we では文が成立しない。ここは，that 以下を受ける形式主語 it を用いた③ though it が正答になる。なお，副詞節は本問のように文中に割り込んで入ることがある。

➔ 本問で使われている get away with A は「A(悪事など)を(罰せられずに)うまくやってのける」という意味。

405　②　　〈様態の as—as it is「このとおりで」〉

接続詞

With the situation being **as it is**, we can't make any move.

(状況はこのようになっているので，私たちはまったく動きがとれない)

➔ 問題 296 で触れた**様態の接続詞 as**「…するように」を用いる。文頭の With は問題 261 でテーマ化した**付帯状況の with** である。なお，「as+S+be動詞」で「このとおりで」といった意味になる場合は，問題 274 で扱った「what+S+be動詞」でも表現できる場合が多い。本問は what it is があればそれも正解となる。

406　④　　〈what S was「昔の S の姿」〉

関係詞

My brain is as good as it ever was, and will probably remain so for a very long time yet, but my energy is not and cannot be **what** it was, and it will gradually decline.

(私の頭脳は以前と同じようにうまく働くし，おそらくまだずっとこれからもうまく働き続けるだろうが，私の活力は昔と同じではないし，また昔と同じであるはずもなく，徐々に衰えてゆくことだろう)

➔ 文構造・文意はなかなか難しいが，問うているポイントは問題 274 で述べた「**what+S+be動詞**」のパターンである。なお，空所の前は，is not と cannot be が and で結ばれた共通語句であることに注意。

407　②　　〈複雑な文構造での関係代名詞〉

関係詞

Soon we came to a hill at the foot **of which** stood a deserted factory.

(まもなく私たちは，ふもとにさびれた工場がある丘へとやってきた)

➔ 選択肢からして関係詞の問題であることはわかったと思うが，関係詞節の始まりは正しく判断できたであろうか。本問は at the foot 以下が，関係代名詞節である。本英文の前提となる2文は，以下のとおり。

{ Soon we came to *a hill.*
  At the foot of *it* stood a deserted factory.

下の文は，「S+V+副詞句」の通常の語順が，「副詞句+V+S」の形になっている。第1文型ではこのような倒置が生じることがある。本問はこの it を which にして，at the foot of which のセットを節の頭に置いた形になる。よって，正答は② of which である。

408　③　　〈How come S+V ...?「どうして…したのか」〉

疑問文

A: I bought that new model.

B: Did you? Weren't you saying you didn't like the color? **How come** you bought it?

(**A**「あの新型を買ったよ」　**B**「ほんとうかい。色が気に入らないって言ってなかったかい。どうして買ったの」)

➔ 空所の後に you bought it という平叙文の語順が続いていることに注目。③ How

come が入る。**How come** は口語的表現で, Why と同じ意味を持つが, 本来 **How** (does it) **come** (that) **S+V ... ?** の省略形だから, 平叙文の語順が続く。④ Why を使うと, Why *did you buy* it ?とする必要がある。

➔ ② I wonder if は文法的には成立するが, これは「どうして君はそれを買ったのかしら」と自問する表現。文脈上ありえない。

409 ④

疑問文

〈修辞疑問〉

His opinion is completely different from mine. **How could I possibly agree with him ?**

(彼の意見は私とはまったく異なっている。どうして彼の意見に賛成できようか)

➔ 文脈から文意の通るものを選ぶ。選択肢の文意は, ①「彼の意見に賛成できるだろう」, ②「彼の意見に賛成できただろうに」, ③「彼の意見に賛成しないでいられようか」, ④「どうして彼の意見に賛成できようか」である。④ が正答になる。

➔ なお, ④ はいわゆる修辞疑問で, これは疑問文の形をとりながら, 反語的に相手を納得させる表現形式である。本英文で本当に言いたいのは, I could not possibly agree with him.(私は彼の意見にはとうてい賛成できない) といった内容である。

410 ②

省略

〈前述表現の省略〉

Intimacy is no excuse for rough manners, though the majority of us seem to think **it is**.

(親しいからといって無礼な態度をとることの言いわけにはならない。もっともわれわれの大多数は言いわけになると考えているようだが)

➔ 譲歩の **though**「…だけれども」が使われていることから, 後半部分の内容をすべて表現してみると, though the majority of us seem to think *intimacy is an excuse for rough manners* となるはずである。このイタリック体の部分を表現しているのは② it (=intimacy) is しかない。excuse 以下は, 誤読の可能性はないとの判断から, 省略されている。

411 ①

関係詞

〈前置詞の目的語となる **what-**節〉

This conclusion is based on a misunderstanding **about what** makes people good.

(この結論は, 人間を善良にするものについての誤解に基づいている)

➔ 文構造が成立するのは① about what のみ。この場合, what-節全体は前置詞 about の目的語になっており, what 自体は makes の主語になっている。なお, 選択肢が関係代名詞がらみなので, この what は関係代名詞として訳出しておいたが, 疑問代名詞と考えることも十分可能である。

➔ ② all that は, 代名詞 all が文中で果たす機能がなく浮き上がってしまうので不可。③ that which の that も同様の理由で不可。なお, that which は関係代名詞 what の同意表現として使われることがあるが, そう考えても, 文中で果たす役割は見えない。about that which なら正答になる。④ to whom は, 前に「人」が登場していない以上, まったく論外である。

412 ③

強調

〈疑問詞の強調－疑問詞+**is it that**+**S**+**V ... ?**〉

How was it, he wondered, that after having known him for so many years he still could not understand Peter's recent behaviour ?

(ピーターと知り合って何年も経っているというのに, それでもピーターの最近の行動

が理解できないのはどうしてだろうか，と彼は心の中で思った)

➔ 疑問詞を強調する強調構文は **「疑問詞＋is it that＋S＋V ...」**の形で表す。本問は，that の前に , he wondered, が入り込んでいるため少しわかりにくくなっている。③ How was it が正答である。

➔ なお，He wondered で始める通常の形にすると，How was it that ... の箇所も間接疑問になるので，以下のような平叙文の語順になる。

He wondered how *it was* that after ....

413 how 〈**how S＋V ...**「…するやり方」〉

関係詞

(a) A careful reading of his book will show you the workings of his mind.

(b) You can see **how** his mind works if you read his book carefully.

(a)(彼の本を注意深く読めば，あなたは彼の精神の働きがわかるだろう)，(b)(もし彼の本を注意深く読むならば，あなたは彼の精神の働き方がわかるだろう)

➔ (a)の the workings of his mind「彼の精神の働き」を，(b)では関係副詞 **how** (疑問副詞と考えてもよい) を用いて，how his mind works「彼の精神の働き方」という節で表す。

414 thanks または owing または due 〈**thanks to A**「A のおかげで」〉

群前置詞

(a) Were it not for the 250 guards on patrol to protect the elephants in the park, none of them would survive for long.

(b) The elephants in the park survive **thanks** to the 250 guards on patrol to protect them.

(a)(公園の象を守るために巡回している 250 人の監視員がいなければ，長生きする象はいないだろう)，(b)(公園の象は，自分たちを守ってくれるために巡回している 250 人の監視員のおかげで，生存し続けている)

➔ 仮定法過去で表現された(a)の文を，(b)では直説法を使って「現在の事実」として表現する。象が生きている理由を述べるのだから，理由を表す群前置詞 **thanks to A**「A のおかげで／理由で」を使えばよい。なお，この表現は良い内容でも悪い内容でも使うので注意。問題 107，276 で述べた群前置詞の中から，**owing to A／due to A** を使うこともできる。

415 With 〈同時性を表す **with**「…につれて／…と同時に」〉

前置詞

(a) As time went on, my memories of my hometown became less vivid.

(b) **With** the passing of time, it was more and more difficult to remember my hometown.

(a)(時間が経つにつれて，私の故郷の記憶は色あせていった)，(b)(時間が経つにつれて，私の故郷を思い出すのは次第に難しくなっていった)

➔「…するにつれて」の意味を表す接続詞 as を用いた(a)の文を，(b)では同時性を表す前置詞 with を用いて表現する。**as time goes on [passes] =with (the passing of) time** と考えてよい。

416 Despite，denials または denial 〈**despite A**「A にもかかわらず」〉

前置詞

(a) Though he denied the rumor frequently, nobody believed him.

(b) **Despite** his frequent **denials** of the rumor, nobody believed him.

(a)(b)(彼はその噂をしばしば否定したにもかかわらず，誰も彼の言うことを信用しな

かった)

➔ 譲歩の接続詞 **though**「…だけれども」を用いた(a)の文を，(b)では問題 104 で触れた譲歩の前置詞 **despite A**「A にもかかわらず」を用いて表現する。deny の名詞形 denial は，可算名詞・不可算名詞いずれもあるので，denials でも denial でも可。

417 To 〈**to A's＋感情名詞「A が…したことに」**〉

前置詞

To my great joy, I won first prize at the speech contest.

(とてもうれしかったことに，私はスピーチコンテストで優勝した)

➔「**to A's＋感情名詞**」の形で，結果としての感情状態を表す。通例「A が…したことに」と訳出する。感情名詞としては **joy**「喜び」，**grief**「悲しみ」，**disappointment**「失望」などが用いられる。

418 before 〈**before S＋V ...「…しないうちに」**〉

接続詞

I waited up for my husband to come home, but I fell asleep **before** I knew it.

(夫の帰りを寝ずに待っていたが，いつの間にか寝入ってしまった)

➔ **before** は「…する前に」の意味を表す接続詞だが，文脈によっては「…しないうちに」と否定的に訳出したほうがよい場合がある。**before I know**「知らぬ間に→いつの間にか」，**before I forget**「忘れないうちに」など。

419 like 〈**前置詞 like A「A のような／A に似た／A らしい」**〉

前置詞

How dare you say things **like** that about my father!

(私の父のことをよくもまあそんなふうに言えたものだ)

➔ 問題 270 で述べた前置詞 **like** を入れる。**like that**「そのような／そのように」はよく用いられる表現。

➔ 本問の **How dare you do ...?** [!]「よくも…できるね」は，相手に対する憤慨を表す表現として押さえておこう。

420 any 〈**if any「たとえあるにしても」**〉

省略

There are very few, if **any**, students who can appreciate the true value of this book.

(この本の真価がわかる学生は，たとえいたとしても，きわめて少ない)

➔ **few / little という名詞を否定する語とともに使う if any** を完成させる。ever を入れないこと。if any／if ever／if anything については，問題 267，268 参照。

421 ④ 〈**理由を表す接続詞と群前置詞**〉

接続詞

群前置詞

① I've got plenty of cash **because** I've just been to the bank.

② I've got plenty of cash **on account of the fact that** I've just been to the bank.

③ I've got plenty of cash **since** I've just been to the bank.

①②③ (私はちょうど銀行に行ってきたところなので，たくさんお金があります)

➔ ① **because**，③ **since** はいずれも理由を表す接続詞なので可。② on account of the fact that は，理由を表す群前置詞 **on account of A** (問題 107 参照) の A に名詞 the fact を入れ，後に同格の名詞節を導く接続詞 that (問題 122 参照) を置いたもので，文法的に正しい (ただし，実際には，本問のような内容では，このような回りくどい表現はしないだろう)。④why は明らかに不可。why には副詞節を導く用法はない。

422 ④ 〈疑問副詞と疑問代名詞〉

疑問文

①**How** are you going to speak?
②**When** are you going to speak?
③**Where** are you going to speak?
①(どのように話をしますか), ②(いつ話をしますか), ③(どこで話をしますか)

➜①How, ②When, ③Where は, いずれも疑問副詞なので, 自動詞 speak「話をする／演説をする」と併用することができる。④Whom は疑問代名詞なので, 「speak＋人」の形が可能なら入りうるが, 「speak＋人」の用法はない。よって④Whom が不可。speak to A(人)「A に話しかける」は可能なので, Whom do you speak *to*? は可。ただし, 現代英語では Who do you speak to? と表現することが多い。

423 ① 〈時を表す(群)前置詞〉

前置詞
群前置詞

②We stayed there **until** Christmas.
③We stayed there **before** Christmas.
④We stayed there **up to** Christmas.
②④(私たちはクリスマスまでそこに滞在した), ③(私たちはクリスマス前にそこに滞在していた)

➜④**up to A**「A に至るまで」は, ②until とほぼ同じ意味を表す用法があるので可。③before もまったく問題ない。

➜①to が不可。to は時間を表す語を伴って, 単独で「…まで」の意味で使われることはない。**from A to B** の形なら可。本問の場合, We stayed there *from* December 21st *to* Christmas. (私たちは, 12月21日からクリスマスまでそこに滞在した) といった形なら可となる。

424 ① 〈関係代名詞の考え方〉

関係詞

②This is the house which he **is willing to sell**.
③This is the house which he **rents from Mrs. Williams**.
④This is the house which he **rents to the students**.
②(これは, 彼が売っても構わないと思っている家です), ③(これは, 彼がウィリアムズ夫人から借りている家です), ④(これは, 彼が学生に貸している家です)

➜②の sell は他動詞なので目的格関係代名詞 which は使える。③, ④の rent も他動詞で「…を賃借りする／…を賃貸しする」のどちらの意味もあるので, 目的格関係代名詞 which は使える。

➜①wants to live が不可。関係詞節の前提となる英文は, He wants to live in *it*. であるから, it を which にして節の頭に持って来た場合, in が残るはず。wants to live in なら可。この点については, 問題 111 参照。

425 ③ 〈前置詞の後に that は不可／関係形容詞 which〉

関係詞

①She favors equal pay, **which idea I'm quite opposed to**.
②She favors equal pay, **which I'm quite opposed to**.
④She favors equal pay, **to which idea I'm quite opposed**.
①④(彼女は同一賃金に賛成だが, 私はその考えにはまったく反対だ), ②(彼女は同

一賃金に賛成だが，私は同一賃金にはまったく反対だ)

➔ 前置詞の後で関係代名詞 that は使えない（問題 111 参照）ということを押さえておけば，③が不可であることは容易にわかる。

➔ ここでは①，④で用いられている関係形容詞 which の用法を押さえておこう。**関係形容詞 which は必ず非制限用法で用い，前文全体またはその一部（場合によっては名詞）の文内容を「which＋名詞」の形で表すものである。**直後に名詞を伴うので関係形容詞と呼ばれる。本問の場合，①④とも equal pay=which idea であり，前文の名詞の内容を「which＋名詞」の形にしている。

426 ② 〈**非制限用法の which と as／関係形容詞 what**〉

関係詞

①The suspect didn't drive his car on the day, **as is clear from the record**.

③The suspect didn't drive his car on the day, **which is important**.

④The suspect didn't drive his car on the day, **which fact is important**.

①(容疑者はその日，車を運転しなかったが，それは記録から明らかである)，③(容疑者はその日，車を運転しなかったが，それは重要なことである)，④(容疑者はその日，車を運転しなかったが，その事実は重要である)

➔ ② what is clear from the record は名詞節になるはずだが，文中で機能すべき役割が存在しない。よって不可。

➔ ①の前文の文内容を先行詞とする関係代名詞 as は，問題 255 参照。③の前文の文内容を先行詞とする関係代名詞 which は，問題 115 参照。④の which fact の which は問題 425 で述べた関係形容詞で，ここでは，前文の文内容=which fact になっている。

427 ① (→which) 〈**前置詞の後に関係副詞は不可**〉

関係詞

The period during **which** people first learned to melt iron is known as the Iron Age.

(人々が最初に鉄を溶かせるようになった時代は，鉄器時代として知られている)

➔ The period を先行詞とする関係詞節の前提となる英文を考えると，People first learned to melt iron during *it*. となる。it は代名詞だから，これを関係詞にすると関係代名詞 which になる。本問の英文は during which のセットを節の頭に置いた形にする必要がある。

428 ④ (→swim in) 〈**目的格関係代名詞の省略／前置詞の後置**〉

関係詞

It is a six-hour drive to my grandparents' house, behind which is a river I used to **swim in**.

(私の祖父母の家まで車で6時間であり，その家の裏には，私が昔泳いだ川がある)

➔ a river を先行詞とする関係詞節の前提となる英文を考えると，I used to swim in *it*. となる。この it が目的格関係代名詞 which となり，それが省略された形だから，swim の後には前置詞 in が残らなくてはならない。問題 111，294 参照。

➔ , behind which の **behind** は「…の後ろに／裏に」の意味の前置詞。which の先行詞は my grandparents' house。「前置詞＋which」の形である。なお，behind which 以降は，「副詞句＋V＋S」の語順になっている点に注意。この点は，問題 407 の関係詞節と同じである。

429 ① (→once) 〈接続詞 once－once that は不可〉

接続詞

Once you learn how to ride a bike, you never forget it. And it is convenient for shopping.

(いったん自転車の乗り方を覚えると，決して忘れるものではない。それに買い物に行くにも便利だ)

➔ 問題 289 で述べたように，**once** には接続詞の用法があり「ひとたび…すると」の意味を表すが，**once S＋V ...** の形で使うのであって，once that S＋V ... といった形はない。

430 ④ (→(to) process) 〈等位接続詞の結ぶもの－文法的に対等なもの〉

接続詞

Computers are used primarily to calculate answers and **(to) process** data.

(コンピューターは，主として答えを算出し，データを処理するために使われる)

➔ **等位接続詞 and / but / or は，原則として文法的に対等なものを結びつける**。本問の場合，and の後が processing では，どことどこが結ばれているのかがまったく見えない。ここは to calculate answers and (to) process data の 2 つの不定詞を結ぶ形にしなければならない。ただし，to は既に to calculate で使われているので，省略することもできる。

431 ③ (→has become) 〈修飾語句がある主語と動詞の一致〉

主語と動詞の一致

Why is it that bullying among children **has become** such a severe problem in Japan?

(子どもの間でのいじめが日本で非常に深刻な問題となっているのはなぜだろうか)

➔ among children という修飾語句はあるものの，③ have become の主語は bullying である。よって，has become にする必要がある。問題 140，284 参照。

➔ ① Why is it that は，疑問詞を強調した強調構文であり，正しい。問題 412 参照。

432 ① (→that) 〈同格の接続詞 that か関係代名詞 which か〉

接続詞

The belief **that** the heavenly bodies control our fates probably originated back in prehistoric times, when men noticed that certain bright stars—they would not have paid attention to the dim ones—appeared at certain positions in the sky at different times of the year.

(天体が人間の運命を左右するという信念の起源は，おそらく先史時代にさかのぼる。当時，人々はあるいくつかの明るい星は，—彼らは暗い星には注意を払わなかったであろう—1 年のそれぞれ異なった時期に，天空のある定まった場所に現れるということに気づいていた)

➔ 英文は長く複雑だが，ポイントははっきりしている。① which の後には the heavenly bodies control our fates という「S＋V＋O」の完結した文が来ている。関係代名詞は節内で名詞の働きをし，その働きに応じて主格・目的格・所有格といった形が存在するのである。本問では，関係代名詞 which が節内で果たす役割がない。ここは同格の名詞節を導く接続詞 that にして，The belief の具体的な内容を示す必要がある。問題 122 参照。

433 ④ (→right behind) 〈**behind A**「**A** の後ろで」〉

前置詞

The cat, motionless, watched the mouse come out of the hole, and then, suddenly, he heard the neighbor's dog breathing heavily **right behind** him.

(その猫はじっとして，ねずみが穴から出てくるのを見ていた，すると突然，彼は隣の家の犬が自分の真後ろでゼエゼエと息を荒くしているのを聞いた)

➔問題 428 で触れたように，**behind** はそれ自体前置詞である。④ right behind of の of は不要。なお，ここでの **right** は場所を示す語句の前で用いられ「ちょうど」の意味を表す副詞。

➔① motionless は，前の主語の状態を付加的に説明するもの。being が省略された分詞構文とも考えることができる。間違いではない。

434 ④ (→for) 〈「期間の長さ」を表す for〉

前置詞

Joan, though she doesn't really need to, has been dieting **for** three weeks.
(ジョーンは，実際にはする必要はないのに，3 週間ダイエットし続けている)

➔問題 135 で述べたように，since は「…以来(ずっと)」の意味を表す。したがって，その後には始まりを表す具体的な表現がこなければならない。ここは, three weeks が後に来ているので，問題 132 で述べた**「期間の長さ」を表す for** にする必要がある。

➔② doesn't really need to は，need を一般動詞で使った形。to は to (diet)の意味の代不定詞(問題 152 参照)。diet 自体は，前述表現ではないが，文脈上明らかなので代不定詞を用いている。間違いではない。

435 ① (→What) 〈**What do you think of A ?「A についてどう思いますか」**〉

疑問文

What do you think of the idea that students should study hard ?
(学生は一生懸命勉強すべきだという考えをどう思いますか)

➔**What do you think of [about] A ?** で「A をどう思いますか」の意味。このままの形で覚えてしまえばよいが，厳密に言うと，この形の think は他動詞で疑問代名詞の what はその目的語。疑問副詞の how は使えない。この点は客観選択問題でも頻出。

436 ① (→How much) 〈「金額・量」を問う **how much**〉

疑問文

How much is one hundred French francs in Japanese yen ? I'm going to Paris the week after next.
(100 フランス・フランは，日本円ではいくらですか。私は再来週パリに行くのです)

➔「金額」を問うのは **how much** である。how many は通例**「how many＋複数名詞」**の形で用いて具体的な「数」を問う表現。

CHECK 40 「how＋形容詞・副詞」

- □ **how much**「金額・量」
- □ **how long**「時間の長さ・物の長さ」
- □ **how far**「距離」
- □ **how large**「大きさ・広さ」
- □ **how often**「頻度・回数」
- □ **how soon**「時間の経過（どのくらい経つと)」

437 mind 〈**mind「記憶／精神／心／…をいやがる」**〉

共通語補充

(a) I should have answered your letter sooner, but it completely slipped my **mind**.

(b) I asked her if she'd **mind** watching my bag while I washed my hands.

(c) Hard work is the best thing to take one's **mind** off his sorrow.

(a)(あなたの手紙にもっと早く返事を出すべきだったのだが，すっかり忘れてしまっていた)，(b)(私は彼女に，手を洗っている間バッグを見ていてくれませんかと言った)，(c)(一生懸命働くことが，人に悲しみを忘れさせる最良の策だ)

➔ (a)，(c)の **mind** はいずれも名詞で，本来「記憶／関心」の意味。(a)の **slip A's mind** は「A に思いつかない／A が忘れる」の意味のイディオム。(c)の **take A's mind off B** は「A に B のことを忘れさせる」の意味のイディオム。(b)の **mind** は本来「…をいやがる」の意味で動名詞を目的語にとる動詞。I said to her, "Would you mind watching my bag ... ?" が，間接話法になった形。

438 touch　　〈**touch**「少量／…に言及する／接触」〉

共通語補充
名詞を含むイディオム

(a) She still has a **touch** of the flu.

(b) Your objections do not **touch** the point at issue.

(c) I try to keep in **touch** with current events by reading the newspapers.

(a)(彼女はまだ少し風邪気味だ)，(b)(あなた方の反対論は，論点に言及していない)，(c)(私は，新聞を読むことで現在のできごとと接点を持ち続けようと思う)

➔ (a)の **a touch of A** は「少量の A／A 気味」の意味。(b)の touch は動詞で「…に触れる／言及する」の意味。(c)は，**keep in touch with A** で「A と接触[交際]を続ける」の意味。(a)，(c)の表現はイディオムとして押さえておこう。

439 much　　〈**not much of a .../much**「多くのこと，はるかに」〉

共通語補充
名詞の語法
比較

(a) He is not **much** of a tennis player.

(b) **Much** of what he said was meaningless.

(c) This is **much** better than the other.

(a)(彼は大したテニス選手ではない)，(b)(彼の言ったことの多くは無意味だった)，(c)(こちらのほうがもうひとつのほうよりずっといい)

➔ (a)の much は通例否定文で用い「たいしたこと[もの]」の意味になる名詞。本問の **not much of a ...**「たいした…でない」は慣用的表現として押さえる。問題250参照。(b)の **much** は「多くのこと[もの]」の意味の名詞。(c)の **much** は副詞で「ずっと／はるかに」の意味の比較級強調語。

440 turn　　〈**turn**「順番／変わり目／機会／…を向ける」〉

共通語補充

(a) Be patient and wait your **turn**.

(b) Paris was the most wonderful city at the **turn** of the century.

(c) We tried all sorts of ways of finding out where she lived but failed at every **turn**.

(d) Never **turn** your back on a challenge.

(a)(辛抱して自分の順番を待ちなさい)，(b)(世紀の変わり目にはパリはもっともすばらしい都市だった)，(c)(私たちは彼女の住所を知るためのあらゆる方法を試みたが，その都度失敗した)，(d)(決して試練に背を向けてはいけない)

➔ (a)の **turn** は「順番」の意味の名詞。(b)の **turn** は「変わり目／転換期」の意味の名詞。(c)の turn は「機会」の意味の名詞で，**at every turn**「あらゆる機会に／絶えず」はイディオム。(d)の turn は「…を向ける」の意味の動詞で，**turn one's back on A**「A に背を向ける／A を無視する」はイディオム。

441 〈複合関係形容詞 whichever／let A do〉

関係詞 動詞の語法

Would you **let me use whichever camera you are not using** now?

(今お使いでないカメラを，どれでもよろしいですから，使わせてください)

➔「使わせてください」は **let A do** の形を用いて，まずは let me use ... とまとめる。

➔ 問題 116 で複合関係代名詞 whichever について触れたが，それ以外に whichever には直後に名詞 A を伴って「**whichever A (＋S)＋V ...**」の形で，名詞節「…する A はどちらでも」または譲歩の副詞節「どちらの A が[を] …しようとも」を表す用法がある。直後に名詞を伴うことから，この whichever は複合関係形容詞と呼ばれる。本問では，この whichever を使って，use の目的語となる名詞節を，whichever camera you are not using (now)とまとめる。

442 〈remain to be done「まだ…されていない」〉

否定

He may have gained by it, but **it remains to be seen**. 〈leaves 不要〉

(彼はそれで得をしたかもしれないが，今後を見ないとわからない)

➔ 問題 287 で触れた **remain to be done**「まだ…されていない／これから…されねばならない」を用いて英文を完成させる。近年，入試で急増している表現である。なお，leave は後に不定詞を伴う用法はないので，it leaves to be seen としないこと。

443 〈関係形容詞 which／break into pieces〉

関係詞 名詞を含むイディオム

It rained all night and all day, **during which time the ship broke into pieces**.

(昼も夜も雨が降り続け，その間に船はばらばらに砕けた)

➔ which を，問題 425 で述べた関係形容詞として使えるかがポイント。前文の文内容を，which time で受け，前置詞 during を用いて，**during which time** とまとめる。本問のように，関係形容詞 which は，「前置詞＋which＋名詞」の形で用いられ，節内で副詞句として機能させる場合が多い。

➔「ばらばらに砕けた」は，**break into [to] pieces**「ばらばらに壊れる」のイディオムを使う。なお，**break A into [to] pieces**「A をばらばらに壊す」という他動詞用法もある。

444 〈連鎖関係代名詞節―主格関係代名詞の省略〉

関係詞

They collected everything they thought would burn.

(彼らは燃えそうなものは何でも集めた)

➔ everything を先行詞として，問題 117 で述べた連鎖関係代名詞節を作るのがポイント。ただし，本問では，主格関係代名詞 which [that] を省略した形にする。問題 117 でも述べたように，**連鎖関係代名詞節では主格関係代名詞であっても省略可能**なのである。

445 〈ahead of A／according to A〉

群前置詞

He was **well ahead of his rivals according to** the early results in the country's first post-war elections.

(彼は，その国の戦後最初の選挙の初期の結果によると，他の候補者よりかなり先んじていた)

➔ **ahead of A**「㋐(位置的に)A の前に，㋑(時間的に)A に先立って，㋒(内容的に)A よりまさって」と **according to A**「㋐A によれば，㋑A に従って」の 2 つの群前置詞を作ることがポイント。**well** は前置詞句などの前に置いて「かなり」の意味を表す用法がある。本問では，ahead of his rivals の前におく。

446 〈関係副詞 where／prior to A〉

関係詞 群前置詞

The President will spend the rest of the week in the hospital **where he is undergoing tests prior to** his planned heart surgery.

（大統領は，週の残りの日々を，予定されている心臓手術の前に行なわれる検査を受けることになっている病院で過ごすであろう）

➔ the hospital を先行詞として，関係副詞 **where** で始まる節を作る。

➔ **prior to A**「A の前に[の]」の群前置詞を使って，文末の his planned heart surgery へとつなげる。

447 〈所有格関係代名詞 whose／it is ... to do〉

関係詞 不定詞

This must affect the judgement of the man **whose duty it is to** pass sentence. 〈for 不要〉

（これは，判決を下すことを職務としている人の判断に影響を与えるに違いない）

➔ the man を先行詞として，所有格関係代名詞 **whose** で始まる節を作る。この節構造の前提となる英文は，形式主語 it を使い，真主語の to-不定詞を後置した形で，it is *his* duty to pass sentence である。for は使う余地がない。

➔ なお，〈2 語不要〉であれば，*His* duty is to pass sentence. の英文を前提とした，whose duty is to (pass sentence)が正答になる。

448 〈What is it like to do?「…するとはどういうことか」〉

疑問文 語順

I realized there were certain things I had not yet experienced in life, one of which was **what it would be like to live like** a king.

（私がまだ人生で経験していないことがいくつかあり，そのうちのひとつは，王様のような暮らしをするとはどういうことかということだ，と私は悟った）

➔ 問題 270 で **What is S like?**「S はどのよう(なもの／人)か」の表現をテーマ化したが，この表現の主語に形式主語の it を用い，to-不定詞を対応させた **What is it like to do?**「…するとはどういうことか」の形もよく問われる。本問は，この形を使うが，間接疑問なので節内を平叙文の語順にする必要がある。

449 〈否定の副詞表現が文頭ー以下倒置形〉

語順

At **no time in history have women** played such a significant role in the world as today.

（女性が今日ほど世の中で重要な役割を演じたことは歴史上どの時代にもなかった）

➔ (At) no time in history と否定の副詞句を文頭でまとめる。以下は倒置形になるので，have women (played ...)と続ける。問題 131 参照。

450 〈前置詞＋which／仮定法での without A〉

関係詞 仮定法

Fortunately we had a map, **without which we would have got** lost.

（運よく私たちは地図を持っていたが，もし地図がなかったら私たちは道に迷っていたことだろう）

➔ 仮定法では **without A／but for A** で「もし A がなければ／なかったら」という条件節の内容を表す(問題 186 参照)が，本問ではこの without を用いて，A の位置に関係代名詞 which を持ってくるのがポイント。先行詞は a map。without which 以降は，we would have got (lost)と仮定法過去完了の主節の形にまとめる。

第10回

会話表現 ［451-500］

番外編として，第 10 回は，近年増加傾向にある長文型会話問題を扱っている。残念ながら現状では，この種の問題は英米人が首をかしげる悪問の比率が極めて高い。ここで使用した問題は，良問を選んだ上で不自然な表現などは変更している。安心して解説を読み正答の根拠を確認して欲しい。

解答

□451	⑦	□452	③	□453	①	□454	③
□455	②	□456	①	□457	②	□458	④
□459	①	□460	③	□461	①	□462	④
□463	③	□464	③	□465	①	□466	⑩
□467	⑨	□468	④	□469	③	□470	②
□471	③	□472	③	□473	①	□474	②
□475	⑤	□476	③	□477	⑥	□478	⑥
□479	⑦	□480	①	□481	②	□482	⑤
□483	⑦	□484	③	□485	⑥	□486	⑨
□487	①	□488	④	□489	⑤	□490	⑩
□491	④	□492	②	□493	⑩	□494	⑧
□495	⑦	□496	⑤	□497	⑨	□498	③
□499	①	□500	⑥				

第10回 解答・解説

会話表現［451-500］

451 －⑦ 452 －③ 453 －①

A：Hello?
B：Hello. This is Maria. 451 **Can I speak to Ted?**
A：I am sorry, he's out at the moment. 452 **Shall I have him call you back?**
B：No, that's okay. When he comes home, can you tell him that I'll call back later?
A：Sure. 453 **Can I have your name again, please?**
B：Maria Rodrigues.
A：I'll give him the message.
B：Thanks, good bye.
A：You're welcome. Bye.
（**A**「もしもし」 **B**「もしもし，こちらはマリアです。テッドさんをお願いします」 **A**「申し訳ないのですが，彼は今外出しています。後ほど電話をさせましょうか」 **B**「いえ，結構です。お戻りになりましたら，私からあとで電話をするとお伝えください」 **A**「わかりました。もう一度お名前を教えていただけませんか」 **B**「マリア・ロドリゲスです」 **A**「彼に伝えておきます」 **B**「ありがとうございます。それでは失礼します」 **A**「どういたしまして。それでは失礼します」）

451 ➔電話をかけた人が自分の名前を名乗り，話をしたい人を呼んでもらいたいときに使う表現の**Can［Could］I speak to［with］A(, please)?**「Aさんをお願いします」が入る。したがって，⑦Can I speak to Ted?が正答となる。

452 ➔すぐ後にBがNo, that's okay.「いえ，結構です」と述べていることから，Shall I ...?「…しましょうか」の形が入るはず。したがって，③Shall I have him call you back?が正答となる。

453 ➔すぐ後にBがMaria Rodrigues.と再度，名前を言っていることから，AはBの名前を聞いていることがわかる。①Can I have your name again, please?か④Could you teach me your name again?かで迷うところだが，①を正答として選ぶ。④のteachは「(知識・技能・学問などを) 教えこむ」のであって「名前を教える」といった場合には用いない。tellを用いてCould you tell me your name again?とすれば可となる。tellとteachの用法は問題036参照。

454 －③ 455 －② 456 －①

Doctor：Good morning. Now what seems to be the matter?
Patient：Well, doctor. I've got this awful stomachache. 454 **I think it must be something I ate.** And I think I've got a slight temperature, as well.
Doctor：I see. And have you got pains anywhere else?
Patient：Well, I had a headache before I went to bed last night, and I didn't sleep well.
Doctor：When did you arrive in Singapore?
Patient：Only the day before yesterday. And yesterday lunchtime I had rather a

big lunch—and I'm not used to Chinese cooking.

Doctor : I see. Well, I don't think you're seriously ill. 455 **I think it's a combination of jet lag and the new food.** Is this the first time you've been to Southeast Asia?

Patient : Yes.

Doctor : Well, I'll give you a prescription for some medicine, and 456 **I suggest you take it easy and stay in bed for a couple of days.** I'll come and see you again tomorrow.

Patient : Thank you, doctor.

(**医者**「おはようございます。ところで，どこが悪いようなのですか」 **患者**「はい，先生。こうしてひどくおなかが痛むんです。なにか食べたものに原因があるに違いないと思います。それに，少し熱もあると思います」 **医者**「わかりました。それから，ほかにどこか痛むところはありませんか」 **患者**「そうですね，きのう寝る前に頭痛がして，あまりよく眠れませんでした」 **医者**「シンガポールにはいつ着きましたか」 **患者**「ほんのおとといです。それで，きのうの昼食のときかなりたくさん食べました―それと私は中華料理に慣れていないんです」 **医者**「わかりました。そうですね，あまりたいしたことはないと思います。時差ぼけと新しい食事が重なったからだと思います。今回初めて東南アジアへ来られたのですか」 **患者**「はい」 **医者**「では，薬の処方せんを差し上げましょう。それと楽にして2～3日寝ていたほうがよいでしょう。明日もう一度診察に来てあげましょう」 **患者**「ありがとうございます，先生」)

454 ➔直前にI've got this awful stomachache. と腹痛を訴えているので，その原因と思える内容の③I think it must be something I ate. が正答となる。②I think it's a combination of jet lag and the new food. も腹痛の原因を表す内容だが，その内容は患者が述べるにはあまりにも専門的であり，全体の話の流れから②は医者の発言であることに気づくこと。

455 ➔腹痛の原因に対する医者の最終的な診察結果の内容を表す②I think it's a combination of jet lag and the new food. が入るはず。

456 ➔I'll give you a prescription for some medicine の内容を受けて患者に静養をうながす文が入る。したがって，①I suggest you take it easy and stay in bed for a couple of days. が正答となる。

C

457 –② 458 –④ 459 –① 460 –③ 461 –①

John : Got a minute?

Bill : Sure. 457 **What's on your mind?**

John : Well, I've been thinking about investing in a new stereo and I was wondering if you could give me 458 **a few hints on** things like where to go and what to buy.

Bill : I'd like to help you but I don't know that much about it. Why don't you ask Fred? 459 **He's into stereos.**

John : Thanks. You know his number?

Bill : 460 **Not off hand,** but I imagine it's 461 **in the phone book.**

John : Thanks. I'll look it up.

(**ジョン**「ちょっと時間があるかい」 **ビル**「いいよ。なにか気になっていることでもあるのかい」 **ジョン**「うん，新しいステレオにお金を使おうかとずっと考えてきたんだけれど，どこに行ってなにを買ったらいいのか君に少しヒントをもらえないだろうかと思っているんだ」 **ビル**「力になってあげたいけど，そのことはあまり知らないんだよ。フレッドに尋ねたらどうだい。彼はステレオに夢中だよ」　ジョン「ありがとう。彼の電話番号知っているかい」　ビル「すぐにはわからないよ，でも電話帳に載っていると思うよ」　ジョン「ありがとう。調べてみるよ」)

457 ➔何か相談することがあってジョンがビルに「時間がありますか」と聞いているわけだから，その話の内容を尋ねる②What's on your mind？が入る。**on one's mind**「気になって」は重要イディオム。問題369参照。①の**Do you have anything (special) in mind？**「何か(特別に)お決めになっているものがございますか」は買物をするときに店員などが客に尋ねる慣用表現。したがって，ここでは用いられない。

458 ➔④a few hints onを正答として選ぶ。a hint on [about] Aは「Aに関するヒント／手がかり」の意味。①some advice inは不可。adviceの後はinではなくon [about] がくる。**advice on [about] A**「Aについての忠告」で押さえる。②an information onも文法的におかしい。informationは不可算名詞なので不定冠詞のanはつかない。問題065の**CHECK 18**参照。③a suggestion overもよくない。suggestionの後は，advice同様，on [about] がくる。

459 ➔前文の「フレッドに尋ねたらどうか」という提案の根拠を示す①He's into stereos.を正答として選ぶ。**into A**は「Aに夢中になって／Aに関心を持って」の意味を表す。その他の選択肢は前後の文脈に合わない。

460 ➔電話番号を尋ねる前文に対して，「すぐにはわからない」の内容を表す③Not off hand,を正答として選ぶ。Not off handはI don't know his number off hand,の省略形。なお，**off hand**「即座に」は重要イディオム。①It's out of my hands,は不可。**out of A's hands**は「Aの手[責任／支配]を離れて」の意味であり文意に合わない。

461 ➔ジョンがこの後に「自分で電話番号を調べる」と発言していることから，「電話帳に載っている」の内容を表す①in the phone book.を正答として選ぶ。②on the directory.は不可。directoryの前に置く前置詞はonではなくてinを用いる。in the phone directoryなら正答となり得る。

D

462 −④　463 −③

Student: Here's the rough draft of my chemistry report. I think it's definitely getting better.

Professor: Hum. It has improved in objectivity, but wouldn't you agree that some parts need more work？

Student: Yeah. I guess some parts need to be changed.

Professor: For instance, let's look at your introduction. You've chosen an interesting topic, but your explanation is still too general. 462 **I'm not really sure that I understand what you're getting at.** I think you need to focus your explanation more in order to give the reader a more exact idea of what you're talking about.

Student: 463 **Do you mean I should be more specific？**

Professor: Exactly.

(**学生**「これは私の化学のレポートの下書きです。確実に良くなっていると思うのですが」　**教授**「そうねえ。客観的には良くなっているけど，手を加えるべきところがいくつかあるとは思わないかね」　**学生**「はい。変更が必要な部分もあると思います」　**教授**「例えば，導入の部分を見てみようか。君は興味深い話題を選んではいるけど，君の説明は相変わらず一般的すぎるんだよ。君が何を言わんとしているのか，実際のところ理解しかねると私は思う。君が何について論じているのか，読者にもっと正確に伝えようとするためには，説明の要点をもっと絞りこむ必要があると思うよ」　**学生**「もっと具体的でなければならないということですか」　**教授**「そのとおり」）

462 ➔直前に your explanation is still too general「レポートにおけるあなたの説明が一般的すぎる」という教授の批評があり，直後に「あなたの説明の要点をもっと絞りこむ必要がある」という教授のアドバイスがあることから，正答として④ I'm not really sure that I understand what you're getting at.「私自身もあなたの言いたいことがわからない」を選ぶ。④を選べば，教授の話の流れが適切なものになる。なお，**get at A** は「A をほのめかす／暗示する」の意味。つまり，**What are you getting at ?** で「君は何を言おうとしているのか」の意味を形成する。

463 ➔前文の教授のアドバイスを受けて，学生がその内容を教授に問い返す内容の文がくるはず。前文の内容を正確につかめば，正答として③ Do you mean I should be more specific ? を選べるだろう。**specific**「明確な／具体的な」は重要単語。

E

464 －③　465 －①　466 －⑩　467 －⑨　468 －④

(*Mr. Sato telephones Mr. Jones for an appointment.*)

Mr. Jones : Hello.
Mr. Sato : Hello, Mr. Jones. This is Ken Sato. How are you ?
Mr. Jones : 464 **Oh, not too bad**. And you ?
Mr. Sato : Great. Things couldn't be better.
Mr. Jones : Glad to hear it. 465 **How can I help you** ?
Mr. Sato : I'll be going to America next month for a business trip. I'd like your advice on a couple of things.
Mr. Jones : Really ! That's great ! When are you going ?
Mr. Sato : The week after next. Would it be possible to have lunch this week ?
Mr. Jones : OK. 466 **You name the day**.
Mr. Sato : How about Thursday ?
Mr. Jones : Suits me fine. What time ?
Mr. Sato : I have an appointment at eleven, but it shouldn't take too long. How about one ?
Mr. Jones : 467 **You got it**. Where shall we meet ?
Mr. Sato : How about the grill at the Hotel Dynasty ?
Mr. Jones : Fine. 468 **See you then**.

（〈佐藤氏がジョーンズ氏へ面会の約束をするために電話をかける〉 **ジョーンズ氏**「もしもし」 **佐藤氏**「もしもし，ジョーンズさん。佐藤健です。ごきげんいかがですか」 **ジョーンズ氏**「まあ，悪くはないですね。あなたはどうですか」 **佐藤氏**「いいです。最高です」 **ジョーンズ氏**「それはよかった。用件は何でしょうか」 **佐藤氏**「来月仕事でアメリカに行く予定なんです。いくつかの点で助言をいただきたいのですが」 **ジョーンズ氏**「本当ですか。それはすごい。いつ行く予定ですか」 **佐藤氏**「再来週です。今週，ランチを一緒にとることはできるでしょうか」 **ジョーンズ氏**「いいですよ。あなたのほうで曜日を決めてください」 **佐藤氏**「木曜日はどうですか」 **ジョーンズ氏**「私は都合がいいですよ。何時ですか」 **佐藤氏**「11 時に人と会う約束がひとつありますが，あまり長くかからないはずです。1 時はどうですか」 **ジョーンズ氏**「いいですよ。どこで会いましょうか」 **佐藤氏**「ホテル・ダイナスティのグリルはどうでしょうか」 **ジョーンズ氏**「いいですね。それでは，またその時に」）

464 ➔直前の How are you ? に対する返答が入る。選択肢の中で返答として適切なのは③ Oh, not too bad だけ。**not too［so］bad**「悪くはない」は控え目な表現で会話でよく用いられる。

465 ➔すぐ後の佐藤氏の発言から判断して，ここでは佐藤氏の電話の用件を聞く内容の文がくるはず。正答として① How can I help you を選ぶ。**How can I help you ?**「用件は何でしょうか」は **What can I do for you ?**と同じような状況で用いる定式化された表現。

466 ➔すぐ後に How about Thursday ?とあるから，ランチの曜日を決めるのを佐藤氏にまかせる内容の文がくるはず。正答として ⑩ You name the day を選ぶ。You name the day.「曜日を決めてください」の **name** は「(日時など)を指定して言う」の意味を表す。

467 ➔直前の How about one ? という提案に対してジョーンズ氏が承諾する文が入るはず。正答として ⑨ You got it を選ぶ。**You got it.**「いいですよ」は同意を表す口語表現。⑤ That's it にしないこと。**That's it.** は「ああそれだ／そのとおりだ」の意味を表す慣用的な表現。ここでは文脈に合わない。

468 ➔文脈からこの空所には別れの定式化された表現が入る。④ See you then「それでは，そのときに」を正答として選ぶ。

F

469 −③ 470 −② 471 −③ 472 −③ 473 −①

John : Ann, 469 **I'd like to** introduce Peter. He's in my economics class.
Peter : Nice to meet you.
Ann : Nice to meet you. I've heard a lot about your economics class from John. 470 **How** do you like it ?
Peter : Well, as you probably know, it's pretty hard, but the professor is a really good teacher. How about you—471 **What do you do** ?
Ann : Well, actually, I'm a teacher. But I teach in a high school.
Peter : That must be a tough job.
Ann : Well, yes, but it's interesting, and 472 **you get** long holidays.
Peter : I guess so. Can I get you a drink ?
Ann : Thank you.
Peter : What would you like ?
Ann : 473 **I'll have** a glass of red wine.
Peter : Sure.

(**ジョン**「アン，ピーターを紹介させてください。彼は経済学の授業で私と一緒です」 **ピーター**「はじめまして」 **アン**「はじめまして。ジョンから経済学の授業のことはたくさん聞いています。その授業はどうですか」 **ピーター**「そうですね，ご存じでしょうが，かなり難しいです，でも教授が本当によい先生なんですよ。あなたのほうはどうですか。なにをなさっていますか」 **アン**「ええと，実を言うと，私は教師をしているんです。教えているのは高校なんですけど」 **ピーター**「それはきつい仕事に違いないですね」 **アン**「ええ，そうですね。でもおもしろいし，長期休暇ももらえるんですよ」 **ピーター**「そう思います。飲み物はどうですか」 **アン**「ありがとう」 **ピーター**「何がいいですか」 **アン**「赤ワインを一杯いただけますか」 **ピーター**「わかりました」)

469 ➔人を紹介したいときには **I'd like to introduce A.**「A を紹介したいのですが」の表現を用いることができる。したがって，③ I'd like to を正答として選ぶ。**would like to do**「…したいのですが」は want の丁寧な表現と考えればよい。

470 ➔経済学の授業についての感想を求める疑問文にするためには② How が正答になる。**How do you like A ?**「A をどう思いますか」で押さえる。

471 ➔その後の I'm a teacher. というアンの返答から，アンの職業や今従事している事を尋ねる文がくる。したがって，③ What do you do ?を正答として選ぶ。なお，職業を尋ねる他の表現として，**What kind of work do you have ?／What is your occupation ?／What**

line (of work) are you in ?なども押さえておこう。What line of work are you in ? は問題 243 参照。なお，① What work are you ?，② What's your work do ?，④ What job do you work ? はすべて文法的におかしいので不可。

472 ➔「教師であれば長い休暇がとれる」といった内容にするためには③ you get を正答として選ぶ。you は「世間一般の人」を表す代名詞。① there is は不可。主語が long holidays と複数になるので there are となるはず。

473 ➔前文の What would you like ? の返答を完成するためには① I'll have を正答として選ぶ。② Please take me は不可。take ではなく bring を用いるなら可となる。③ Could you give は Could you give me なら正しい用法となる。④ I hope は不可。hope には名詞を目的語にとる用法はない。

G

474 −②　475 −⑤　476 −③　477 −⑥

A：I saw an interesting show the other night.

B：You did ?　What did you see ?

A：Well, I went to a little amateur theater and saw a variety show.

B：A variety show ?　474 **That doesn't sound so interesting.**

A：It was, though.　There was a paper-doll cutter who was really good.　He could make just about anything out of paper.

B：475 **What other kinds of acts did they have ?**

A：Oh, the usual variety acts.　Singers, dancers, and the like.　476 **There was also a magician who was pretty good.**

B：Magic is a lot of fun, isn't it ?　I used to do a few tricks when I was younger.　I even put on a show at high school once.

A：Well, then, you'd have enjoyed this variety show.　I hear they're having a special magic show next Saturday.　If you're not doing anything, how about going to see it ?

B：477 **That sounds great.**　What time does it start ?

A：Seven.　Let's meet at my place.

B：All right.　I'll be over about six.

A：Fine.　See you, then.

（**A**「先日の夜，おもしろいショーを見たよ」　**B**「そうなの。なにを見たの」　**A**「うん，素人が出る小さな劇場に行ってバラエティーショーを見たんだ」　**B**「バラエティーショーですって。あんまりおもしろそうじゃないわね」　**A**「ところがおもしろかったんだよ。とてもうまく紙を切って人形を作る人がいたんだ。彼なら，紙からほとんど何だって作ることができるよ」　**B**「他にはどんな種類の出し物があったの」　**A**「ええと，ごく一般的なバラエティーショーの出し物だよ。歌ったり，踊ったりといったものだよ。とても上手な手品師もいたよ」　**B**「手品ってほんとにおもしろいわよね。私は若いときに手品を少しやってたのよ。高校で手品のショーを一度したことだってあるんだから」　**A**「へえ，そうなの，それじゃ，そのバラエティーショーを楽しめたのに。次の土曜日に特別なマジックショーをするそうだよ。何もすることがなければ，見に行かないかい」　**B**「それはよさそうね。何時に始まるの」　**A**「7 時だよ。僕のところで会おうか」　**B**「いいわよ。6 時ごろに行くわ」　**A**「いいとも。それじゃまた，そのときに」）

474 ➔すぐ後の It was, though. に注目する。It was に続く補語が省略されているのでここの空所には，その補語となる語が使われているはず。まず，その観点から選択肢を絞り込むと，② That doesn't sound so interesting. か⑥ That sounds great. になる。次に，副詞の though「しかしながら」があるので，空所の内容は It was, though. の反対の内容となる。

⑥を選ぶと，空所の内容と次の文が同じになるのでよくない。したがって，正答として②を選ぶ。

475 ➔すぐ後の Oh, the usual variety acts. Singers, dancers, and the like. が返答となる疑問文は⑤ What other kinds of acts did they have? だけ。⑤を正答として選ぶ。

476 ➔すぐ後の Magic is a lot of fun, isn't it? に注目する。magic という語はそれまでの話題に登場していなかったので，ここの空所にはそれに類した語が使われているはず。そこに気づけば，③ There was also a magician who was pretty good. を正答として選べるだろう。

477 ➔直前の how about going to see it? という誘いに対する返答としてふさわしいのは⑥ That sounds great. になる。**That sounds great.**「それはいいね」は何らかの提案・考えに対して賛同を表す場合によく用いる会話表現。**That's great.** とも言う。

H

478 －⑥　479 －⑦　480 －①　481 －②　482 －⑤

(John (J) is a high school senior and wants to go to college, so he goes to see his high school counselor (C) for advice about his college education.)

C： Hello, John. 478 **Have you decided what college you are going to apply to?**

J： Not yet. And the deadlines are getting close. 479 **Many private colleges want the application forms in by the end of this month.**

C： What are your primary considerations in choosing a college?

J： Well, of course, cost. I can't afford a private college unless I get some type of tuition scholarship.

C： With your good academic record that's something you should ask for when you apply. 480 **I think you have a good chance of getting one.**

J： My father was saying that I should go the first two years to the local community college. I can transfer most of my credits to the state university. 481 **That way I only have to pay expensive tuition the last two years.**

C： That's certainly something to consider. Many students are doing that to save money these days. But I don't recommend that for you.

J： Why not?

C： 482 **First, you should apply to the colleges you want to go to and see what happens.** If that doesn't work out, you can always apply to a local community college.

(〈ジョンは高校の最上級生で大学に進学したい。それで，大学進学の助言を求めて高校のカウンセラーに会いに行く〉 **カウンセラー**「こんにちは，ジョン。どこの大学に出願するつもりなのかもう決めたかい」 **ジョン**「まだです。でも、出願の締切が近づいています。多くの私立大学は今月末までに願書を提出することを求めています」 **カウンセラー**「大学を選ぶときに君が一番重視して考えることは何だい」 **ジョン**「ええ，もちろん費用です。僕は学費のためのなんらかの種類の奨学金をもらわなければ私立大学に行く余裕はありません」 **カウンセラー**「君の学業成績は優秀なんだから，奨学金は君が出願するときに申請すべきことだよ。君だったら，もらえる可能性は大きいと思うよ」 **ジョン**「私の父は最初の2年間は地元の短大に行くべきだと言っていました。私はそこで取る単位の大半を州立大学へ移行することができます。そうすれば，最後の2年間，高い授業料を払うだけでいいのです」 **カウンセラー**「確かにそれは考慮すべきことだよ。最近では多くの学生がお金を節約するためにそうしている。だけど君にはそれを勧められないな」 **ジョン**「どうしてだめなんですか」 **カウンセラー**「まず，君は行きたい大学に出願して，どうなるのか様子を見るべきだよ。それでうまくいかなければ，君はいつだって地元の短大に出願できるんだから」）

478 ➔すぐ後の Not yet. が返答となる疑問文を選択肢の中から捜せば，⑥ Have you decided what college you are going to apply to? となる。

479 ➔直前の the deadlines are getting close の内容に続く文を選択肢の中から選ぶなら，⑦ Many private colleges want the application forms in by the end of this month. がふさわしい。「締切が近づいている」に対して「締切は今月末」の内容を⑦で述べることになる。

480 ➔直前の文の内容を要約すれば「成績優秀なのだから君は奨学金の申請をすべきだ」となる。その内容に続く文は ① I think you have a good chance of getting one. がふさわしい。① の内容は「もらえる可能性は大である」ということ。

481 ➔直前の 2 文におけるジョンの発言内容を正確に読み取れたかがポイントとなる。2 つの文を要約すれば，「父親が勧めるように，地元の短大に進学し，そこで取得した単位を州立大学で継続し 3 年生として編入すれば経済的である」となる。その内容に続く選択肢は ② That way I only have to pay expensive tuition the last two years. がふさわしい。

482 ➔すぐ後のIf that doesn't work out, you can always apply to a local community college. に注目する。条件節内の主語である指示語の that がここの空所の内容を受けていることを見抜く。that の内容に合う選択肢は ⑤ First, you should apply to the colleges you want to go to and see what happens. が最適。なお，**work out**「(事が)うまくいく」は重要イディオム。問題 178 参照。

I 483 ─⑦　484 ─③　485 ─⑥　486 ─⑨　487 ─①　488 ─④　489 ─⑤　490 ─⑩

Yumi : Hi! Welcome back, Lena.
Lena : Hi, Yumi! 483 **It's nice of you to come and meet me.**
Yumi : Oh, it's nothing. 484 **How was your flight?**
Lena : The flight itself was good enough, but we had a little fright before it.
Yumi : Oh? 485 **You had a bomb scare or something?**
Lena : Yes, and they went through all the luggage before letting us check in. 486 **They even did body-searches on many of the passengers.**
Yumi : And were you one of them?
Lena : 487 **Fortunately no.** But we had to wait for more than an hour until the takeoff.
Yumi : 488 **Oh, that explains it.**
Lena : Huh? What do you mean?
Yumi : Well, when I got here, they were announcing that your arrival would be delayed for about two hours. 489 **And I was wondering why.**
Lena : Oh, didn't they say anything about the reason?
Yumi : No. 490 **Probably they didn't want to scare the people at the airport.**

(**由美**「ハイ。お帰りなさい，レナ」　**レナ**「ハイ，由美。私を迎えに来てくれてありがとう」　**由美**「あら，どういたしまして。空の旅はどうだった」　**レナ**「空の旅自体は快適だったんだけど，飛ぶ前にちょっと恐ろしいことがあったの」　**由美**「まあ。爆弾の恐怖みたいなことがあったの」　**レナ**「そうなのよ，それで私たちが搭乗手続きをする前にすべての手荷物が調べられたわ。乗客の多くはボディーチェックまでされたのよ」　**由美**「それで，あなたもされたの」　**レナ**「幸いなことにされなかったわ。でも，私たちは離陸までに 1 時間以上も待たなければならなかったのよ」　**由美**「あら，それでわかったわ」　**レナ**「えっ。どういうことなの」　**由美**「あのね，私がここに着いたとき，到着が 2 時間ぐらい遅れるだろうというアナウンスが流れていたのよ。それで，なぜだろうと思っていたのよ」 **レナ**「あら，その理由に関しては何も言わなかったの」 **由美**「なかったわ。多分，空港の人たちを怖がらせたくなかったんでしょう」）

483 ➔すぐ後の Oh, it's nothing. に注目する。**It's nothing.**「どういたしまして」は相手のお礼に対して用いる会話表現。この表現に対応するお礼の内容を表す文は⑦ It's nice of you to come and meet me. となる。

484 ➔すぐ後の The flight itself was good enough, が返答となる文は③ How was your flight？が最適となる。

485 ➔レナが Yes と答えているので，ここの空所には yes / no で答える疑問文がくるはず。また「手荷物検査をされた」という内容が Yes の後に続くのでその内容に合う疑問文を選ばなければならない。その２つの観点から⑥ You had a bomb scare or something？を正答に選ぶ。

486 ➔直前の「手荷物検査をされた」という内容に続くものは⑨ They even did body-searches on many of the passengers. がふさわしい。body-searches「(空港などの)ボディーチェック」がキーワードとなる。その後の由美の発言である And were you one of them？「あなたはボディーチェックをされた乗客のひとりだったの」も決め手となる。

487 ➔直前の And were you one of them？に対応する返答としてふさわしいのは① Fortunately no. となる。Fortunately no. は Fortunately no, I wasn't. と考えればよい。

488 ➔直前の But we had to wait for more than an hour until the takeoff. の内容を that で受ける④ Oh, that explains it. を正答として選ぶ。**That explains it.** は会話でよく用いられる表現で「(なるほど)それでわかった」の意味を表す。

489 ➔その後のレナの発言内容が「その理由について彼らは何も言わなかったの」であることに注目すれば⑤ And I was wondering why. が正答になることは，これまでの文脈をつかんでいれば，容易に気づくだろう。

490 ➔飛行機の到着がなぜ遅れるのかを空港側が放送しなかった理由を由美が推測する内容である⑩ Probably they didn't want to scare the people at the airport. が正答としてふさわしい。

J

491 −④　492 −②　493 −⑩　494 −⑧　495 −⑦　496 −⑤　497 −⑨
498 −③　499 −①　500 −⑥

(*A child is lying in bed, and his father is standing at the foot of the bed.*)

Child : Dad, I want a story.
Father : All right, but if I tell you a story, will you go to sleep?
Child : 491 **Not till it's finished.**
Father : OK. Now listen : Three wise men of ...
Child : I've heard that story before. 492 **I want a story I don't know.**
Father : Well, how about this one then? I had a little nut tree ...
Child : I know that one, too.
Father : 493 **But I can't think of any you don't know.** Besides, it's nine-thirty now. Don't you know that little boys like you ought to be asleep by nine o'clock?
Child : 494 **Why should they?**
Father : Because it's good for them. 495 **Sleep makes little boys grow.**
Child : Why does it?
Father : 496 **Oh, that's a long story.**
Child : That's the one I want!
Father : Oh, this is getting out of hand.

Child : What is ?

Father : 497 **You are.** So be quiet. OK, I think I can think of just one more story. 498 **Just listen.** If you say anything—if you say ONE WORD—I won't finish the story. 499 **Do you understand** ? ... Answer me !

Child : How can I answer you if I'm not allowed to speak ?

Father : What ? 500 **Oh, well never mind.** Just listen now. The story is called "A Stubborn Kid" !

(〈子どもがベッドに横になっていて，父親がベッドの足元に立っている〉 **子ども**「お父さん，お話をしてよ」 **父**「いいけど，ひとつ話をしてあげたら，寝てくれるかい」 **子ども**「おしまいになるまでは寝ないよ」 **父**「わかったよ。じゃあ，聞きなさい，3人の賢い人が…」 **子ども**「その話なら前に聞いたよ。知らない話をしてよ」 **父**「そうかい，じゃあこの話はどうだい。木の実がなる小さな木を私は持っていました…」 **子ども**「その話も知っているよ」 **父**「でも，お前の知らない話なんてひとつも思いつかないよ。それにもう9時半だよ。お前みたいな小さな男の子は9時までに寝ないといけないのを知らないのかい」 **子ども**「どうして寝ないといけないの」 **父**「体にいいからだよ。寝ることで小さな男の子は大きくなるんだよ」 **子ども**「どうして寝ると大きくなるの」 **父**「ああ，それは話すと長くなるんだ」 **子ども**「それが僕の聞きたい話なんだ」 **父**「ああ，これは手に負えないな」 **子ども**「なにがそうなの」 **父**「お前だよ。黙ってなさい。そうだ，もう1つだけ話を思い出せると思うよ。とにかく聞きなさい。もしお前が何か言ったら，ひと言でも言ったら，最後まで話をしないからな。わかったかい。—返事をしなさい」 **子ども**「話をしてはいけないのに，どうやって返事をするの」 **父**「なんだって。ああ，まあなんでもないよ。それじゃ，とにかく聞きなさい。この話は『頑固な子ども』っていうんだ」)

491 ➜直前の if I tell you a story, will you go to sleep ? に対応する子どもの返答を選択肢から捜せば④ Not till it's finished. が正答となる。Not till it's finished. は I will not sleep till it's finished. の省略された形と考えればよい。

492 ➜直前の子どもの発言が「その話は前に聞いたことがある」なので，その内容に続くのにふさわしいのは② I want a story I don't know. になる。

493 ➜直前に子どもが「その話も知っているよ」と述べていることと，空所の後の父親の発言内容が「もう9時半だから，お前は寝たほうがいい」であることを考えれば，⑩ But I can't think of any you don't know. が正答となる。any の後に story を補って考えればわかりやすい。

494 ➜すぐ後が Because it's good for them. となっているので，why から始まる疑問文を選択肢から捜せばよい。よって，⑧ Why should they ? が正答となる。Why should they ? は Why should they be asleep by nine o'clock ? の省略形と考える。

495 ➜直前の漠然とした理由に対して，もう少し具体的な理由を表す⑦ Sleep makes little boys grow. が正答としてふさわしい。⑦を入れれば，その後の Why does it ? は Why does it make little boys grow ? の省略形となり文意に合う。

496 ➜直前の Why does it ? に対する父親の返答として⑤ Oh, that's a long story. がふさわしい。なお，その後の That's the one I want ! の one は story を受けている。

497 ➜直前の What is ? が What's getting out of hand ? の省略形であることを見抜けば What is ? 対する父親の返答として，⑨ You are. がふさわしいことに気づくはず。You are. が You are getting out of hand. の省略形であることは言うまでもない。なお，**out of hand**「手に負えない(で)」は問題223参照。

498 ➜すぐ後に「ひと言でもしゃべったら，最後まで話をしないよ」と父親が述べていることから，③ Just listen. を正答として選ぶ。

499 ➜すぐ後に Answer me ! と言っていることから① Do you understand ? が正答になるはず。

Do you understand？といっても子どもの返事がないので Answer me！と怒って言っている様子がうかがえる。

500 ➔「話すことが禁じられているのにどうやって返事をするの」という子どもの反論に対して What？「なんだって」と不意を打たれて口走るが，空所の後に Just listen now.「それじゃあ，とにかく聞きなさい」と発言していることから，⑥ Oh, well never mind.「ああ，まあなんでもないよ」が正答としてふさわしい。

弱点発見シート

解説編では，各問題の「文法テーマ」が明らかにされている。次ページにある『弱点発見シート』には，この「文法テーマ」ごとに各問題番号を振り分けてある。

問題を解いた後で，自分が間違えた問題番号にラインマーカーなどを使って色を付ければ，自分の弱点ポイントが浮き上がってくる。

間違えた問題が集中している文法項目があるだろうか。もしあれば，その文法項目の知識があいまいになっていると考えられる。

間違えた問題をもう一度学習し直すとともに，弱点として判定された文法項目に関しては，各自が使用してきた文法参考書や文法項目別の問題集などを今一度開いてチェックし直すことで，確実に弱点を補強して欲しい。

【注意】

大半の問題は，「文法テーマ」が１つのものであるが，２つないしは３つの「文法テーマ」が設定されているものがある。それらの問題に不正解だった場合には，２箇所または３箇所の番号をチェックする必要がある。以下のような番号表記のものは，それぞれ該当個所にチェックをすること。

２箇所に番号があるもの　010

３箇所に番号があるもの　286

	Step 1			
	Part 1（第1回）	Part 2（第2回）	Part 3（第3回）	Part 1（第4回）
時制	008, 009, 010, 030 , 034			165, 166
態	032, 033, 045, 047			200
助動詞	011, 012, 013, 014			167, 168, 169
仮定法	014, 015, 016, 017			170, 171, 172, 173, 174, 175, 186, 187, 190, 197
不定詞	018, 019, 020, 021, 031, 042, 043, 046, 049		149	152, 176, 191, 192, 198
動名詞	003, 022, 023, 045			162, 181, 195, 196
分詞	024, 035, 044			163, 185
動詞の語法	001, 002, 003, 004, 005, 006, 007, 010, 022, 036, 037, 038, 039, 040, 044, 046, 047, 048, 049, 050	099		151, 152, 153, 154, 155, 156, 157, 158, 159, 160, 161, 162, 163, 181, 183, 184, 188, 189, 190, 194, 196, 199
動詞を含むイディオム	025, 026, 027, 028, 029, 041		147	164, 177, 178, 179, 180, 182, 193, 197
形容詞の語法		051, 052, 053, 054, 055, 056, 057, 058, 059, 081, 082, 090, 091	146	
副詞の語法		060, 061, 074, 083		
比較		062, 063, 075, 076, 077, 092, 093, 094, 098		
形容詞・副詞を含むイディオム		064, 084, 095, 096		
名詞の語法		065, 066, 067, 068, 069, 085, 086, 087, 096, 097, 098		164
代名詞の語法		070, 071, 072, 073, 088, 089, 091, 092, 099		
名詞を含むイディオム		078, 079, 080, 100		
関係詞			109, 110, 111, 112, 113, 114, 115, 116, 117, 141, 142, 143, 145, 146	
接続詞			118, 119, 120, 121, 122, 123, 134, 138, 144, 147, 150	172
前置詞と群前置詞	031		101, 102, 103, 104, 105, 106, 107, 108, 132, 135, 137, 141, 142, 143	
主語と動詞の一致			140	
疑問文と語順			124, 125, 127, 128, 129, 131, 133, 138, 139, 144, 149	
否定・省略・強調			126, 130, 136, 148, 150	199
共通語補充				

Step 2		Step 3			合計
Part 2（第5回）	Part 3（第6回）	Part 1（第7回）	Part 2（第8回）	Part 3（第9回）	
		311, 326, 329, 332, 337			/12
		346			/6
			351		/8
227		312, 313, 328		450	/19
	258	330, 331, 343, 349	393	447	/22
					/8
		314, 315, 325, 344, 345, 347, 348			/12
245	292, 297, 300	301, 302, 303, 304, 305, 306, 307, 308, 309, 310, 314, 315, 322, 323, 324, 327, 333, 334, 335, 336, 338, 339, 340, 341, 342, 343, 350		441	/75
209		316, 317, 318, 319, 320, 321, 330, 344, 348			/25
201, 202, 203, 204, 205, 206, 218, 228, 230, 231, 232, 234, 238, 239, 240	275, 286		351, 352, 353, 354, 355, 365, 378, 379, 385, 386, 387, 388, 392		/44
207, 208	286		356, 357, 380, 381, 391		/12
209, 210, 211, 227, 237, 240, 241, 242, 246, 247, 248, 249			382, 389, 390, 393, 394, 395, 398, 399, 400	439	/31
212, 213, 214	287, 291	318	358, 359		/12
215, 216, 219, 235, 236, 243, 250			360, 361, 396	439	/23
217, 229, 233, 244			362, 363, 364, 377, 383, 384, 397		/20
219, 220, 221, 222, 223, 224, 225, 226, 245			366, 367, 368, 369, 370, 371, 372, 373, 374, 375, 376	438, 443	/26
	251, 252, 253, 254, 255, 271, 272, 274, 275, 278, 283, 292, 293, 294, 295	349		406, 407, 411, 413, 424, 425, 426, 427, 428, 441, 443, 444, 446, 447, 450	/45
	256, 257, 258, 282, 289, 296			404, 405, 418, 421, 429, 430, 432	/25
247	259, 260, 261, 262, 263, 264, 273, 276, 277, 279, 280, 281, 291, 294, 295	349		402, 403, 414, 415, 416, 417, 419, 421, 423, 433, 434, 445, 446	/45
	284, 285			431	/4
	270, 300		380	401, 404, 408, 409, 422, 435, 436, 448, 449	/23
	265, 266, 267, 268, 269, 287, 296, 297, 298, 299			410, 412, 420, 442	/20
	286, 287, 288, 289, 290			437, 438, 439, 440	/9

索引

＊数字は問題番号を示しています。CHECK で取り上げた項目は，CHECK が含まれる問題番号で示してあります。

W

Y

編著者

瓜生　豊（うりゅう　ゆたか）

1956年生まれ。同志社大学文学部英文科卒業。現在，河合塾講師。
著書に「全解説頻出英文法・語法問題1000」，「全解説頻出英熟語問題1000」，「全解説頻出英語整序問題850」，「全解説入試頻出英語標準問題1100」「NextStage 英文法・語法問題」（桐原書店），「英単語2001」（共著）（河合出版）がある。

篠田　重晃（しのだ　しげあき）

1955年生まれ。東京大学文学部語学・文学類卒業。河合塾など予備校講師を経て著述業に専念。2013年1月逝去。
著書に「全解説頻出英文法・語法問題1000」，「全解説頻出英熟語問題1000」，「全解説頻出英語整序問題850」，「全解説入試頻出英語標準問題1100」「NextStage 英文法・語法問題」（桐原書店），「英文読解の透視図」（共著）（研究社出版），「英単語2001」（共著）（河合出版）がある。

●英文校閲　Suzanne Schmitt Hayasaki
Karl Matsumoto

●大学受験スーパーゼミ
全解説　実力判定　英文法ファイナル問題集　難関大学編

1998年9月30日　初版第1刷発行
2021年9月10日　初版第49刷発行

編著者　瓜生　豊・篠田　重晃
発行者　門間　正哉
印刷・製本　図書印刷株式会社

発行所　株式会社 桐原書店
〒160-0023 東京都新宿区西新宿4-15-3 住友不動産西新宿ビル3号館
TEL　03-5302-7010（販売）
www.kirihara.co.jp

▶装丁／(株) アレックス

ISBN978-4-342-77020-3
Printed in Japan